Deutsche Maler und Zeichner im neunzehnten Jahrhundert

Scheffler, Karl

BIBLIOLIFE

Copyright © BiblioLife, LLC

BiblioLife Reproduction Series: Our goal at BiblioLife is to help readers, educators and researchers by bringing back in print hard-to-find original publications at a reasonable price and, at the same time, preserve the legacy of literary history. The following book represents an authentic reproduction of the text as printed by the original publisher and may contain prior copyright references. While we have attempted to accurately maintain the integrity of the original work(s), from time to time there are problems with the original book scan that may result in minor errors in the reproduction, including imperfections such as missing and blurred pages, poor pictures, markings and other reproduction issues beyond our control. Because this work is culturally important, we have made it available as a part of our commitment to protecting, preserving and promoting the world's literature.

All of our books are in the "public domain" and some are derived from Open Source projects dedicated to digitizing historic literature. We believe that when we undertake the difficult task of re-creating them as attractive, readable and affordable books, we further the mutual goal of sharing these works with a larger audience. A portion of BiblioLife profits go back to Open Source projects in the form of a donation to the groups that do this important work around the world. If you would like to make a donation to these worthy Open Source projects, or would just like to get more information about these important initiatives, please visit www.bibliolife.com/opensource.

DEUTSCHE MALER
UND ZEICHNER
IM NEUNZEHNTEN JAHRHUNDERT

VON

KARL SCHEFFLER

MIT 77 BILDTAFELN

IM INSEL=VERLAG ZU LEIPZIG MCMXXIII

VORWORT

ZUR ERSTEN AUFLAGE

DIESES Buch vereinigt Abhandlungen zur deutschen Kunst des neunzehnten Jahrhunderts, die als Einzelarbeiten entstanden, dann aber so gruppiert sind, daß auf einige Hauptpunkte der geschichtlichen Entwickelung hingewiesen wird. Historische Vollständigkeit ist in keiner Weise erstrebt worden, denn es fehlen wichtige Namen, ja ganze Namengruppen; und bedeutsame Tatsachen konnten oft nur eben gestreift werden. Auch konnten Wiederholungen nicht vermieden werden. Doch ist versucht worden, dem Wesentlichen der Künstlerpersönlichkeiten und ihrer Zeitbestimmung nachzugehen. Keine Kunstgeschichte also; aber überall mit dem Blick auf den Geist der Geschichte doch geschrieben.

Die begrenzende Angabe des Titels ist in einem Punkt mißachtet; denn es ist auch eine Abhandlung über den Bildhauer Hildebrand aufgenommen worden. Dieser Deutsch-Römer ist von seinen Genossen nicht wohl zu trennen; es ist sein Lebenswerk in all der unproblematischen Klarheit nach einer Seite besonders lehrreich für den Stilwillen, der den ganzen Kreis der Deutsch-Römer beherrscht.

Die Abbildungen sind weniger gewählt worden, um die einzelnen Künstler in ihren Vorzügen und Schwächen zu charakterisieren, als um der Qualität willen. Es sind durchweg Beispiele des Höchsten, dessen die Künstler fähig waren. Woher es hier und da dann kommt, daß Bilder und Text sich nicht durchaus ergänzen. Aus diesem Dilemma gäbe es bei begrenzter Bilderzahl nur den Ausweg, von jedem Künstler sein bestes Werk und sein am wenigsten gelungenes nebeneinander und damit seine Grenzen nach oben und unten zu zeigen. Dieses drastische Verfahren würde aber dem Gefühl widersprechen, das allein dazu antreibt, über Kunst zu denken und zu schreiben, und dem auch diese Abhandlungen in aller Bescheidenheit gewidmet sein sollen: dem Gefühl für das, was Dauer hat.

ZUR ZWEITEN AUFLAGE

NACH zehn Jahren wird eine neue Auflage nötig. Für die Kunst zählt dieses Jahrzehnt doppelt. Nicht des Krieges und der Revolution wegen. Beides hat die Kunst kaum berührt. Aber es hat das Verhältnis der Deutschen zur zeitgenössischen Kunst und zu gewissen Künstlern der nächsten Vergangenheit inzwischen mancherlei Wandlungen erfahren. Nicht daß das allgemeine Verständnis um vieles besser geworden wäre, doch reagiert die Öffentlichkeit ganz anders als vor zehn Jahren auf die Künstlernamen, die in diesem Buch behandelt worden sind. Um Böcklin wurde vor zehn Jahren noch erbittert gekämpft, heute wundert sich die herrschende Generation, daß die Aufregung möglich war. Im Gegensatz hierzu wurde Thoma vor einem Jahrzehnt tiefer eingeschätzt, als heute von den Jüngsten. Menzel wurde damals noch bei weitem nicht so objektiv gewertet, und Liebermann, der den Neuesten als überwunden gilt, hatte noch die unbestrittene Führung der Neuerer, der „Revolutionäre". Vom Expressionismus war vor zehn Jahren nicht die Rede, und der wortreiche, unfruchtbare Kampf, an dem nichtsdestoweniger heute drei Viertel aller Kunstfreunde teilnehmen, zwischen Expressionismus und Impressionismus war noch nicht entbrannt.

So könnte dieses Buch, dessen Abhandlungen fast alle vor 1908, zum Teil noch wesentlich früher geschrieben worden sind, veraltet erscheinen, und ich müßte Sorge haben, es von neuem in einer zwar veränderten, vielleicht verbesserten, aber nicht grundsätzlich gewandelten Form hinausgehen zu lassen, wenn ich beim Lesen der Korrektur nicht die Gewißheit gewonnen hätte, daß die Urteile und ihre Motivierung den Wandlungen des Zeitgeschmacks standhalten können. Nicht daß ich mit mir selbst noch ganz einverstanden wäre. Im Gegenteil, manches Unbehagen mußte überwunden werden, manches stimmt nicht mehr recht, und vieles würde ich heute anders sagen. Manches aber könnte ich heute auch nicht mehr so gut sagen, weil ich den Problemen gegenüber nicht mehr so frisch bin, weil andere Interessen mich jetzt mehr in Anspruch nehmen. Im ganzen, meine ich, hat das Buch immer noch sein Recht da zu sein. Vor zehn Jahren galt das Buch manchem Rezensenten als revolutionär, als einseitig „modern"; jetzt wird es den Rezensenten einer neuen Generation in manchem Punkt reaktionär oder veraltet erscheinen. Beide Urteile sind zeitbefangen und sollen mich nicht anfechten. Ich suche in einer ferneren Zukunft den heute noch ungeborenen Leser zu erspähen· ich sehe einen Jüngling am offenen Fenster mit diesem Buch sitzen, das er in Vaters Bibliothek gefunden hat, und sehe ihn hier und dort eine Stelle am Rande anstreichen. Um dieser Stellen willen, die ich selbst nicht angeben könnte, von denen ich aber weiß, daß sie da sind, ist das Buch einst geschrieben worden; um ihretwillen auch wagen Verfasser und Verlag es zum zweiten Male.

Im Anfang des Jahres 1919

GEDANKENMALER/DEUTSCH-RÖMER

DEUTSCHE GEDANKENMALEREI

IN zwei Polen hängt die Welt unserer malenden Kunst; sie heißen Anschauung und Begriff.

Die Anschauung erfaßt die Welt der Erscheinungen mit lebendiger Gefühlskraft; der Begriff aber denkt mittels der Erscheinung und produziert die Idee. Anschauend erlebt der Maler das Sichtbare und überträgt sein Erlebnis sodann mit Hilfe des Materials, der Technik und jener Kraft, die Talent genannt wird, ins Künstlerische; begreifend aber denkt der Maler über die Erscheinung, versucht er, seine Anschauungen intellektuell auszumessen, sucht bewußt das Gesetz, verbindet seine Denkresultate dann mittels einer Ideenkette anderen Denkresultaten und bildet wie von selbst Forderungen aus: Forderungen nach dem Bedeutenden, Schönen oder Vollkommenen, nach dem Ideal. Als Anschauender steht er der Gotteswelt dankbar genießend gegenüber, fröhlich anbetend, kann man sagen; als Begreifender jedoch steht er der Welt sittlich kritisch gegenüber.

Beide Kunstprinzipien entwickeln naturgemäß verschiedene Darstellungsformen. Prinzipiell unterscheidend, kann man sagen: die Anschauung malt, der Begriff zeichnet. Jene bedarf der Farbe, des Tons und der Darstellung der Wunder von Licht und Schatten; dieser bedarf der umschreibenden Linie, der deutlich erklärenden Form, der architektonisch ordnenden Komposition und abstrahierender Stilisierungen. Darum ist das eigentlich Malerische, ist die Darstellung sinnlich blühenden Lebens Sache des Anschauungskünstlers, und darum gehört alles kartonmäßig Graphische ins Gebiet des Begriffskünstlers. Dieser ist ein bewußt Stilisierender und damit ein Dekorateur der Fläche. Es malt der Ideenkünstler vor allem die Konstruktion, das Gerüst der Natur, ihr Architektonisches; der Künstler der Anschauung dagegen malt ihr Fleisch und ihre Haut, ihren atmosphärischen Duft und die Geheimnisse des Raumes.

Dieser, der Unmittelbare, gilt, eben seiner Unmittelbarkeit

wegen, als Realist, während jener Mittelbare der Idealist genannt wird. Die Menge blickt ja nicht auf die Kunstform, sondern auf den Kunststoff. Und von seiten des Stoffes erscheint der Begriffsmaler in der Tat als der höhere Künstler. Die Idee führt wie von selbst dazu, den geistigen Inhalt der Malerei, ihren „Gehalt" dem lebendigen Formproblem voranzustellen, so, als sei die Malkunst nur ein Mittel, um ideale Gedanken und Begriffe darzustellen. Dem Gedankenmaler ist die Kunstform etwas Sekundäres; seine Anstrengungen gelten vor allem den Stoffen und Ideen, die irgendwie mit Religion, Poesie, Geschichte oder mit sonst etwas allgemein Weltbedeutendem zusammenhängen.

Ein Volk, das hauptsächlich Ideenmenschen hervorbringt, wird im wesentlichen ein Malergeschlecht haben, das aus Zeichnern besteht, während in einem sinnlich kultivierten Volke, wenn anders ihm Talent verliehen ist, die Malernaturen anzutreffen sind. Über beide Volksanlagen kann sich aber herrschend noch die Zeit stellen; denn es charakterisiert ganze Epochen, daß in ihnen entweder mehr die sinnlichen Weltgefühle oder mehr die unsinnlichen Weltbegriffe herrschen. Eine Blütezeit der Malerei, eine der großen Epochen der Geschichte gibt es aber nur, wenn beide Kunstgewalten, Anschauung und Begriff, sich vollkommen durchdringen, wenn das Entgegengesetzte sich verbindet und der uralte, ewige Dualismus vergessen werden kann. Darum ist es andererseits für ein Volk oder eine Zeit auch ein charakteristisches Symptom geringer Kunstkraft, wenn sich die beiden bildenden Energien voneinander trennen, jede für sich das Problem künstlerischer Vollkommenheit zu lösen sucht und wenn sich in der Folge innerhalb der Malerei ein erbitterter Kampf um die Oberherrschaft entwickelt. In Zeiten hoher Malkultur war die Hauptsache immer die gute Malerei. Das Begriffliche wurde dann bis zum Grund von Anschauungsergebnissen durchdrungen, und es waren auf der andern Seite in den Anschauungsextrakten die hohen Lebensbegriffe als etwas Selbstverständliches enthalten. Es konnte so sein, weil das Begriffliche der Kunst dann nicht dem einzelnen

Maler aufgeburdet war, sondern aus der Volksphantasie poetisch verklärt hervorstromte. Die Gedanken der Malerei, das was heute ihr „Gehalt" genannt wird, waren Extrakte des Zeitdenkens, sie wurzelten im Mythos, in der Legende, in der poetischen Überlieferung. Der antike Maler konnte den religiösen Stoffen gar nicht ausweichen, darum verband er mit ihnen von vornherein alle seine Naturanschauungen, der Madonnenstoff kam dem Maler der Renaissance so selbstverstandlich entgegen, daß er sich im Besitz einer sehr gehaltvollen Idee sah, ohne sich ihretwegen poetisch oder philologisch, also außermalerisch anzustrengen. Die Malerei als Ganzes arbeitete mit poetischen Begriffen, der einzelne Maler aber tat es nicht oder doch nur nebenbei. Die Gedanken und damit die Stoffe waren der Malerei recht eigentlich gegebene Voraussetzungen, nicht das Ziel. Und darum eben konnten diese dem ganzen Volke verständlichen und ehrwürdigen Stoffideen so hoch von einer ideenbefreiten, sinnlich freudigen Anschauungskunst verklärt und in ewige Gegenwartsschönheiten gekleidet werden; darum verleihen dann auch die von der Allgemeinheit gedachten Stoffideen der aus unmittelbarer Anschauung geborenen Kunstform eine hohere symbolische, gedanklich zu begreifende Bedeutung.

Die große Einheit ist verloren gegangen, seit der Mythos nicht mehr heilig ist und die Legende in der Kunst wenig mehr gilt als eine verklingende Phrase. Das Jahrhundert der wissenschaftlichen Aufklärung und der Kritik aller Lebensbegriffe hat den einzelnen Maler unter schwierigeren Verhältnissen als jemals vorher und ohne daß ihm die Volksphantasie schon zu Hilfe käme, vor die Aufgabe gestellt, als einzelner die großen Stoffgedanken der Kunst zu denken. Infolge dieser einseitigen Beanspruchung ist die Malerei dualistisch auseinandergefallen. Seit hundert Jahren haben die Deutschen nicht mehr eine synthetische Malkunst, sondern zwei einander feindliche Stilentwickelungen der Malerei. Das ganze neunzehnte Jahrhundert steht unter der Herrschaft einer gegenwartsfremden Begriffskunst einerseits und einer immer mehr oder weniger zur Subalternität verurteilten Wirklichkeitskunst andererseits. Der Maler der Erscheinung sieht sich nicht mehr erhoben und getragen von natürlich gegebenen, großen Stoffideen — wodurch er sich über eine gewisse Stufe des „Naturalismus" dann nicht zu erheben vermag, und der Maler der Idee hat so viel zu tun, Weltbegriffe zu entwickeln, die sich malerisch ausprägen lassen, daß er die unmittelbare Anschauungskraft darüber notwendig vernachlässigen muß. Als Maler tut dieser in der Folge nur noch, was er akademisch muß; ihm sind die Probleme des „Gehalts" zur lebenfüllenden Hauptsache geworden. Die Malerei ist ihm nur noch Mittel, um Ideen der Religion, der Philosophie, der Geschichte, der Poesie und der Weltanschauung auszudrücken, Ersatzideen, die an die Stelle des verloren gegangenen lebendigen Mythos rücken.

In Deutschland hat sich diese Entwickelung der Malerei besonders fühlbar gemacht, weil der Deutsche von Hause aus ein Ideenmensch ist. Von jeher sind alle Germanen überwiegend Gedankenmaler; sie haben durch alle Jahrhunderte diesen Grundzug ihres Wesens getragen, sind immer mehr Zeichner als Maler gewesen, mehr Stoffmystiker als sinnenfrohe Anschauungsmenschen. Es hat den Deutschen stets getrieben, sich auch als Maler denkend mit der Welt auseinanderzusetzen. Des zum Zeichen hat er Albrecht Dürer zu seinem Schutzheiligen in der Malerei erwählt, einen Künstler, der auch vor allem Zeichner war und den nur die ungeheure Sinnlichkeit der Renaissancezeit vor den Klippen der Gedankenkunst bewahrte. Den Deutschen hat der moderne Dualismus der Malerei darum auch besonders tief berührt. Mit Leidenschaft hat er gewählt und sich für die Gedankenkunst entschieden und hat, weil er sich damit für die nur sekundäre Bildungskraft entschied, also für die nicht eigentlich schöpferische Kunstenergie, seine Malerei den schwersten Krisen entgegengeführt. Er hat es erreicht, daß Welt- und Lebensgedanken seit mehr als hundert Jahren auf seiner Malerei erstickend lasten und daß, im Namen höherer Bedeutung, das lebendig Künstlerische zeitweise fast verdorrt ist.

Eine notwendige Begleiterscheinung war es, daß in dem Augenblick — am Ende des achtzehnten Jahrhunderts —, wo die Gedankenmalerei mit selbstherrlichem Anspruch auftrat, der Eklektizismus geboren wurde Als deutsche Maler es unternahmen, den Mythos neu zu denken und der im Barockzeitalter zu einem Dekorationshandwerk entwerteten Malerei geistige Bedeutung zurückzugeben, da luden sie auf ihre zarten Schultern eine Arbeit, der sie nur mit Hilfe des Eklektizismus notdürftig gerecht werden konnten Unter dem kategorischen Imperativ der Ideen stehend, hatten sie nicht mehr Kraft, sich die Wunder der Erscheinung und die technischen Kunstmittel, sie darzustellen, neu zu erobern. Da es nun aber ohne künstlerische Anschauungswerte keine Malerei geben kann, da zum Bilde nun doch einmal nicht nur Ideen und Tendenzen, sondern auch die in allen Teilen lebendige Form gehort, so kam es ganz von selbst dazu, daß sich die malenden Religionsschwärmer, Poeten und Geschichtsdenker mit Bettlergebärden der alten großen, einst aus lebendigster Anschauung geborenen Malerei zuwandten Der Eklektizismus mußte zugleich mit der Herrschaft des Gedankens in die Kunst kommen, und er muß stets wieder kommen, wo immer diese Herrschaft sich erneuert.

Es liegt der deutschen Gedankenmalerei des neunzehnten Jahrhunderts ein tiefer Sinn zugrunde Eine edle Sehnsucht, ein sehr reines Streben, ja sogar ein sehr richtiger Instinkt liegt ihr zugrunde. Denn zusammenfassend kann man alle die verschiedenartigen Bestrebungen der neueren Gedankenmalerei dahin charakterisieren, daß sie auf den leidenschaftlichen Wunsch nach dem neuen, volksumfassenden Mythos zurückgehen, nach jenen Quellen der Volksphantasie also, aus der Malerei die bedeutenden Stoffe von selbst immer zufließen. Das Tragische dieser Sehnsucht ist nur, daß die machtvollste Anstrengung ihr nicht Erfüllung erzwingen kann, weil niemals der einzelne zu tun vermag, wozu es der jahrhundertelangen Zusammenarbeit des ganzen Volkes bedarf, und weil den heraufdämmernden neuen Jahrhunderten Grundlagen gemeinsamer geistiger Weltanschauung selbst bis heute noch nicht bereitet werden konnten. Und weil der einzelne ohnmächtig ist dem gegenüber, was nur im Unbewußten der Nation werden und wachsen kann, so hat auch in diesem Fall das reinste Streben zu Resultaten gelangen müssen, die nur zum kleinen Teil wahr, lebendig und allgemeingültig sind. Nicht genug also, daß die wichtigere Hälfte der Malerei von den Gedankenkünstlern vernachlässigt werden mußte, auch die andere Hälfte konnte nur künstlich getan werden; nicht genug, daß die Idee die lebendige Anschauung verdrängte, diese Idee mußte notwendig auch künstlich bleiben und in der Folge darum zum Tendenzvollen geraten. Der Drang zum Mythos trieb die einen zum Christentum, die andern zur Geschichtsphilosophie und noch andere zu einer pantheistischen Naturmystik. Da der Drang in keinem Fall aber das lebendig Legendarische gestalten konnte, traten wie von selbst an die Stelle des Mythos Allegorien und Symbole. Allegorien, die sich einmal altdeutscher Kunstmittel bedienten, ein andermal griechischer Stilformen, oder die sich in Renaissancegewänder kleideten. Es mußte Hand in Hand mit der Vermischung von Religion, Philosophie, Philologie, Poesie und Malerei notwendig eine Vermischung historischer Kunstformen gehen. Und dieses Epigonentum mußte das Kunstgefühl im tiefsten erschüttern. Um so mehr, als es herrschsüchtig war. In ihm lagen alle Eigenschaften des Akademismus, darum eroberte es bald die Akademien; es trug das Ideal, allem Volke sichtbar, vor sich her und wurde so zum Repräsentanten des nationalen Idealismus, weil die Nation das Wollen für ein Können nahm und weil diese Kunst ihrem Wollen nach wirklich groß und edel war. Sie mußte Herrschaft gewinnen, weil sie die Sensation in die Massen trug, weil ihre Stoffgedanken tendenzvoll, räsonierend auftraten und zum Allegorienraten anreizten, weil im Gefolge der Idee der Gedankenrausch und die Romantik einhergingen, weil sie wie eine Maxime vor die jungen Künstler hingestellt und wie ein Moralkodex gelehrt werden konnte.

DIE NAZARENER

WINCKELMANN und Lessing sind die theoretischen Vorbereiter der deutschen Gedankenmalerei gewesen; und die Nazarener haben die große Jahrhundertbewegung praktisch dann begonnen.

Daß Lessing es in einer durch Sprachkunst unsterblichen Abhandlung, im „Laokoon" unternahm, der Malerei und Poesie die Grenzen zu bestimmen, ist ein deutliches Symptom der neuen Gesinnung. Dieser starke kritische Geist war einer der ersten Deutschen, die über die Malerei dachten — in einem Punkte dachten, wo im natürlichen Lauf der Dinge Tradition und Konvention dieses Denken übernehmen. In Lessings Abhandlung reflektiert eine ganze Zeit, ein ganzes Volk über Dinge, die der Reflexion in großen Kunstepochen von selbst entzogen sind. Dieses ist der Punkt, aus dem die ganze neuere Gedankenkunst zu erklären ist: es steht die neue Zeit überhaupt unter der Herrschaft der Reflexion, das Staatsleben sowohl wie der Kulturwille. An der Schwelle des neunzehnten Jahrhunderts steht das Bewußtsein und sucht sich alle geschichtsbildenden Kräfte zu unterjochen. Die nach den Revolutionen sich erneuernde Staatsidee ist in allen Teilen immer gedacht worden, weil die Aufklärung einmal in die Massen getragen worden war; das ungeheure Kräftespiel, das Staat genannt wird, ist vom Bewußtsein der modernen Menschheit erfaßt worden und ist aus dem Bewußtsein nun nicht wieder zu entfernen. Was in früheren Jahrhunderten naiv-praktisch gelebt worden ist, das wird nun überwiegend kritisch-theoretisch gelebt. Da man aber um die Jahrhundertwende an das gesamte Leben mittels der Kulturkritik herantrat, so kam man wie von selbst auch zu dem Gedanken, es dürfe in der neuen, vom Bewußtsein regierten Gemeinschaft eine ausdrucksvolle Kunst nicht fehlen. Denn dieses ist ja ein Charakteristikum des Denkens: daß es nicht zu warten versteht, bis das Leben die Dinge organisch erschafft, sondern daß es die Entwickelungen intellektuell forcieren will. Da die neue Kunst also nicht gleich nach dem Willen der Absichtsvollen und Kulturehrgeizigen wachsen wollte, blieb nur der Eklektizismus übrig. Dieser Eklektizismus aber forderte, mehr als alles andere, kritisches Vermögen; und das eben repräsentieren Persönlichkeiten wie Winckelmann und Lessing. Insofern ist der Hellenismus dieser Männer und selbst der Goethes dem Raffaelitentum der Nazarener keineswegs entgegengesetzt. Der Gegensatz dieser sich dort hellenistisch und hier christlich organisierenden Gedankenkunst liegt vielmehr in den gleichzeitig versiegenden ursprünglichen Schöpfungskräften des Barock und Rokoko. Diese aristokratischen Schöpfungskräfte wollten zu dem beginnenden demokratischen Zeitalter nicht passen; darum wurden sie als dekadent von den über neue bürgerliche Kultur Reflektierenden abgelehnt und gingen der Traditionenbildung so verloren.

Leider! Denn in welcher Weise die Fortentwickelung der deutschen Kunst, um 1780 etwa, hätte vor sich gehen können und in welcher Weise sie vor sich gegangen ist, das illustrieren sehr anschaulich zwei deutsche Künstlergestalten: Gottfried Schadow und sein Sohn Wilhelm. Der alte Schadow kam, vor allem als Zeichner, unmittelbar aus der Barocktradition; er gehörte zur Zeit Chodowieckis. Was bei ihm klassizistisch geriet, das war im wesentlichen nur ein Hilfsmittel für moderne Empfindungen, die eine Bürgergesinnung von wahrhaft antiker Phrasenlosigkeit und Freiheit ankündigten. Der alte Schadow wäre der Mann gewesen, die deutsche Kunst von einem Jahrhundert ins andere, von einer Epoche zur anderen lebendig überzuleiten und den modernen Geist der alten Renaissancekraft organisch zu verbinden. Wie wenig Einfluß aber in der Zeit der Kunstdenker dieser bedeutende Anschauungsmensch gewinnen konnte, beweist dann die Art seines Sohnes Wilhelm. Nicht weil dieser weniger Talent hatte als sein Vater, sondern weil er plötzlich gar nicht mehr wußte, was Kunst ist, trotzdem er von früh bis spät als Akademiedirektor und Lehrer darüber reflektierte. Dieser trockene Nazarener, der als Sohn eines solchen Vaters und als Berliner nicht Scheu trug, zum Katho-

JOH. FRIEDRICH OVERBECK: DIE SIEBEN MAGEREN JAHRE
Fresko aus der Casa Bartholdy

DIE NAZARENER

lizismus überzutreten, hat mit seinem Lehrereinfluß auf die deutsche Gedankenkunst in der ersten Hälfte des neunzehnten Jahrhunderts aufs entschiedenste gewirkt, während sein genialer Vater in unseren Tagen erst von der gereiften Kunsteinsicht wiederentdeckt werden mußte, der Vertreter der Kunstidee hat geherrscht, und der schöpferische Vertreter der Anschauung in der Kunst ist vergessen worden. In diesem Gegensatz, in dieser Verkehrtheit spiegelt sich die Zeit. Es kommt ja auch in der Schätzung Wielands und Klopstocks zum Ausdruck, wie gering in dieser Epoche alles aus den Barocktraditionen Erwachsene geschätzt wurde und welche Schwärmerei der Religionsidee und dem ethischen Wollen entgegengebracht wurde. Jede Zeit der Kulturreflexion, jede Periode, in der das Wollen stärker ist als das Können, steht unter einer solchen Tyrannei der Gesinnung auf Kosten der natürlichen Empfindung. Das edle, das sittlich und logisch argumentierende Wollen tritt vor die natürliche Schöpferkraft und erzeugt eklektizistisch begrifflich einen „neuen Stil".

Dieses ist das Schicksal des Nazarenertums und im weiteren Sinne der deutschen Gedankenmalerei des neunzehnten Jahrhunderts überhaupt. Der Begriff des Nazarenertums sollte nicht so beschränkt werden, daß er nur die relativ kleine Gruppe ultramontaner Deutsch-Römlinge umfaßt; es sollte der Begriff vielmehr so erweitert werden, daß er die verwandten Erscheinungen des ganzen Jahrhunderts zu umfassen vermag. In Wahrheit reicht das Nazarenertum von Carstens und Overbeck über Cornelius zu Klinger, von Joseph Anton Koch bis Böcklin und von Runge bis Thoma; die modernen englischen Präraffaeliten werden davon berührt und ebenso ausländische Maler wie Moreau und Toorop, wie Segantini und Hodler. Die Programme und Ideen wechseln; immer aber ist es die Reflexion, die in der Malerei die erste Stelle einnimmt, und immer ist es der Eklektizismus, der ein Formgewand schaffen muß.

Die Entwicklungen der deutschen Gedankenmalerei innerhalb dieser Grenzen sind sehr lehrreich zu verfolgen. Sie schließen sich so eng den Metamorphosen des deutschen Geisteslebens im neunzehnten Jahrhundert an, daß mit der Geschichte der Malerei zugleich ein Stück Geistesgeschichte der Nation gegeben ist. Nur von den eigentlich schöpferischen Kunstkräften ist wenig innerhalb dieser Entwickelungen die Rede. Was wir erblicken, ist das Werden und Wachsen einer Kunst, die immer das Große wollte und die doch über den Schatten und Reflex wahrer Größe niemals hinauskam, eine Kunst, die ihre Mission heilig ernst genommen hat und der doch keine unsterblichen, der Menschheit zugehörigen Werke gelungen sind.

Betrachtet man im besonderen die nazarenischen Bruderschaften vom Anfange des neunzehnten Jahrhunderts, so wird es gleich klar, daß man es mehr mit einer Religions-, mit einer Weltanschauungsbewegung zu tun hat, als mit einer Kunstbewegung. Man vergegenwärtige sich die Zeit. Den Deutschen lebten Geister wie Herder und Wieland, Goethe und Schiller, Kant und Lessing. Rousseau, Voltaire und die französischen Enzyklopädisten hatten geistig die Revolution eingeleitet, und Napoleon hatte die neuen demokratischen Staatsgrundsätze siegreich dann durch Europa getragen. Das geistige Leben stand durchaus im Zeichen der Aufklärung, der Atheismus wagte sich hervor, pantheistische Ideen beherrschten die Zeitbürger, und eine Epoche der Kritik brach allerenden an. Inmitten dieser Zeit erhob sich der Geist des Nazarenertums mit reaktionärem Nachdruck, zurückflüchtend zu alten religiösen Konventionen und doch zugleich mit dem Anspruch auf revolutionäre Modernität auftretend. Es ist, als sei neben der Aufklärung ein tiefes Erschrecken damals durch die Lande gegangen. Ein Erschrecken vor den Konsequenzen der neuen geistigen Freiheit. In Nazarenergesinnungen flüchteten sich alle ernsthaften Menschen, die sich zu schwach und seelisch zu wenig robust fühlten, die abstrakte, symbollose neue Weltanschauung ohne ausdenkbaren Gott zu ertragen, die durch beruhigende Denkkonventionen gestützt sein wollten. Und da diese Guten und Schwachen — warum gab es so viel einander ähnliche, gütig Schwache gerade

PETER CORNELIUS: DIE WIEDERERKENNUNG JOSEPHS
DURCH SEINE BRÜDER

in diesen Jahrzehnten? — nun unter der Herrschaft der Reflexion standen und bei all ihrer sentimentalischen Anlage nicht einmal naiv sein konnten, mußten sie folgerichtig auch in ihren religiösen Weltanschauungsbedürfnissen Eklektizisten werden. Sie wurden, im Gegensatz zu den freien Geistern, Eklektizisten der christlichen Religion und in der Folge Wahlkatholiken.

Es handelte sich in dieser Zeit um eine große religiöse Auseinandersetzung der Nation mit sich selber. Wie damals die Gedankenmalerei entstand, so wurde auch die Gedankenreligion geboren. Es begann etwas wie ein Dreißigjähriger Krieg der Geister, eine neue Scheidung des protestantischen und katholischen Empfindens innerhalb der deutschen Nation. Streng genommen ist die ganze Aufklärungsbewegung, die von unseren stolzesten Dichter- und Philosophennamen repräsentiert wird, ein Willensakt protestantischer Gesinnung. Es hat in dieser Bewegung der Protestantismus vielleicht eine höchste Entfaltungsmöglichkeit erlebt. Er setzte sich darin mit sich selber auseinander und spaltete sich dabei. Auf der einen Seite stand die liberale antikirchliche Gesinnung mit ihrer Aufklärungslust, mit ihrer Naturfrömmigkeit, und auf die andere Seite traten die beharrenden Elemente mit verschärftem Puritanismus. Goethe, Kant und Geister ihrer Art, so verschieden sie untereinander auch waren, vertraten das, was im Protestantismus von vornherein antidogmatisch war, was in Luther schon das kirchliche Dogma verneinte. Von Anfang an war im Protestantismus immer mehr Ethisches als Religiöses, mehr Religionskritik als Religionsphantasie. Es ist der Protestantismus zur Hälfte eine Religion der Selbsthilfe, ist ganz auf Gottesfreiheit gegründet und durchaus individualistisch; und darum ist ihm nicht eigentlich kirchenbildende Kraft eigen. Der Protestantismus basiert, sofern er lebendig sein soll, fortdauernd auf dem Protest gegen alle starre Form; wo er kirchlich dogmatisch und zu Staatsreligion wurde, da schlug er gleich auch immer leicht zum Puritanismus oder zum Pietismus um. Um so lebendiger aber kann er — nicht als Dogma, sondern als Lebensgesinnung — zur Individualreligion werden, weil er sich jeder wahrhaft fortschrittlichen Denkungsart fügt und weil er innerlich immer noch er selbst bleibt, wenn an die Stelle der Christendogmen ehrfürchtig gemeinte Sittengesetze, kategorische Imperative oder andere Abstrakta treten. Darum darf man sagen, daß die „religionslosen" Goethe, Kant, Schiller und alle ihre Geistesverwandten recht eigentlich Weiterentwickler des deutschen Protestantismus sind, daß in ihren Werken die höchste Kunstkultur ist, deren der Protestantismus fähig ist. Diese freie religiöse Gesinnung ist aber nur für starke und gesunde Geister; wer irgendwie sentimental anlehnungsbedürftig oder beschaulich sehnsuchtig ist, findet nicht seine Rechnung. Es mußte darum folgerichtig gegen diese freie religiöse Ehrfurcht der Puritanismus mit neuem Nachdruck sein Haupt erheben; es mußte neben der Aufklärung, die so leicht zum Nihilismus führt, der Wille zum christlich Dogmatischen tendenzvoll einhergehen. Darum flüchteten so viele feine, zarte Naturen vor den drohenden Unbedingtheiten der neuen Geistesentwicklung zu einer presbyterianischen Strenge oder gar in den Schoß der katholischen Mutterkirche. Der Massenabfall deutscher Maler um die Jahrhundertwende und ihr Konvertieren ist nur so, aus einem Erschrecken vor der scheinbar formlos entartenden Zeit zu erklären. Ihre Haltung fällt zusammen mit der politischen Reaktion, die den Revolutionsergebnissen gegenüber das Bestehende um jeden Preis betonte. Sie glaubten ein entgöttertes Leben vor sich zu sehen, eine von allen Kulturidealen verlassene Kunst; bestenfalls ahnten sie ein Ideal, dessen Monumentalität eine Schöpferkraft forderte, die ihnen durchaus abging. Hätten die deutschen Maler dieser Zeit ebensoviel produktives Genie gehabt wie unsere Dichter und Philosophen, so hätten Dürer und Holbein eine würdigere Nachfolge gefunden, so wäre eine moderne Malerei groß und frei, im unmittelbaren Anschluß an die Barocktraditionen geboren worden. Aber es hat den Deutschen in der entscheidenden Stunde an lebendigem malerischen Talent gefehlt, es gab in dieser Zeit fast nur die nachempfindende Begabung, weil ursprüngliche Talentkraft von einer leidenschaftlichen Vitalität im allgemeinen nicht zu trennen ist; und so kam es, daß die deutsche Malerei, die neben einer in ihren besten Teilen frei und genial geborenen, antikisch gesunden Poesie dahinlebte, katholisch wurde. Da sich die Vertreter dieses malenden Katholizismus, die Nazarener, nun aber zu dem herrschenden Geiste der Akademien tendenzvoll in Gegensatz stellten, da sie sich selbst romantisch modern und als Erneuerer fühlten, so galten sie gar noch als fortschrittlich und revolutionär in aller ihrer Unlebendigkeit. Der Stoffgedanke tritt in der Malerei ja zumeist mit dem Anspruch auf, revolutionär zu sein In Wahrheit waren die Nazarener nichts anderes als absolute Gedankenmaler Wie Reformatoren der deutschen Malkultur konnten sie nur erscheinen, weil sie in produktionsarmen Jahrzehnten mit einem deutlichen Kunstwillen geschlossen auftraten und weil das leicht befriedigte Laienpublikum den Willen wieder einmal für die Tat nahm In Wahrheit haben sie nur eine moderne Spielart alter Kunstformen geschaffen, nur einen Kulturreflex.

Diese nazarenischen Gedankenkünstler waren sonderbare Christen. Genau besehen waren sie, trotz des Massenübertritts zur katholischen Kirche, der Gesinnung nach gar nicht Katholiken. Der rechte Katholik ist unbefangen, fast heidnisch unbefangen und nichts weniger als ein Religionsgrübler. Die katholische Kirche nimmt ihren Mitgliedern die Lebenssorgen ab. Die Nazarener jedoch schufen sich absichtlich religiöse Lebenssorgen; sie waren ihrem Wesen nach recht eigentlich deutsche Puritaner und als Katholiken dann Reformierer der christlichen Religionsidee Sie stehen typisch da für jene Seite des Protestantismus, auf der unduldsame und asketische moralische Strenge herrscht; sie entstammen im wesentlichen jenem mittel- und norddeutschen Religionsgefühl, in dessen Bereich von Zeit zu Zeit etwas wie religiöser Wahnsinn sich regt, wo die fromme Selbstgerechtigkeit und der gläubige Glückseligkeitsegoismus herrschen. Katholiken sind die malenden Puritaner wohl mehr aus dem Gefühl geworden, daß es dem Drang zur Heiligen- und Legendenmalerei in der bilderlosen protestantischen Religion an Stoffen und Anknüpfungspunkten fehlen wurde. Es ist sehr bezeichnend, daß die romische Kirche mit tiefem Mißtrauen auf die Klostergesinnung der neuen Konvertiten blickte und sie, wo immer es anging, von ihren Herrschaftsgebieten fernhielt. Der eifrige norddeutsche Protestant Philipp Otto Runge stand dem Katholiken Overbeck innerlich viel naher, als dieser irgendeinem unnazarenischen Künstler des katholischen Südens. Ebenso ist es charakteristisch, daß der nordische Protestant Thorwaldsen, der kuhle Klassizist, vom Papst eine Fulle von Auftragen erhielt, daß die in Rom lebenden katholischen Nazarener im wesentlichen aber fur deutsche protestantische Kirchen malten und daß sie mehr Testamentsmaler waren als Heiligenmaler Was die Nazarener trieben, das war gewissermaßen ein protestantischer, ein kalvinistischer Katholizismus. In dieser Beziehung steht das deutsche Nazarenertum in einem entschiedenen Gegensatz zu dem des einheitlich katholischen, und darum bei weitem nicht so leicht zu fanatisierenden Frankreich. Nazarenertum gab es auch dort; eine Reaktionsstimmung herrschte zu Anfang des neunzehnten Jahrhunderts in ganz Europa. Die Franzosen aber konnten als unbefangenere, von den religiosen Problemen nicht so ausschließlich okkupierte Gedankenmaler innerhalb ihrer Ideenromantik sogar, viel mehr als die Deutschen, Anschauungskünstler und Maler bleiben und konnten ihren Eklektizismus darum lebendiger ausgestalten. In Deutschland forderte allein das Nebeneinander des protestantischen und katholischen Prinzips zu Auseinandersetzungen auf Zum Schaden unserer Malerei, die bei diesen Auseinandersetzungen auf einen weltgeschichtlichen Abweg geriet.

Es überrascht nicht, wenn uns von den Nazarenern, ja von unsern Gedankenmalern überhaupt berichtet wird, daß ein lebendiges nationales Empfinden ihnen nicht eigentümlich gewesen wäre. Menschen, die mehr in ihren Gedanken als mit den Wirklichkeiten leben, nehmen leicht Gesinnungen an, die vom nationalen Standpunkt aus wie Indifferenz erscheinen. Weltburgerlich und

PHILIPP VEIT: BILDNIS DER FREIFRAU VON BERNUS

übernational zu empfinden, war ja der Ehrgeiz jener Zeit überhaupt. In dem Verhalten der Gedankenkünstler ist aber noch etwas anderes als Weltbürgerlichkeit im Sinne Schillers und Goethes. Es tritt eine nicht eben liebenswürdige Gleichgültigkeit gegen die politischen Schicksale Deutschlands zutage. Nicht einer der Nazarener hat an den Freiheitskriegen teilzunehmen den Drang gehabt. Auf schlechter Gesinnung beruht solche Gleichgültigkeit natürlich nicht; sie ist aber ein Symptom mehr, wie weltfremd diese Künstler in ihrer römischen Gedankenwelt lebten und wie konsequent sie sich vor den Wirklichkeiten auch in der fortschreitenden Volksgeschichte verschlossen. Trotz ihrer Heimatskunst! Ihre Gesinnung klingt noch nach in Künstlern wie Feuerbach, Marées und Böcklin, die alle freiwillig das Exil in Italien wählten. Auch den Nazarenern galt Italien als das Land der Sehnsucht. Es zog die Puritanischen in die Nähe der Präraffaeliten und in die Nähe von Raffaels reinlichen Vollkommenheiten, vor denen die Atelierschwärmer den Lärm einer unvollkommenen Gegenwart vergessen konnten. Auch diese Liebe war ein Ideengewächs. Niemals war die Kunst weiter vom ursprünglichen Renaissancegeist, auch der Präraffaeliten, entfernt. Das lebendig Große darin wurde kleinstädtisch, grundsätzlich und literarisch begriffen. Durch Roms Grandiositäten ging mit bedachtigem Biedermeierschritt die nazarenische Tendenz und löste aus dem von Anschauung trächtigen Kolossalischen nur gefällige Wohlanständigkeiten und sentimentale Lieblichkeit heraus. Der Instinkt wanderte in die Irre, weil er das eigentlich Schöpferische der Malerei für ein Sekundäres hielt und sein Augenmerk in erster Linie auf die Stoffprobleme gerichtet hielt. Das Hauptinteresse wurde immer absorbiert von den Fragen, welche Stoffe der beiden Testamente zu bevorzugen seien, wie die deutschen Heldensagen neu belebt werden konnten und wie die Ossian-Romantik der Malerei nutzbar gemacht werden konnte. Die allegorischen Inhalte der Bekenntnisbilder standen zur Diskussion und später dann die symbolische Bedeutung klassizistisch-philosophischer Naturmythologien. Immer aber geriet der Stoff, trotz aller Vertiefung, ins Konventionelle und Literarische, weil die Vergangenheit niemals zu einer blutvollen Gegenwart gemacht werden konnte, weil die Gegenwart vielmehr immer im Lichte irgendeiner Vergangenheit gelebt wurde.

* * *

Die Nazarener lassen sich in zwei Gruppen betrachten. Von jeder Gruppe gehen besondere Entwickelungen der deutschen Gedankenmalerei im neunzehnten Jahrhundert aus. In der ersten stehen im wesentlichen die ruhigen und kühlen Naturen, die unproblematischen, langlebigen Künstler, in denen die Kunstliebe mit ruhiger Glut fortbrennt. Sie sind vor allem die Vertreter des Konventionellen in dieser Gedankenkunst. In der zweiten Gruppe findet man dagegen mehr die leidenschaftlich-problematischen Lebensdenker, die faustisch Ruhelosen, die sich romantisch zu tieferer Mystik sehnen, und auch die Pathologischen, die mit frühem Tod die innere Erregung bezahlen mußten. Wo in der ersten Gruppe das kunstlerisch Wertvolle erzielt wurde, da geschah es kraft einer ruhigen Innigkeit des Gefühls, kraft einer gemutsheiteren nazarenischen Selbstbeschaulichkeit, innerhalb der zweiten Gruppe war die Kunstidee aber mehr modern gerichtet und mehr unkonventionell. Von entschiedenen Nazarenergedanken ausgehend, drangen hier die Künstler in der Folge zu einer selbständigeren Naturanschauung, zu einem philosophisch befreiten Gottgefühl vor und riefen eine Nachfolge ins Leben, die der Zeit pionierend voranzugehen strebte.

Innerhalb der ersten Gruppe erklingen die am meisten genannten Namen der nazarenischen Brüderschaften. Da ist vor allem Johann Friedrich Overbeck, der ernste Niederdeutsche, der in der Wiener Fügerschule die Malerei erlernen wollte und dessen neuartige, fromm-romantische Eklektizistenneigungen, mit dem Grundton des Volks- und Heimatskünstlerischen, in dem Milieu barocker Handwerksmäßigkeit so revolutionär wirkten, daß er von

MORITZ VON SCHWIND: EIN EINSIEDLER FÜHRT ROSSE
ZUR TRÄNKE

der Akademie verwiesen wurde, der dann in Rom Genossen wie Veit, Führich, Wilhelm Schadow und Cornelius zu sich hinzog, mit ihnen die bekannte Klosterbruderschaft von San Isidoro bildete und mit ihrer Hilfe dem Nazarenertum in der Casa Bartholdy sodann das wichtigste Denkmal schuf; der ganz unter der Diktatur seiner Ideen stehend, zum Katholizismus übertrat und in seinem Bekenntnisbild „Triumph der Religion in den Künsten" ein Werk schuf, dessen malerischer Dogmatismus nicht nur ihn, sondern die ganze Schule charakterisiert; der sich an Raffael erzog und dessen formalistisch glatte Bilder in Reproduktionen noch heute um ihrer reinlich dekorativen Indifferenz willen in katholischen Häusern heimisch sind; dessen Arbeiten in der Casa Bartholdy dann aber auch wieder eine gewisse unterdrückte Originalität haben, eine Stilkraft, der in einer anderen Kunstzone vielleicht überraschende Früchte gereift wären. Neben dieser im Innern kühlen Natur steht Wilhelm Schadow, ein, trotz vielen vom prachtvollen Vater äußerlich übernommenen Wesenszügen, künstlerisch fast physiognomieloser Konvertit und Prinzipienmensch, ein diplomatisch kluger Akademiebeherrscher, ein um seines mehr räsonierenden als produktiven Kunstgefühls, um seines Opportunismus willen vielgesuchter Lehrer in Berlin und Düsseldorf, und darum der einflußreiche Verbreiter der nazarenischen Gedankenmalerei über ganz Deutschland und der Vater der sentimentalen Düsseldorfer Romantik. Es treten sodann die beiden Brüder Schnorr von Carolsfeld hinzu, die, ebenso wie der empfindungsreiche Pforr, wie Führich, Steinle und Overbeck von Wien ausgingen. Der bedeutendere der Brüder, Julius, hat früh schon durch die Bearbeitung deutscher Sagenmotive und historischer Stoffe die spätere Entwickelung des Nazarenertums zur Geschichtsmalerei angekündigt. Und es wird der Geist des Nazarenertums durch das Künstlerleben dieser beiden Brüder auch insofern gut charakterisiert, als Julius im Gegensatz zu seinem Bruder Ludwig Protestant blieb und sogar einen protestantisch betonten „Luther in Worms" malte, ohne doch weniger ein Nazarener zu sein als irgendeiner seiner römischen Genossen, mit denen zusammen er die Villa Massini ausgemalt hatte. Sodann ist Philipp Veit zu nennen, der Enkel Moses Mendelssohns und der Stiefsohn Friedrich Schlegels, der von der jüdischen zur katholischen Kirche feierlich übertrat, ebenfalls an den Programmfresken der Casa Bartholdy malte und sich in der Folge durch gesinnungstüchtige Bekenntnisbilder hervorzutun wußte. Es erscheint in dieser Gruppe der eine sündenfreie Lebensharmonie anstrebende, alles Unlautere gelassen abwehrende Joseph von Führich, seiner natürlichen Malerbegabung nach vielleicht der Talentvollste von allen, ein Dürerzögling, der in den Jahren seines Werdens der Wiener Akademie als schädlicher Revolutionar galt und der später, in seiner Eigenschaft als Professor dieser selben Akademie und als Beherrscher der österreichischen Kunst seinerseits durchaus reaktionär erschien gegenüber den Wirklichkeitsbestrebungen Waldmüllers. Der Name des geistvollen und empfindungsreichen Frankfurters Olivier, dessen Liebe vor allem der Landschaft galt, ist zu nennen, und es ist auf Erwin Speckters zartes Raffaelitentum zu verweisen; es ist an Eduard von Steinle zu erinnern, der die Religionsmalerei nach der Seite des Märchens und der Geschichte mit reinlicher Ideologie erweiterte, und es gehören zu dieser Gruppe dann auch die den Deutschen zu teuren Gestalten gewordenen Meister Moritz von Schwind und Ludwig Richter. Diese beiden haben sich dem lebendigen Leben der Nation am meisten von allen ihren Genossen genähert, weil sie sich im wesentlichen darauf beschränkten, Illustratoren und Zeichner zu sein, weil sie dem Ehrgeiz zur Freskomalerei nicht ihr Bestes opferten und das zur Wirkung zu bringen wußten, was in den Bildern aller Nazarener heute noch am stärksten wirkt: das fromm Kindliche. Selbstbeschränkung hat diese beiden über die großen Ansprüche ihrer Genossen erhoben und hat ihre Gedankenkünste mit unmittelbaren Anschauungswerten bereichert. Als Gestalter des Märchens, der Sage, der Idylle und als Erzähler mit dem Zeichenstift stehen sie unsterblich da in der deutschen Kunst — freilich nur in dieser —, weil

MORITZ VON SCHWIND: MORGENSTUNDE

sie dem Mythos märchenselig das Kindliche abgewonnen haben, weil sie allein es verstanden, in die trockenen Begriffskünste der Nazarener den Humor zu bringen, als etwas Unmittelbares und Gegenwärtiges. Ihre herzliche Fröhlichkeit unterscheidet sich so wohltätig von dem künstlich getragenen Ernst ihrer Genossen in Rom, daß sie scheinbar gar nicht zu ihnen gehören. Sie gehören aber doch dazu. Die Grenze der Gedankenkunst haben beide nicht überschritten. Sie haben sich der Grenze lebendiger Anschauung oft genähert, aber ihre Kunst ist auf keinem Punkte ganz vom Stoff zu trennen. Von seiten des Stoffes sind sie lebendigere Geister, empfindungsvollere Herzen; aber auch sie bleiben von seiten der Form fast immer mehr oder weniger abhängig vom Eklektizismus der Zeit, beziehe sich dieser nun auf Raffael oder Dürer, auf Michelangelo oder Holbein.

Der einflußreichste dieser ganzen Gruppe, ein Künstler, der alle Konventionalismen der Nazarener in einer gewissen großartigen Weise zusammengefaßt hat, ist Peter von Cornelius, der „Begründer des neuen deutschen Monumentalstils". Er steht beispielhaft da für einen groß wollenden Irrtum der ganzen neueren deutschen Kunst. In das allzu gleichmäßige und schläferige Nazarenertum brachte er das Temperament. Ein literarisch erregtes Temperament; dessen Werkzeug die Idee war und dessen Freskowille niemals über den Karton eigentlich hinauskam. Cornelius hat dem Nazarenertum ein Kampfelement hinzugefügt und ihm dadurch das Innige und Kindliche genommen, er hat das Prinzip der Ideenmalerei mit cholerischer Kühnheit in den Streit der Meinungen hinausgestellt und einen glanzenden äußeren Sieg errungen, der heute noch nachwirkt. Der raffaelitischen Schönheitssäuselei hat er theatralisch lebendigere Gebärden gesellt, und was sich bei seinen Genossen lyrisch hieratisch gab, hat er in gewisser Weise dramatisiert. Eine außerordentliche Persönlichkeit, ein starkes Temperament! Ein Rattenfänger, der viele Schüler und Gläubige um sich zu sammeln wußte, und ein Resümist, der das Streben vieler mit monumentalischer Didaktik zusammenfaßte. Ein Begeisterter, so ganz ohne Sinnlichkeit, daß seine Kunst geschlechtslos anmutet; ein Genie innerhalb des ewig grauen Intellektualismus, ein Formalist, dem das Auge nur ein Organ des kritischen Vergleichens war, ein Raffaelit, den Raffael nicht eine Stunde in seiner heiter sinnlichen Gegenwart geduldet hätte, und einer jener Überzeugunsgtyrannen, wie die weltblinde Kulturtendenz sie schafft. In Cornelius erreichte die abstrakte Idee des Nazarenertums eine höchste Möglichkeit. Darum steht sein Werk auch programmatisch heute noch da. In seiner Kunst gipfelt die ganze deutsche Gedankenmalerei.

Von Cornelius und von seiner Gruppe aus hat sich die Ideenkunst in den nächsten Jahrzehnten logisch dann fortentwickelt. In dieser gesinnungsstrengen Legenden- und Bekenntnismalerei wurzelt die deutsche Geschichtsmalerei. Es ist falsch, Nazarenertum und Historienmalerei in der Kunstgeschichte als zweierlei zu behandeln und vor den Werken der Geschichtsmaler von einem Sieg des Realismus zu sprechen. Denn der Geist blieb mit sich selbst in Übereinstimmung, wenn die Stoffe sich auch änderten. Als die Ziele nationaler Einigung vor dem reaktionär gefesselten Deutschland immer deutlicher aufzutauchen begannen, änderte sich naturgemäß auch die Meinung über den nationalen Mythos: an Stelle des religiösen trat der historische Stoffbegriff. Episoden aus der Geschichte zu malen und sich dabei der großen dramatischen Poesie zu bedienen, das erschien den Menschen um 1848 ebenso unzweifelhaft als der rechte Idealismus, wie es den Menschen um 1820 bedeutend erschien, religiöse Stoffe darzustellen. Der Trieb zum Katholizismus, zum Puritanismus ging vorüber, und es trat an seine Stelle die Lust an der nationalen Geschichte, als ein anderer Versuch, die Legende neu zu beleben und der Malerei ideale Stoffquellen zu erschließen. Waren die Ideen der Malerei während einiger Jahrzehnte reaktionär gewesen, so wurden sie nun liberal. Daß dieser Stoffwandel auch auf die äußeren Formen der Malerei wirken mußte, war eine notwendige Folge. Mit der verblasenen, illuminierten Kartonmanier der Nazarener

JOS. A. KOCH: LANDSCHAFT MIT REGENBOGEN

konnte der Maler von Geschichtsvorgängen, die dem Betrachter realistisch nahegebracht werden sollten, naturlich nichts beginnen, er brauchte eine Darstellungsweise, die den Schein greifbarer Wirklichkeit gab. Dem Wesen nach aber war nichts geändert. Die Geschichtsmalerei ist ebenso eine Art der Gedankenkunst, wie die Religionsmalerei es ist, weil auch jetzt noch der Stoff, die Idee, die das eigentlich Kunstlerische bestimmende Hauptsache war. Darum geriet auch diese „moderne" Darstellungsweise ins Akademische. Die Natur wurde ebenso wie früher nicht um ihrer Schönheit, ihrer Fülle und ihres Duftes willen gemalt, sondern sie diente auch jetzt wieder. Diente, um gedachte und allegorisch gemeinte Vorgänge wahrscheinlich erscheinen zu lassen.

Kaulbachs Wandbilder sind nicht weniger Produkte deutscher Gedankenmalerei, als die Kartons von Cornelius es sind. Kaulbachs Farbe und Malerei ändern daran nichts. Delacroix gab zur selben Zeit wahrhafte Malerei, trotz seiner Geschichtsromantik; Kaulbach gab Geschichtsromantik an sich und ihrer selbst wegen. Jenem geriet die bedeutende, die bleibende Kunstform, die in sich selber ihr Daseinsrecht trägt und ein Produkt der Anschauungskraft ist; diesem gelang formal nur das akademisch Zulängliche, weil alles Angeschaute ihm nur Mittel war. Es ist ein verkapptes Nazarenertum in den Historien Kaulbachs sowohl wie in denen Lessings, Bendemanns und aller der anderen. Daß Lessing antikatholische Husbilder malte, spricht nicht im geringsten dagegen; das Protestantische ist in diesem Falle so zufällig, wie es vorher das Katholische war. Entscheidend ist, daß wieder eine sterbliche Stoffidee an erster Stelle steht. Wie diese beschaffen ist, interessierte eigentlich nur die Zeitgenossen; diese freilich bis zum Fanatismus. Selbst die sinnlich flackernde Kunst Makarts muß man darum, so paradox es manchem scheinen mag, als ein spätes, dekorativ und erotisch gewordenes Nazarenertum bezeichnen. Denn auch hier noch herrscht der Stoffgedanke, trotzdem der orientalisch üppige Wiener ihn in ein kostbar funkelndes Prachtgewand aus den Werkstätten Veroneses zu kleiden wußte. Vergleicht man Makart mit Cornelius, so hat sich die Zeitgesinnung allerdings entscheidend geändert; nicht geändert aber hat sich die Grundanschauung von dem, was künstlerisch sei. Es sind immer noch Bekenntnisbilder. Daß nun der Lebensgenuß bekannt wird wie früher die Askese, daß dort das Edle vorherrscht und hier das Gemeine, ändert im höchsten künstlerischen Sinn nichts. Auf dem Wege, den Mythos in der Geschichte zu finden, war Makarts starkes dekoratives Talent nun, mit Hilfe der von Belgien importierten Mallehren, dahin gekommen, die Geschichte zu theatralisieren. Szenisch war die Stoffidee ja schon bei Cornelius und Kaulbach; war sie bei diesen aber sozusagen noch Passionsspiel gewesen, so wurde sie auf der Bühne der Makartschen Malerei zum weltlichen Ausstattungsstück. Den Glanz des Farbenlacks darf man nicht für ein lebendig malerisches Anschauungsergebnis halten, nicht für dasselbe, was Farbe und Malerei bei Tintoretto und Veronese sind. Makarts Malerei ist ganz und gar dekorativ, das heißt: kunstgewerblich äußerlich. Daß das Kunstgewerbliche in einer bewunderungswürdigen Weise Selbstzweck geworden ist, erhöht den inneren Wert dieser Malerei nicht. Es ist immer noch Eklektizismus, Form und Kunst aus zweiter und dritter Hand. Und die Sinnlichkeit, die brünstige Modellerotik widerspricht auch nicht dem Wesen der Gedankenmalerei. Askese und Perversion haben von jeher nahe beieinander gelegen. Und ob eine Malerei die Sinnenabtötung gedanklich verherrlicht oder den Sinnengenuß, das macht vom Standpunkt guter Malerei aus nicht viel Unterschied. Ja, es ist auch nichts grundsätzlich anderes gewesen, wenn sich später noch ein Maler wie Gabriel Max von der sinnlichen Geschichts- und Literaturmalerei der Makart und Piloty wieder abwandte, um sich von neuem, nun mit okkultistischen Tendenzen, der Religionsmalerei zuzuwenden. Denn wieder herrscht nur der Gedanke. Er heißt jetzt sentimentalisierter Spiritismus, es hat sich die Idee wissenschaftlich modernisiert. Auch in diesem Falle ist wie in der ganzen Gedankenmalerei die Form im tieferen Sinne tot, ist akademisch konventionell, eklektizistisch gewonnen oder auch

J. v. FÜHRICH: GANG MARIENS ÜBER DAS GEBIRGE

naturalistisch subaltern. Hier berühren sich formalistischer Eklektizimus und photographischer Naturalismus, die sich gar nicht so fernstehen, wie es scheinen mag, weil beide aus einer Wurzel, aus der Urkraft lebendig anzuschauen, hervorwachsen. Und auch in einer Malergestalt, wie der des Düsseldorfers Eduard von Gebhardt, setzt sich das Nazarenertum modern naturalistisch fort. Fruchtbarer aber ist es durch die Metamorphose des Naturalismus nicht geworden. Gebhardt ist ein Künstler, ehrwürdig durch seinen Mannesernst und durch die Lauterkeit seines Wesens. Aber nicht elementarische Anschauungskraft und Eindrucksfülle ist in seiner Malerei, sondern akademisch gefestigter und puritanisch gefärbter Begriffseifer. Sogar der Bedingtheit Uhdes gegenüber wirkt Gebhardt noch trocken, dürr und ganz unmusikalisch. Das von ihm dargestellte Leben hat keine Höhen, weil es nicht Tiefen kennt, die ganze Natur steht im Atelier Modell und wirkt darum in allen Teilen modellern. Gebhardt ist eine zu bürgerlich ordentliche Natur, um ein großer Maler des Religiosen sein zu können. Wer Christus und seine auch heute noch lebende Urgemeinde malen will, muß die Himmel und Höllen des Lebens in sich tragen, wie Rembrandt es tat; er darf nicht ein Gerechter zu sein streben, sondern muß ein menschlich Allzumenschlicher sein. Gebhardt aber ist ein protestantischer Eiferer. Er wirkt fast wie ein Heilsarmee-General. Es ist begrifflich Fanatisiertes in ihm; und darum keine Fülle, kein höherer Schwung. Seine Romantik ist Pastorenromantik. Ihm fehlt der Blick fürs Ganze; jedes Ding ist einzeln gesehen und studiert, jedes Bild ist ein Begriffsmosaik, ist Genre im schlechten Sinne. Gebhardt malt im Geiste der alten Historienmalerei „Charakterköpfe" und „studiert" leidenschaftliche Gesichtsausdrücke. Seine Kunst mutet an wie ein verspätetes Produkt der aufgewärmten deutschen Renaissance, wie sie nach 1870 verstanden wurde; sie geht in Gretchentracht einher und malt die edle deutsche Hausfrau. Eigentümlich ist ihr kaum etwas anderes, als ein hysterischer bäuerlicher Zug. Aber doch ist sie dann unselbständig in einer gewissen selbständigen Weise, sie ist es ohne jeden Betrug, ohne Mätzchen und Retuschen. Sie ist ehrlich in all ihrer trockenen Hagerkeit. Hinter ihr steht eine exemplarische Professorennatur, vor der man eine unbedingte menschliche Wertschätzung empfindet. Aber es ist Gedankenkunst durch und durch, und insofern unterscheidet sie sich nicht wesentlich von dem, was um 1820 im Kloster San Isidoro in Rom gemalt wurde.

Merkmale künstlerischer Hysterie sind in der schon erwähnten zweiten Gruppe deutscher Gedankenmaler anzutreffen; es sind Begleiterscheinungen jeder fanatisch betriebenen Ideenkunst. Zugleich aber tritt uns aus dieser Gruppe Geniales und Ursprüngliches entgegen. Läßt sich das Malergeschlecht der Overbeck, Veit, Cornelius und Genossen am anschaulichsten durch die Gestalt eines asketisch hageren, würdigen alten Mannes darstellen, so tritt einem dieses zweite Künstlergeschlecht in der Gestalt eines schönen, blassen Jünglings mit sehnsuchtig blickenden Augen entgegen. Wie es denn auch nicht Zufall ist, daß man in dieser Gruppe fast alle die jung Gestorbenen, die problematisch Ringenden antrifft. War das Künstlerleben jener anderen ein Zurückweichen vor der Zeit, so wurde diesen ihr Nazarenertum zu einem Mittel, moderne Weltanschauung zu erringen. Um Weltanschauung ging es hier ebenso wie dort. Aber auf der einen Seite war es eine rückgewandte Weltanschauung und auf der andern Seite eine vorwärtsdringende. Darum wurde bei den Lebendigeren zur erlebten Mystik, was bei den Konventionellen dogmatisch erstarrte; und darum wurde dort auch viel energischer um die eigentlich malerischen Probleme gerungen. Denn etwas wahrhaft Lebendiges läßt sich immer auch nur durch etwas Lebendiges ausdrücken. Das Weltanschauungsproblem, um das diese Künstler sich bemühten, mit wenigen Worten deutlich darzustellen, ist nun allerdings fast unmöglich. Es bestand, kurz gesagt, darin, daß auch diese Künstler das von der Aufklärung schwer bedrohte religiöse Bewußtsein nicht aus der Hand geben mochten, daß sie aber als lebendig Empfindende zugleich vor der Aufgabe standen, das Christliche, im Ein-

K PHILIPP FOHR: ROMANTISCHE LANDSCHAFT

klang mit der Denkart der Zeit, zu vertiefen. Dieses konnte im neunzehnten Jahrhundert nur so geschehen, daß dem christlichen Weltgefühl mehr und mehr eine pantheistische, eine naturphilosophische Bedeutung gegeben wurde. Der religiöse Pantheismus der Zeit wurde in die katholisch gefärbten Empfindungen unmerklich hineingetragen, und es entstand daraus in der Folge dann eine Art von Naturreligion, die für die Weltanschauungsbemühungen des neunzehnten Jahrhunderts aufs höchste charakteristisch ist.

Nicht zufällig hat sich dieser vage Weltbegriff vor allem der Landschaftsmalerei bemächtigt. Denn im Landschaftsgefühl mußte er zumeist Nahrung finden. Was auf jener andern Seite zur Geschichtsromantik sich entwickelte, das wurde hier zur Naturromantik. Diese aber ist der Entwickelung des rein Malerischen von vornherein günstiger. Suchte man drüben den großen mythischen Stoff in der Religion oder in der Geschichte, so suchte man hier unmittelbar in der Natur das Mythische. Und das setzte dem Eklektizismus gewisse Grenzen.

Lehrreich ist in diesem Bezug die Entwickelung des Landschaftsgefühls, wie sie durch die Namen Koch, Preller, Rottmann, Schirmer und Böcklin bezeichnet wird. Charakteristisch ist es schon, daß der Tiroler Josef Anton Koch, der in Italien viele Schüler und Bewunderer um sich versammelte, nicht wie Overbeck und dessen Genossen von Raffael und den Präraffaeliten herkam, sondern von Dürer und Breughel, von Poussin, Claude Lorrain und Carstens. Das will sagen er stand nicht so ausschließlich unter der Herrschaft einer Kulturidee und mehr unter dem Einfluß lebendiger Kunstanschauung; denn Poussin und Breughel sind nicht so sehr wie Raffael allgemeine Kulturbegriffe, sondern einzelne vorbildliche Maler. Da Koch die bedeutende, die mythisch belebte Landschaft malte, so gelangte er folgerichtig zur Darstellung einer heroischen Natur, die würdig ist, daß sich große Begebenheiten darin abspielen. Er schuf die deutsche Begriffslandschaft. Aber während er es tat, mußte er die italienischen Gefilde und die Tiroler Berge doch wenigstens aufmerksam anschauen, er konnte das Heroische nicht willkürlich in die Natur hineinlügen, sondern mußte es aus ihr herausholen. Um so mehr, als der Landschafter in der Kunstgeschichte bei weitem nicht die Hilfe fand, wie der Heiligenmaler. Dieses hat seine Landschaftskunst bis zu gewissen Graden naturalisiert, trotzdem der Nazarener sie mit begrifflich gemeinten Staffagen bevölkerte und trotzdem er mit kartonmäßiger Härte immer nur die Knochen und Konstruktionsformen der Natur darstellte. Der nach außen rauhe, im Innern aber sehr weiche Tiroler erhebt sich darum in einigen seiner Schweizer und Sabiner Berglandschaften zu einem ausdrucksvollen Pathos; es fließen in seinen Berglinien hier und da Melodien, die über das langweilige Respondieren der Legendenmaler hell hinausklingen, und es beginnt in den besten seiner Werke der Raum geheimnisvoll zu leben. Mit kindlicher Begrifflichkeit sind dann zwar alttestamentarische oder ossianhafte Staffagen in die Landschaften gemalt; aber es könnten durch viele dieser steinigen Gefilde auch schon Böcklinische Zentauren traben. Das will sagen, daß das gewollt Heroische dieser Landschaftsschilderung mit natürlicher Naturmystik vertieft worden ist, daß in dem entschiedenen Archaismus moderne Gesinnung anklingt. Das ist übrigens ähnlich so in den Landschaftsschilderungen anderer, von Koch beeinflußter Nazarener. Auch die Landschaften Führichs und Pforrs, um nur zwei der Talentvollsten zu nennen, sind von einem ernsten musikalischen Gefühl erfüllt, das dem heutigen Betrachter noch lebensvoll entgegenklingt. Und wenn Olivier, Kaspar David Friedrich und andere in der Folge wertvolle Anschauungselemente in ihre nazarenische Landschaftskunst hineingetragen haben, so verdanken auch sie es bis zu gewissen Graden der an den Namen Kochs geknüpften Landschaftsgesinnung. Nicht als ob Koch weniger Gedankenmaler gewesen wäre als Overbeck etwa. Aber da seine Kunst ihn zwang, die abstrakten Begriffe im unmittelbaren Verkehr mit der Natur, zu gewissen Teilen wenigstens, in Anschauungen zu verwandeln, so gerieten ihm diese Anschauungen in demselben Maße originell,

FERDINAND VON OLIVIER: KAPUZINERKLOSTER
BEI SALZBURG

DIE NAZARENER

wie sein christlich-schwärmendes Lebensgefuhl es war. Eine originelle Personlichkeit aber war der knorrige sentimentalische Tiroler zweifellos. Darum hat Koch auf die deutsche Landschaftskunst entschieden eingewirkt Von ihm kommt zum Beispiel Preller in derselben Weise etwa her, wie die Romantiker der Historienmalerei von den Heiligenmalern herkommen. Preller, ein Schüler Kochs und der Antwerpener Akademie zugleich, wußte mit Hilfe der virtuosen malerischen Lehren Belgiens des Nazareners knochige Härten zu mildern, wußte das starr Heroische mit dem Duft — um nicht zu sagen: Parfüm — einer gefällig sinnlicheren Romantik zu umgeben und das Puritanische theatralisch zu versinnlichen Man darf nicht eigentlich sagen, daß er die konstruktive Landschaft Kochs malerisch gemacht hat, denn es lebt in Kochs Trockenheit oft mehr malerischer Instinkt, als in Prellers gefälliger Weichheit, aber dem Kartonmäßigen Kochs hat er doch allgemeinverständliche dekorative Werte hinzugefügt. Das hat ihn und seine mit Hilfe von Studienreisen nach Italien, Griechenland, Rugen und Norwegen geschaffene homerische Landschaftskunst popular gemacht. Es liegt aller Begriffskunst ja das Dekorative nahe, weil dieses ein Schones ist, das nicht unmittelbar lebendig angeschaut zu werden braucht, sondern das in halb kunstgewerblicher Weise im Atelier der „Idee" hinzugefügt werden kann. Den deutlichsten Beweis für diese Zusammengehorigkeit bietet die englische Präraffaelitenkunst, aus deren Begrifflichkeiten sich ein umfassendes modernes Kunstgewerbe entwickeln konnte. In ähnlicher Weise, wie Cornelius in Kaulbach und fernerhin in Piloty und Makart malerisch wurde, ist die nazarenische Landschaftskunst Kochs bei Preller, Lessing, Rottmann, Schirmer usw dekorativ geworden. Bei jedem in einer personlichen Weise, aber immer doch, ohne aus dem Kreis der Gedankenmalerei herauszutreten. Auch die nazarenische Weltanschauung wurde sozusagen bei diesen Nachfolgern dekorativ. Man spürt es schon in Lessingschen, Schirmerschen und Rottmannschen Bildertiteln, wie zum Beispiel „Die tausendjährige Eiche", „Kreuzritter unter Eichen",

„Das Schlachtfeld von Marathon" usw. Auf der Suche nach dem Mythos, nach nationalen oder allgemein menschlichen Heroenstoffen geraten die Landschaftsmaler in die deutschen Eichenwälder, in das Landschaftsmilieu der homerischen Welt und zu einer Art von Schicksalstragödie, ausgedrückt in der Landschaft durch Staffage, Gewitter, Brand, Sturm und alle möglichen Elementarereignisse. Man geriet aufs Theater; es entstand eine dramatisch-sentimentale Landschaftsmalerei. Die Naturtheatralik hob Arnold Böcklin dann auf seine festen Schweizerschultern und trug sie moderneren Gedanken noch entgegen. In diesem Bezug weist der Tiroler Koch entschieden zu dem Schweizer hinüber, der sechzig Jahre später geboren wurde, der fromme Katholik reicht dem Naturphilosophen und Pantheisten die Hand, und neben dem christlich determinierten Begriffsklassizismus Kochs steht der malerisch bereicherte Begriffsimpressionismus Böcklins.

Ein dieser Entwickelung parallel laufender Gedankengang des neunzehnten Jahrhunderts wird deutlich, wenn man an eine Namenfolge etwa wie Carstens, Genelli, Marées, Klinger denkt. Wenn jene Landschafter ihre Begriffsmystik in die dargestellte Natur hineinzugeheimnissen wußten, so haben es diese Bildner des menschlichen Körpers verstanden, dieselbe naturphilosophische Mystik in die Erscheinung des Aktes zu legen. Daß sie es mehr als Klassizisten taten, stellt sie nicht außerhalb der Entwickelungsreihe. Da diese Künstler mit einem mehr plastisch denkenden Talente gesegnet waren, im Gegensatz zu den Corneliusnaturen, da sie also von vornherein auch mehr als jene anschauungsbedürftig waren, so verzichteten sie von vornherein auf die Darstellung von Hergängen, von Handlungen und biblisch-historischen Situationen. Sie beschränkten sich auf die Darstellung von Körpern und machten sich damit zur Hälfte wenigstens frei von der „Idee". Da aber auch sie voll waren von dem Gedankentrieb nach heroischer Gestaltung und mythenschwerer Bedeutung, so wurde auch hier wieder das Modell zum Spiegel ihres Wollens, und es erscheinen

FRIEDRICH WASMANN: BILDNIS EINER JUNGEN FRAU

die zwecklos im Raum wandelnden oder ruhenden Körper von einer gewissen ursprünglichen Liniengewalt umflossen. Der Begriff regiert auch hier noch, darum ist alles Zeichnung und Kartonstil. Aber es brauchten nur, wie bei Marées — oder auch wie bei Feuerbach —, unmittelbare malerische Anschauungskräfte hinzuzukommen, und gleich stieg die Gedankenkunst auch zu einem höheren Monumentalstil empor. Es blickt über das im ganzen recht temperamentlose Nazarenertum der römischen Bruderschaft Asmus Jakob Carstens wie ein gefangener Löwe fast herüber. Dieser Schleswiger mit dem grüblerischen Hebbeltemperament, dieser sich faustisch mühende Autodidakt hatte selbst etwas von dem Heroentum in sich, das er darzustellen strebte. Auch bei ihm wurde alles zur Idee; aber in diesem Falle war es mehr die Zeit, das schwere persönliche Schicksal, was den Künstler zu Ideenkonstruktionen trieb. In Carstens hat sich freilich das Nazarenertum mit allen seinen Schwächen schon angekündigt; doch daneben lebte in diesem Mann noch ein echter, antikisch großer Sinn für Stil. In ihm war Leidenschaft; darum erscheint der Eklektizismus bei ihm mehr wie ein Mittel, nicht wie Selbstzweck. Er dachte groß, weil er infolge innerer und äußerer Hemmungen nicht groß handeln konnte. Darum blieb er immer nur ein Künstler der Konzeption; darum blieb er selbst bei den nächsten Nachfolgern unverstanden, bis Genelli das Erbe zum Teil wenigstens aufnahm. Wieder nur ein Umrißzeichner; aber auch einer, der sich über die Begriffsmaler seiner Zeit emporreckt, weil er seine auf Größe gerichteten Gedanken unmittelbar in den nackten Körper hineinlegte und diesen so zum Gefäß eines großen Willens machte. Wobei es dann nicht ausbleiben konnte, daß sich der Geist den Körper bildete, wie er ihn brauchte. Daß der hier obwaltende Zwang zu lebendigerer Anschauung auch eine gewisse Naturalisation der Stoffe dann zur Folge haben mußte, beweisen schon die Titel einiger Zyklen von Zeichnungen: „Aus dem Leben eines Wüstlings", „Aus dem Leben eines Künstlers". Hier berührt sich der Carstenssche, der Klingersche Geist — der in Deutschland unsterblich ist — von ferne mit dem an holländischer Kunst gereiften Hogarthschen Geist und sogar mit der künstlerisch gekonnten Gedankenkunst Goyas Wie sich denn immer und überall alle Gedankenkunst von irgendeiner Seite berührt.

* * *

Die Mission dieser deutschen Gedankenmalerei, welche Lebensideen immer ihr auch zugrunde lagen, hat im neunzehnten Jahrhundert darin bestanden, den Sinn für die hohe Monumentalmalerei lebendig zu erhalten. Das ist ihre historische Rechtfertigung. Die Gedankenmaler haben immer wieder daran erinnert. daß zur höchsten Kunstkultur auch ein Monumentalstil gehört und daß dieser ohne große und bedeutende Stoffe nicht entstehen und dauern kann. Der Jahrhundertirrtum dieser edelgesinnten Künstler besteht darin, daß sie intellektuell und tendenzvoll das wollten, was historische Voraussetzung hätte sein müssen, daß sie, nicht eben blöde, von sich und von der Zeit höchste Kunstkultur gefordert haben, ohne zu fragen, ob die Vorbedingungen dafür auch gegeben seien, daß sie die selbstgesetzte Aufgabe vom falschen Punkte aus angegriffen haben, eine bürgerliche Kunsthöhe wie die der alten Niederländer nicht für genügend gehalten und ihren Eklektizismus mit hoher Schöpferkraft verwechselt haben. Ihr reines und großes Wollen ist schlecht vom Können bedient worden; darum haben sie im ganzen nur ein Monumentalschema schaffen können. Da sie die eigentlich bildenden Anschauungskräfte haben verkümmern lassen, sind sie niemals zu jenem ganz an die Kunstform geknüpften Monumentalen vorgedrungen, das ebenso in einem Bild von einem Quadratfuß Größe sein kann, wie in einem riesenhaften Fresko. Sie sind weit hinter ihren Vorbildern zurückgeblieben, weil sie von diesen nicht das unlernbare Geheimnis der Formzusammenhänge übernehmen konnten, weil sie nicht wie diese ihre Lebensempfindungen unmittelbar in Melodie und Rhythmus zu bringen wußten, weil sie nicht mit dem Raum dich-

JULIUS OLDACH: DAMENBILDNIS

ten, in Linien singen und mit Farben und Formen dramatisch komponieren konnten. Das Ursprüngliche tritt immer nur zaghaft und wie nebenbei hervor. Es kündigt sich nicht ohne Größe an in dem Lünettenbild „Die sieben mageren Jahre" der Casa Bartholdy von Overbeck, es flackert hier und da auf in Arbeiten von Carstens und Runge, von Koch, Rethel, Führich, Genelli und in einer neuen ergreifenden Weise dann bei Böcklin; immer aber mehr oder weniger von den Stoffideen gefesselt und darum dem Stilekletizismus unfrei unterworfen. Im ganzen scheidet es gerade die Arbeiten der Raffaeliten und Präraffaeliten von den Werken Raffaels und seiner Vorgänger, daß bei diesem auf kleinstem Raume das ursprünglich Monumentale ist und daß man es bei jenen in den größten Kompositionen nicht findet. Im Italien der Renaissance hat ein großes Geschlecht jegliches Ding groß angeschaut; im Deutschland des neunzehnten Jahrhunderts aber hat ein Geschlecht von mittlerem Wuchs nur groß zu denken gesucht. Dieses Denken eben hat die deutsche Gedankenmalerei zu einer kränklichen Kulturpflanze gemacht. Lebendige Monumentalmalerei ist nur dort, wo sie einerseits aus dem lebendigen Mythos ihre Stoffe schöpfen und wo sie sich andererseits Seite an Seite mit einer Baukunst organisch entwickeln kann. Im Deutschland des neunzehnten Jahrhunderts ist keines von beiden der Fall gewesen. Darum ist die Gedankenmonumentalität zum größten Teil ins Museum geraten, ist zur Museumskunst geworden und wirkt als solche achtungswert langweilig. Es fehlt der Duft innerer Notwendigkeit. Der Stil ist nicht gewachsen, die Wunder des Raumes sind nicht malerisch gefühlt, die Primitivität stammt aus der Tendenz, nicht aus einem natürlichen Erstaunen. Schon der Begriff Staffage, der in dieser Malerei immer wieder da ist, spricht gegen die innere Einheit. Selbst noch die von den Gedankenmalern so heftig bekämpften Dekorationsmaler des abklingenden Barock hatten mehr echten Monumentalsinn, wenn auch zur Routine entartet, als ihre Verächter. Diese Routiniers dachten wenigstens wie echte Wandmaler aus der Technik, aus den Materialwirkungen heraus, was immer der Beweis naturlicher Talentkraft ist. Den deutschen Gedankenmalern dagegen ist eine ganz unkünstlerische Geringschätzung des Materials und der Technik eigen. Sie beherrschen das Lernbare des Malhandwerks in akademischer Weise, und es gelingt ihnen alles, was dem Fleiß und der Gewissenhaftigkeit gelingt; aber sie leben nicht im Technischen, sie empfinden nicht vom Material aus. Diese sind ihnen nur Mittel, nicht Teile eines untrennbaren Kunstganzen Auch dadurch, daß im Verlauf eines sich vom Christlichen zum Naturphilosophischen wandelnden Weltgefühls durch Böcklin das charakteristisch Groteske in die Monumentalphantasie gebracht wurde, ist die Lösung nicht geschaffen worden. Dadurch ist das Ideenhafte nur noch mehr illustrativ geworden. Der Kunststoff ist durch dieses Verfahren aufs interessanteste bereichert worden, nicht so aber die Kunstform. Zu einer wahrhaft lebendigen und bleibenden Schönheit, zu einer Malkunst voller natürlicher Größe und Leidenschaft hat sich die deutsche Gedankenmalerei nur erhoben, wenn sie, wie in den besten Werken Feuerbachs oder Marées', die Hälfte der Tendenz hat fahren lassen, um mit hingegebenem Gefühl von der unmittelbaren Anschauung, vom Erlebnis des Auges auszugehen. Nur dann sind Bilder entstanden, vor denen der Betrachter nicht groß denkt, weil der „große" Stoff ihn dozierend dazu verführt, sondern weil die architektonisch und malerisch gebändigte Gewalt des Raumes auf ihn wirkt, weil das Bleibende im Wechselnden vom Maler aus der Gotteswelt genial herausgelesen worden ist und weil die Gedanken auf lebensstarker Sinnlichkeit einherreiten Dennoch: historisch ist die deutsche Gedankenmalerei auch von seiten ihres großen Wollens legitimiert. Daß der Kulturwille mit einer ungünstigen Zeit- und Volksdisposition zusammengetroffen oder von ihr als Korrelat erzeugt worden ist, daß er sich tyrannisch die Herrschaft angemaßt hat, ist ein Unglück. Ein spezifisch deutsches Unglück, dessen Ursachen und Folgen zu erkennen der Anfang aller modernen Kunstbildung sein sollte.

Ihre feinsten Werte hat die Gedankenkunst, wie schon dargelegt

FRIEDRICH WASMANN: SPITALKIRCHE IN MERAN

worden ist, in der Landschaft und im Portrat erzeugt Da es durchweg sehr ernsthafte und geistreich gemutvolle Personlichkeiten waren, die vor das Naturobjekt traten, so haben sie in der Natur — es ist immer so — diese Eigenschaften wie in einem Seelenspiegel wiedergefunden Was die Landschaftsanschauung der Nazarener und ihrer Nachfolger liebenswurdig macht, das ist die Wahrnehmung, wie die Naturliebe sich bis zu religiöser Innigkeit steigert. Die Nazarener vor allem haben jedes Grashalmchen, jedes magere Baumchen, jede Gebirgslinie mit gleicher Andacht geliebt Dadurch ist ihre Darstellungsweise ins Graphische geraten. Es ist dadurch aber auch so viel echte Empfindung hineingekommen, daß dem Betrachter noch heute kindisch froh vor den genauen, an Gegenständen so reichen Landschaftsschildereien zumute wird Freilich sieht man immer eine „nature en dimanche", erlebt eine systemvolle Reinigung von allem „Zufälligen" nach feststehenden Prinzipien; trotzdem hat sich in vielen Fällen der Klang wahrer Empfindung erhalten. In den Arbeiten Führichs und Fohrs zum Beispiel, oder bei dem feinen Olivier. Kochs Naturgefuhl wirkt heute noch hier und da mit starkem Nachdruck, Schwind und Richter wissen den Lebenden noch zu entzücken, und wir erkennen uns selbst dann sehr deutlich schon in den Landschaften K. D. Friedrichs, Wasmanns, Rohdens und anderer ihrer Art. Freilich ist es hauptsachlich das Zarte und Reinliche, das Ruhrende, Idyllische und Romantische, was zum Betrachter aus dieser Landschaftskunst spricht, trotz aller Felsgrunde, trotz aller heroischen Architektonik. Selbst bei Bocklin ist das, was uber alle Tendenz hinwegwirkt, nicht das monumentale Wollen, sondern die Stimmung des heroisch gemeinten Naturidylls

Die Bildniskunst innerhalb der Grenzen deutscher Gedankenmalerei steht durchweg auf dem Niveau handwerklicher Solidität mit einer entschiedenen Neigung zum Konventionellen. Zuweilen aber entsteht auch das Außerordentliche. Temperamentskraft im hoheren Sinne ist nie entwickelt worden, aber eine große Wahrhaftigkeit im Verein mit gut entwickelten Zeichnerfahigkeiten haben doch bei aller Aristokratenreinlichkeit, bei aller Glätte und Idealisierung Züge von ernsthafter Charakterisierungskraft in diese bürgerliche Porträtmalerei gebracht. Es handelt sich immer mehr um Zeichnungen als um Malereien, auch in diesem Fall; die Kreuzung von eklektizistisch gewonnener Stilform und unmittelbar angeschauter Naturform hat sich aber gerade innerhalb dieses zeichnerischen Stils als fruchtbar erwiesen. Bildnisse, wie das der Freifrau von Bernus von Veit, wie die Hamburger Bürgersleute von Oldach, wie die Zeichnungen von Wasmann, oder gar wie die Porträts Feuerbachs und Marées', sind bis heute, nach einer Seite wenigstens, nicht übertroffen, ja, nicht einmal erreicht worden. Hätten die Gedankenmaler diese Kunst mehr noch kultiviert und sie nicht nur nebenbei betrieben, so hätten wir im Anfange des neunzehnten Jahrhunderts eine Malkultur bei uns aufblühen sehen. Da das Hauptgewicht aber auf anderes gelegt wurde, so mußten auch diese Ansätze von Jahrzehnt zu Jahrzehnt mehr im Akademischen untergehen.

Zieht man die Summe dieses Jahrhunderts deutscher Gedankenmalerei und betrachtet man im Gegensatz dazu die in den letzten Jahrzehnten mächtig erstarkte Strömung der auf Wirklichkeitsanschauung unmittelbar gegründeten Malerei, so ist auch jetzt noch nicht Hoffnung, daß beide Strömungen, die vereint erst eine wahrhaft große nationale Malerei geben können, zusammenfließen. Immer kämpfen noch sinnliches Lebensgefühl und doktrinärer Lebensbegriff. Es weist dieser Kunstkampf aber letzten Endes auf einen tieferen Streit um moderne Weltanschauungsprobleme überhaupt, und mit diesem erst kann er entschieden werden. Im deutschen Volke wird die Sehnsucht nach dem Mythos, nach dem großen Stoffe niemals schlafen gehen; und wenn ihr das Leben selbst nicht Erfüllung bringt, so wird stets zu einer Form des Eklektizismus gegriffen werden. Das deutsche Nazarenertum wird sich in immer neuen Formen fort und fort entwickeln, bis eine große Zeitgesinnung wieder mythenbildende Phantasie entfaltet, bis sich neben der Monumentalsehnsucht eine große neue Bau-

PH. OTTO RUNGE: SELBSTBILDNIS

kunst entfaltet und ursprüngliche Bildungskräfte aus der unmittelbaren Anschauung emporkeimen. Wann dieses geschehen wird, ob es überhaupt geschehen kann: das ist noch ganz dunkel. Die Overbecks sind gestorben, aber die Klingernaturen sind gekommen; diese werden sterben, und es werden neue Gedankenkünstler kommen, die als solche nicht gleich erkannt werden können, die es aber nicht weniger sein werden als jene. Alles, was wir dagegen tun können, ist: zu lernen, wie unendlich wichtig in der Malerei die Anschauung ist und daß ein sinnlich Empfundenes stets das Primäre in jedem Kunstwerk sein muß, daß das geringste Können immer viel mehr ist, als das bedeutendste Wollen. Kein Volk kann wider sein Schicksal, aber es kann der Notwendigkeit die beste Seite abgewinnen. Es fragt sich, ob die Deutschen des zwanzigsten Jahrhunderts fähig sein werden, den Akzent zu verlegen, fähig, nicht mehr den Gedanken in der Kunst für das Primäre zu halten, sondern das lebendig Angeschaute, und ob sie, ohne den Dualismus der Malerei schon aufheben zu können, der Wirklichkeitskunst nun jene Herrschaft übertragen wollen, die so lange die Gedankenkunst innegehabt hat. Entschließen sich die Deutschen zu einer neuen Machtverteilung in diesem Sinne, ändern sie das Verhältnis von Begriff und Anschauung dergestalt, daß das Unmittelbare mehr gilt als das Mittelbare, so wird das zwanzigste Jahrhundert eine moderne Malerei hervorbringen, die mehr Kulturwert hat, als der ganze hochgesinnte Eklektizismus des neunzehnten Jahrhunderts, eine Malerei, die dem unsterblichen Gedankenstreben der deutschen Kunst dann erst ganz sichere Stufen zu den Höhen eines künftigen hohen Ideals zu schlagen weiß.

PHILIPP OTTO RUNGE

INNERHALB jener zweiten Gruppe von Nazarenern gibt es einige persönlich merkwürdige Künstler, die zwischen Gedanken- und Wirklichkeitsmalerei vermittelt haben und die heute darum in gewisser Weise als Vorläufer moderner Kunstanschauungen erscheinen. Unter ihnen begegnet man den stärksten Malern der Bewegung, wenn sie es oft auch wie gegen ihren Willen gewesen sind, wenn ihnen die stärksten Werte zuweilen auch nur wie nebenbei, wie außerhalb der sie beherrschenden Tendenz gelungen sind.

An der Spitze dieser dualistischen Begabungen steht der Hamburger Philipp Otto Runge, auf den die Augen der Zeitgenossen seit einigen Jahrzehnten besonders aufmerksam wieder gerichtet sind. Runge steht vor uns als ein still vergrübelter Norddeutscher, der einen Keim der Todeskrankheit von je in sich trug und dessen Wesen eben durch diese Disposition aristokratisiert wurde; den die zarte Gebrechlichkeit zum Künstler und Träumer machte, ihm Fühlen und Schauen kultivierte. Dem die Krankheit aber auch die Lebenskraft brach, so daß er, erschrocken vor dem Sturmesodem des Lebens, in den Schutz des Christentums flüchtete und von diesem sicheren Port aus fast hochmütig auf die blickte, die ihm in den ehrwürdigen Tempel mit den erblindenden Scheiben nicht folgen mochten. Ein Gottsucher, der sich auf sein starres Protestantentum etwas zugute tat, der aber, wenn er in Rom oder München gelebt hätte, sicher ebenfalls in den „Schoß der katholischen Mutterkirche" mit asketisch mystischer Verbissenheit zuruckgekehrt wäre — wie sein Landsmann Wasmann es tat, wie es das Prinzip des Nazarenertums beinahe forderte. Eine ganz zarte Seele, worin leise ein poetisch reicher Lebensfrühling mit tausend rosigen Blütenblättern emporzukeimen strebte, aber nicht zur Entfaltung kam, weil der Rauhreif kalt geborener Spekulation sich frostig darüberlegte. Ein reicher Geist, der sich intensiv mit Farbenlehre beschäftigte, eine Arbeit der Brüder Grimm begann, als er Märchen seiner Heimat sammelte, und der die sehr reale Heimatkunst Reuters und Klaus Groths vorahnte, als er sich beim Nacherzählen dieser Märchen der plattdeutschen Sprache bediente; der die Ahnung moderner Naturanschauung in sich trug und sich zugleich um lebendige Monumentalisierung seines Fühlens bemühte;

PH. O. RUNGE: DETAIL AUS DER ZWEITEN FASSUNG
DES „MORGEN"

der malerisches Ingenium offenbarte, ohne eigentlich ein Maler zu sein, und sich mit allen Organen ans Wirkliche zu klammern suchte, ohne doch festen Halt zu finden, weil die „Idee" ihn immer wieder von der mit heller Entzückung geliebten Natur zuruckriß. Ein Künstler, vor dessen Werken und Schriften man versteht, daß feine Geister der Gegenwart ihm in Bewunderung zugetan sind und dem gegenüber man doch auch Goethes harte Worte billigt, die dieser allem grublerischen Konvertitentum abgewandte Lebenssieger über die Geistesrichtung Runges sprach „Die Lehre war, der Künstler brauche vorzüglich Frömmigkeit und Genie, um es den Besten gleichzutun. Eine solche Lehre war sehr einschmeichelnd, und man ergriff sie mit beiden Händen. Denn um fromm zu sein, brauchte man nichts zu lernen, und das eigene Genie brachte jeder schon von seiner Frau Mutter." Und dann schroffer noch über den Freund und Gesinnungsgenossen Runges, Brentano „Zuletzt warf er sich in die Frömmigkeit. Wie denn überhaupt die von Natur Verschnittenen nachher gern uberfromm werden, wenn sie endlich eingesehen haben, daß sie anderswo zu kurz kamen und daß es mit dem Leben nicht geht." In der deutschen Malerei steht Runge jedenfalls als eine packende Merkwürdigkeit da. Es tauchen in seiner tendenzvoll stilisierenden, symbollusternen Formenharte entschieden Bocklinische Zuge schon auf, es kündet sich in seiner Arabeskenromantik deutlich schon das Kunstgewerbliche des Walter Crane an, das im englischen Präraffaelitismus später eine so große Rolle spielen sollte, und es hat sich daneben dann in einem Selbstportrat und in anderen Kleinigkeiten ein Maler geäußert, der sich in einem Punkt neben Feuerbach stellen kann. Runges Problematik ist es, die ihn über die unlebendige Reife der Overbeck und Genossen erhebt. Wie denn uberhaupt alle die jungen Hamburger jener Zeit in das Nazarenertum eine besondere Naturfrische hineinbringen. Man braucht nur an die Bildnisse Oldachs und der Brüder Gensler zu denken, an die Landschaften Morgensterns und Hermann Kauffmanns, oder an Zeichnungen, wie die von Otto Speckter. Sie bringen vor allem eine Art von zeichnerisch gebundenem Impressionismus in die Landschaftsdarstellung, wie er ähnlich in den für jene Epoche merkwürdig anschauungsfrischen und unmittelbaren italienischen Landschaften Martin Rohdens zutage tritt. Wie stark und selbstherrlich der moderne Geist hier zuerst auftrat, das wird vor allem dann aber vor den Arbeiten eines anderen Hamburgers noch klar, den Bernt Grónvold uns in Meran wiederentdeckt hat Friedrich Wasmann, der als ein waschechter Nazarener ebenfalls zum Katholizismus übertrat und sein Leben in Tirol beschloß, zeigt, bis zu welchem Grade sich die zeichnende Kunst der Nazarener naturalisieren und malerisch auflockern konnte, wenn die Malerpersönlichkeit dahin gelangte, die Natur mit voraussetzungsloser Hingabe anzuschauen und tendenzlos wiederzugeben. Es gibt Bildniszeichnungen und Porträts von Wasmann, die einen Ingres-Zug haben, und es gibt kleine Landschaften von ihm, in denen die harten Berglinien der Tiroler Natur vom weichen atmosphärischen Duft ganz aufgesogen sind Bei Wasmann hat es sich gezeigt, in welcher Weise die schönen menschlichen Charaktereigenschaften der Nazarener dem Künstlerischen zugute kamen, wenn sie einmal in den Dienst des Talents gestellt wurden. In Wasmanns anspruchslosen Bildern ist alle die Innigkeit, Genauigkeit, Zuverlässigkeit und die gewissenhafte Treue des Nazarenertums einer guten Malerei förderlich geworden. Wasmann steht als eines der reinsten und erfreulichsten Malertalente unter den Nazarenern da, als einer der immer wieder Lebendigen. Freilich kann das nur bedingt gesagt werden. Denn Wasmann war uns bis vor wenigen Jahren ein vollkommen Fremder, und es ist nicht unmöglich, daß neben ihm noch Gleichstrebende gelebt haben, von denen wir heute nichts mehr wissen. Wenigstens läßt eine Erscheinung wie die Janssens, der ebenfalls ein Hamburger war und dem ein herrlich anschaulich gemalter Halbakt zugeschrieben wird, vermuten, daß die Wertungen der deutschen Kunstgeschichte dieser Zeit noch längst nicht als definitiv zu gelten haben

KASPAR DAVID FRIEDRICH: SEESTÜCK

KASPAR DAVID FRIEDRICH

EINE andere Einzelpersönlichkeit von merkwürdig beschränkt genialischem Gepräge ist Kaspar David Friedrich. Mit ihm tritt dem Betrachter deutscher Kunst eine prächtig exemplarische Gestalt lebendig vor Augen, typisch in vielen Zügen für die deutsche Romantik zur Zeit unserer Großeltern. Unzufrieden mit der ermüdet ruhenden Zeit, tief vergraben in milden, aus solcher Unzufriedenheit sich ergebenden Gedanken der Weltflucht, sentimental aus Mangel an traditionsmächtig entwickelter Produktionskraft, spirituell und dialektisch aus versetzter Sinnlichkeit, originell durch die Anschauungsfähigkeit hingegebener Liebe, Zukünftiges vorahnend, weil heißes Lebensgefühl vorwärtsdrängte, und philisterhaft beschränkt, weil die unfreie Zeit ihren anlehnungsbedürftigen Sohn nie ganz losließ: so war Kaspar David Friedrich. An einem Tage gelang es ihm, einen Sonnenaufgang zu malen, der an Van Goghs symbollüsternen Impressionismus leise denken läßt, und zu anderer Zeit malte seine Naturlyrik andächtige Gemälde, die an ein Albumblatt aus dem Stammbuch der Großmutter erinnern. Einmal verirrte der Maler sich, wie ein tränenschwer sich einspinnender Held Jean Pauls, in den engen Sackgassen der biedermeierlichen Kleinbürgerbeschränktheit; und ein andermal unterhielt er sich schwärmend auf Bergesgipfeln, eben wie jener gelockte Achill Jean Pauls in gelben Stulpenstiefeln, mit Gott und der Ewigkeit. Er war religiös, wie es die Frauen sind: aus Wollust am Beherrschtsein; war Mystiker, wie es Kinder sind. Dieser verträumte Pommer hätte unter Umständen ebenfalls konvertiert, wie Overbeck, Veit, Wasmann, wie so viele andere; denn auch er war ein verkappter Nazarener. Ein sezessionistischer Nazarener, wenn man will. Nur die ersten Jahrzehnte des vorigen Jahrhunderts, in denen es an der Tagesordnung war, daß die Zacharias-Werner-Naturen den Hörsälen der Kantischen Philosophie unbefriedigt und bang entliefen, um dem Papsttum in die weitgeöffneten Arme zu eilen, konnte diese Mischung von Modernität, Romantik und Unfähigkeit erzeugen.

Vor Friedrichs Bildern, worin sich unmittelbar lebendige Anschauung und dialektischer Symbolismus, begrifflich hinweisende Kartonlinien und sinnliche Eindrücke seltsam verbinden, kommt einem die Episode aus dem „Grünen Heinrich" in den Sinn, wo dieser dem bösen Lys seine Bilder zeigt. Was Lys ausruft vor einer geologischen, schulgerecht mit den verschiedenen Gesteinsarten aufgebauten Gebirgslandschaft, worin Moses die Gesetze aufzeichnet, wobei ihm das „prastabilierte Jesuskind" über die Schulter schaut, das könnte zum guten Teil auch an Friedrich gerichtet sein: „Das ist der Schlüssel! Wir haben einen Spiritualisten vor uns, einen, der die Welt aus dem Nichts hervorbringt! Sie glauben wahrscheinlich heftig an Gott?" Dieser Moses, dieses Jesuskind: wie oft sind sie in jener Zeit gemalt worden; wie oft sind Bilder geologisch, botanisch, biblisch oder sonstwie gedanklich mit inniger Liebe zurechtgebaut worden! Auch Friedrich setzte etwa auf eine Gletscherhöhe ein Kreuz und zeigte einen Mann, der eine Frau zu diesem Wahrzeichen hinaufzieht. Dieses Symbol wirkt liliputisch auf dem großen Bild wie das Tüpfelchen auf dem I Oder er zeigte ein beleuchtetes Wrack im Weltenmeer nach dem Sturm. Sieht man aber von diesen epigrammatischen Begriffszuspitzungen ab, so bleibt meistens eine reine und wertvolle Naturanschauung. Der Dualismus in Friedrich läßt sich greifen. Man muß sich erinnern, daß jener heftig glaubende Maler des Moses und der geognostischen Landschaft derselbe Gottfried Keller gewesen ist, der später, als er sich selbst befreit hatte, als Schriftsteller eine majestätisch beherrschte Sinnlichkeit lebendigster Anschauung entwickelte. Der Spiritualismus ist sehr oft der Anfang, nicht das Ende der Kunstbegabung. Auch in Friedrichs Kunst, wie in der seiner ganzen Zeit, lag dem Symbolismus die Ahnung reicherer Anschauungskraft zugrunde Dieses Gegenspiel von sinnlicher Unmittelbarkeit und Didaktik, von Anschauung und Literatur macht Friedrichs Malerei historisch so interessant und ästhetisch so problematisch. Sie ist tatsächlich dilettantisch; aber in einem höheren Sinne. Dieser Dilettantismus, der von der Kunstgeschichte

KASPAR DAVID FRIEDRICH: SONNENAUFGANG BEI NEUBRANDENBURG

konserviert wird, ist der Jung-Stillings, Jeremias Gotthelfs oder Runges; der Dilettantismus des späteren Thoma Das viel mißbrauchte Wort Personlichkeit muß benutzt werden, um zu erklaren, warum die von den feinsten Elementen durchsetzte, aber zeitlich gefesselte Malerei Friedrichs, die ohne eigentliche Malkultur doch oft das ursprungliche Gefuhl auszudrucken weiß und mit ihrer Illuminationskoloristik an das Wesen der Stimmungen ruhrt, die Malerei seiner Zeitgenossen in so manchen Punkten uberragt. Das edel Kindliche, das hinter dieser mäßigen Kunst steht, ist modern und wird es immer sein; trotz der hohen Halsbinde und dem gravitatischen Stelzschritt ist sie liebenswurdig und zärtlich Es zwitschert darin, trotz aller wunderlichen Anmerkungen, die Freude am warmen Lebenssonnenschein, sie ist die selige Morgentraumdeutweise eines ganz reinen Menschen. Da aber reine Menschlichkeit in der Kunstgeschichte immer etwas Wertvolles schafft, selbst wenn sie veraltete Ausdrucksweisen benutzt und dilettierend die Qualität, die sie schafft, nicht erschöpft, so wird der blonde Pommer mit den blauen Augen und dem schwermütigen Lacheln den Platz behalten, der ihm endlich eingeraumt worden ist. Man wird es nicht wieder vergessen, daß in der Malerei dieses Ideendeuters erstaunlich moderne Instinkte sind Immer freilich von biedermeierlicher Enge umschlossen. Man denkt, unterstutzt durch das Portrat, das Kersting von dem blonden Sinnierer gemalt hat, an den Kreis um E. Th. A. Hoffmann; und dann, vor einem erstaunlichen Meerbild voll druckender Sturmstimmung, wieder an Courbet Starke Landschaftvereinfachung, die aber die heftige Innigkeit des Naturgefuhls nicht schwacht, sondern steigert, weckt Erinnerungen an japanische Farbenholzschnitte, und die Untermalung eines „Sonnenaufganges" bringt, wie gesagt, einem den Namen Van Gogh auf die Lippe. Überall geht der warme Atem eines liebebedurftigen Gemutes, aber zugleich schaut, vielleicht zuerst im Deutschland des neunzehnten Jahrhunderts, ein Auge an, dem alles konkret Seiende zu gespenstischen Erscheinungen, zu formschonen Relativitäten wird. Dieser Geist, typisch für

eine Zeit, die über Jean Pauls Romanen lachte und weinte, wurde
manchmal grotesk aus innerem Reichtum, wie ein nordischer
Siebenkäs, vermochte sich nie ganz zu befreien, weil es ihm an
strotzender Vitalität fehlte, und bereicherte so die deutsche Kleinbürgerlichkeit mit Weltgefühlen und Ewigkeitsempfindungen,
ohne je die Hausbackenheit ganz zu überwinden [1]

---

[1] Die Gestalt Kaspar David Friedrichs ist interessant genug, um
es zu rechtfertigen, wenn wiederholt wird, was Wilhelm von Kügelgen
in seinen „Jugenderinnerungen eines alten Mannes" aus eigener Anschauung biographisch über ihn angemerkt hat: „Friedrich war ein
sehr aparter Mensch. Mit seinem ungeheuren Kosakenbarte und
großen düsteren Augen hatte er ein treffliches Modell zu einem Bilde
meines Vaters abgegeben, das den König Saul darstellte, über den der
böse Geist vom Herrn kommt. Doch wohnte in ihm vielmehr ein
Geist, der keine Fliege kränken, viel weniger geneigt sein konnte, den
frommen Harfenisten David zu erlegen, ein sehr zarter kindlicher Sinn,
den Kinder und kindliche Naturen leicht erkannten, mit denen er
daher auch gern und zutraulich verkehrte. Im allgemeinen war er
menschenscheu, zog sich auf sich selbst zurück und hatte sich der
Einsamkeit ergeben, die je länger, je mehr seine Vertraute ward und
deren Reize er in seinen Bildern zu verherrlichen suchte.

Dergleichen Bilder waren früher nicht gewesen und werden schwer-
lich wieder kommen, denn Friedrich war ein Einundeinzigster in
seiner Art, wie alle wirklichen Genies. Es ist schade, daß man Kunstwerke nicht beschreiben kann; man kann eben nur ihren Stoff an-
deuten, und es war sonderbares Zeug, was Friedrich malte. Nicht
paradiesische Gegenden voll Reichtum und lachender Pracht, wie
Claude sie liebte und alle diejenigen gern sehen, die nur Stoff und
Machwerk ansehen Sehr einfach, ärmlich, ernst und schwermutsvoll,
glichen Friedrichs Phantasien vielmehr den Liedern jenes alten Kel-
tensängers, deren Stoff nichts ist als Nebel, Bergeshöhe und Heide.
Ein Nebelmeer, aus dem eine einsame Felsenkoppe ins Sonnenlicht
aufragt, ein öder Dünenstrand im Mondschein, die Trümmer eines
Grönlandfahrers im Polareise — so und ähnlich waren die Gegenstände, die Friedrich malte und denen er ein eigentümliches Leben
einzuhauchen wußte.

Mein besonderer Liebling unter diesen Bildern war ein junges Kiefernbäumchen im wirbelnden Schneewetter. Dichter Schnee lag oben
drauf und fußhoch drum herum Darunter aber, im Schutz des Nadel-

ALFRED RETHEL: KARTON ZUR AUFERSTEHUNG CHRISTI

ALFRED RETHEL

DEN gebildeten Deutschen ist der Name Alfred Rethel durchaus vertraut, doch würden viele in Verlegenheit kommen, wenn sie bestimmte Werke dieses Künstlers bezeichnen sollten. Der Name ist bekannt, aber es wird keine bestimmte Vorstellung damit verbunden. Legt man einige der besten Blätter Rethels vor, etwa den „Totentanz" oder Abbildungen der Karls-Fresken, so

---

daches, war es sehr heimlich, da war der Schnee nicht hingelangt, da schliefen die Kinder des vergangenen Sommers, Heidekraut und welke Halme und ein paar zusammengekrochene Schneckenhäuschen, im tiefsten Frieden. Das war das ganze Bild.

Mit so einfachen Mitteln große Wirkungen zu machen, vermag nicht jeder, und doch liegt es so nahe, Einfaches und Bekanntes darzustellen, wenn man verstanden sein will. Ein Kiefernbäumchen ist uns jedenfalls verständlicher als ein Palmbaum, den wir nie gesehen. Inzwischen hatte Friedrich doch immer nur ein kleines Publikum, weil er, wenn schon mittels bekannter Formen, dennoch etwas zur Anschauung brachte, was die meisten Menschen fliehen, nämlich die Einsamkeit. Hatte mein Vater die Fremden, die seine Werkstatt besuchten, nicht regelmäßig auf Friedrich verwiesen und überall Lärm für ihn geschlagen, so würde der bedeutendste Landschaftsmaler seiner Zeit gehungert haben.

Dieser originelle Meister entstammt traditionell einem alten Grafengeschlecht, das, evangelischen Bekenntnisses wegen vorzeiten aus seinem Stammsitz Friedrichsdorf in Schlesien ausgewiesen, sich nach Pommern gewandt und dort der Seifensiederei ergeben hatte. Auch unser Friedrich war der Sohn eines Greifswalder Seifensieders, und von den Eigenschaften seiner Ahnen hatten sich nur die inneren Werte tapferer Wahrheitsliebe, stolzen Freiheitssinnes und einer hohen moralischen Selbständigkeit auf ihn vererbt. Im übrigen war er so arm wie Kepler, von dem der Dichter singt: ‚Er wußte nur die Geister zu vergnügen, drum ließen ihn die Leiber ohne Brot.' Auch Friedrich kam aus seiner bedrängten Lage nie heraus, weil er zu menschenscheu und unbeholfen, vielleicht zu gut für diese Welt war. Namentlich nach dem Tode meines Vaters gestaltete sich sein Leben immer trüber, aber der Adel seiner Seele blieb ungebrochen. Die Felsenkuppe, die aus Nebeln nach der Sonne schaut, das war sein Bild."

werden die Betrachter plötzlich lebendig. „Ja, das kenne ich seit meiner Kindheit, das also ist von Rethel?" Der Künstler ist in diesem Fall hinter seinem Werk verschwunden. Die besten seiner Arbeiten haben ein wenig das Schicksal von Volksliedern oder Volkserzählungen. Ein Blatt wie „Der Tod im Turmerstübchen" ist der Nation ein geliebter Besitz, eben darum kümmert sie sich nicht groß darum, wer es gemacht hat. Rethels Holzschnitte sehen auch so gar nicht gemacht aus, sie haben etwas Selbstverständliches, etwas Zeitloses, etwas von dem Charakter anonymer Flugblätter. Dasselbe gilt von anderen Arbeiten, von den Zeichnungen, Kartons und Fresken. Man hat zu Rethels Erfindungen ein anderes Verhältnis wie zu den Kompositionen von Cornelius, Kaulbach und von den Nazarenern. Diese sprechen zur Bildung, zur Gesinnung, jene zur naiven Empfindung. Das Verhältnis ist sogar ein anderes als das zu den Arbeiten Schwinds oder Ludwig Richters. Diese beiden stehen körperlicher da, der eine als ein romantisch bewegter Bürger, der andere als ein poetisch verklärter Philister. Rethel ist größer und strenger in der Gesinnung, und seine Individualität wirkt weniger erdenschwer. Man möchte sein Wesen mit einigen unserer großen musikalischen Talente vergleichen. Mit Carl Maria von Weber zum Beispiel, an dessen Grab Richard Wagner so schön sagte: „Du brauchtest nur zu empfinden, und du hattest das Richtige schon gefunden", und in dem dieselbe Mischung von volksliedhafter Innigkeit und symphonischer Kühnheit, von sanfter Kantilene und dramatischer Dissonanz war. Oder man mag an Franz Schubert denken, den genialen Sänger idyllisch-heroischer Lieder. Wie diese beiden deutschen Musiker ihr großes Menschengefühl scheinbar mühelos in schönen Klang und bedeutende Melodien verwandelten und wie der frühe Tod bei beiden die Fähigkeit hierzu gesteigert zu haben scheint, so mutet auch der frühe Tod Rethels wie etwas Vorbestimmtes an, das auf die Kunstform Einfluß gewonnen hat. Rethel gehört zu den jung Gestorbenen, die in der Kunstgeschichte eine eigene Rolle spielen. Auch er war, wie alle seine Schicksals-

ALFRED RETHEL: MOSES ERSCHLÄGT DEN ÄGYPTER

Zeichnung

genossen, von Raffael bis Giorgione, von Vermeer bis Watteau, der Träger einer frühreifen Begabung. Mit dreizehn Jahren schon bezog er in Düsseldorf die Akademie, mit dreiundzwanzig Jahren unterstützte er seine Familie, und vom ersten Auftreten an hatte er den Erfolg für sich. Auch er war, wie alle jung Gestorbenen in der Kunst, eine liebenswürdige, schwärmerische Natur, von zarter Konstitution, schön und schlank, mit lockigem Haar und ausdrucksvollem Profil. Auch bei ihm wollte die Natur, so scheint es, ihre Grausamkeit durch ein erhöhtes Glück des Schaffens und Gelingens gutmachen; auch bei ihm scheinen die physische Zartheit, der schnelle Puls und das feine Gefäßsystem einen Teil der Begabung auszumachen. Was ihn empfänglich für die Todeskrankheit machte, das machte ihn auch besonders produktiv, die Reizbarkeit der Nerven verbürgte die ungewohnte Resonanzfähigkeit. Um Rethels Gestalt und um sein Schaffen ist ein wenig der Liebreiz Raffaels. Seine Werke sind nicht qualvoll unter Geburtsnöten entstanden, sie haben sich von ihm abgelöst wie die Frucht vom Baume. Seine Kunst hat von Natur die Handschrift des Glückes, sie ist im Ursprung leicht und gefällig. Und sie ist eben darum, in der Umwelt des neunzehnten Jahrhunderts, streckenweis in glatter Schönschrift, im Konventionellen stecken geblieben. Seine harmonieselige Natur hat der unschöpferischen Zeit ihren Tribut zahlen müssen. Dieser Tribut besteht darin, daß auch Rethel nie eigentlich gewußt hat, wie ungemein begabt er war und daß er darum aus seiner seltenen Begabung nicht konsequent das Letzte herauszuholen imstande war.

Das Streben zur Schönheit, halb immer im Schulmäßigen festgehalten, ist aber nicht alles im Leben Rethels. Was ihn einzig gemacht hat, ist etwas anderes noch, das scheinbar nicht so sehr mittelbar mit seiner körperlichen Konstitution als vielmehr unmittelbar mit seiner Krankheit zusammenhängt. Der Künstler ist bekanntlich mit siebenunddreißig Jahren wahnsinnig geworden und mit dreiundvierzig Jahren gestorben. Es ist nun, als ob dieser Wahnsinn vom Jüngling schon geahnt worden sei, und als ob die

Krankheit dem zum Mann Heranreifenden wie eine dunkle Drohung vor Augen gestanden hätte. So wenigstens wäre jenes Element ungezwungen zu erklären, das Rethel als etwas Neues in die Welt der nazarenischen Religionsmalerei, in die Welt der akademischen Geschichtsmalerei gebracht hat. Mit dem heiteren Schönheitsstreben verbindet sich bei Rethel eine herbe Strenge, je weiter er voranschreitet, eine Genialität voll leiser Dämonie, ein Pathos voller Schwermut. Die Linie wird unmerklich monumental, die Form ist voller Kühnheiten, und es zeigt sich eine damals unerhörte Kraft der Naturanschauung. Der Ausdruck in gewissen Zeichnungen, der nervös großzügige Strich ist so stark, daß man mit einigem Recht den Namen Van Gogh genannt hat, und daß etwas daran war, als einer unserer besten Kunstrichter den Schweizer Hodler einen neuen Rethel nannte. Rethel war seiner eingeborenen Natur nach keineswegs ein Gotiker. Seine Vorbilder waren Raffael, Tizian, Veronese und Palma. Aber er wurde Gotiker durch den Leidenszug, den die heranschleichende Krankheit in sein Leben brachte. Mitten im heiteren Schaffensglück scheint er zu erzittern, die Linie wird herb, das Italienische wird pathetisch zum Barocken hinaufgetrieben, die Naturbeobachtung bevorzugt die ausdrucksvoll heftige Form, die Romantik der Zeit wird vertieft bis zum Elementaren, und es erklingt, leise und zaghaft, aber doch vernehmbar, ein Ton von Urweltlichkeit. Um dieser Eigenschaft der Form willen hat Delacroix mit Anteil von Rethels Arbeiten gesprochen. Die Katastrophe wird in der Kunst gewissermaßen vorgeahnt; immer wieder erscheint auch der Tod. Die Folge ist, daß die Form schonungsloser aus der Natur herausgerissen wird. Es gibt Bleistiftstudien von Rethel, in denen mehr Leben und Ausdruck ist als in Bildern von Feuerbach. Und wie von selbst gewinnt die Illustration Fresko-Charakter. Es lebt jene Formenkraft darin, die monumental ist, gleichgültig ob das Format groß oder klein gegriffen wird. Und da die Gunst der Umstände dem Künstler eine Aufgabe der Wandmalerei zuerteilte, da ihm aufgetragen wurde, den Rathaussaal in Aachen

ALFRED RETHEL: DIE SCHLACHT BEI CORDOVA,
AUSSCHNITT

Zeichnung

mit Fresken, Szenen aus dem Leben Karls des Großen darstellend, zu schmücken, so gelang ihm das Stärkste, was die im neunzehnten Jahrhundert dahinkränkelnde Monumentalkunst in Deutschland aufzuweisen hat. Es ist freilich nur relativ stark, nicht absolut. So weit ist Rethel ein Kind seiner Zeit, ist auch er Epigone, als seine Genialität immer mehr oder weniger schüchtern bleibt, als die ursprüngliche Gewalt der Form leise um Entschuldigung zu bitten scheint. Aber das Element einer neuen strengeren Kraft ist doch da. Es ist da als Naturlaut, nicht als Programm, als Empfindung, nicht als Wissen. Und diese Natürlichkeit ist es, was Rethels illustrative Monumentalkunst und monumentale Illustrationskunst aus den Räumen der Akademie heraus und in das weite deutsche Volksleben hineingeführt hat. Mit Formen, die vom Italienischen herkommen, hat Rethel die deutscheste Empfindung ausgedrückt und vieles anklingen lassen, was später von anderen deutschen Künstlern weiter ausgeführt worden ist. Der Naturlaut in seiner Kunst hat genügt, um alles Fremde umzuschmelzen, das Menschentum Rethels, in Glück und Leid, hat der Kunstform das tief Lebendige gegeben.

Vor einigen Jahrzehnten gab es noch überall Buchläden, in deren Auslagen ständig Illustrationen und Bilderbogen zu sehen waren und vor denen die Knaben die Zeit versäumten, wenn sie auf Bestellungen ausgeschickt wurden. Da waren die Münchener Bilderbogen von Busch, die frommen Zeichnungen Ludwig Richters, die Märchenillustrationen Schwinds, die Kriegsvignetten Menzels und Stiche nach den Bildern der deutschen Religions- und Geschichtsmaler. Immer war auch von Rethel etwas dabei. Entweder etwas Biblisches, Bilder aus dem deutschen Sagenkreis, Wiedergaben der Aachener Karlsfresken in Geschichtswerken, Hannibals Zug über die Alpen, die Bekehrung Sauli, Allegorien oder die Holzschnittfolgen des Totentanzes. Die Knaben fragten nicht nach dem Künstler, sie waren ganz und gar Volk, das auch nicht nach dem Woher fragt. Aber die Stunden vor den Auslagen wurden ihnen zu Erlebnissen. Es schlug in ihnen unmerklich die deutsche Kunstform Wurzel. Während sich in ihnen Vorstellungen von Karl dem Großen, von Hannibal, von den Helden der Vorzeit und von der Gewalt des Todes bildeten, blieb auch die Form in ihrem Geist zurück, wie eine Melodie bleibt. Durch diese Form wurde das ganze Leben fortan gesehen. Wenn der Mann später von deutscher Kunst sprach, so stand ihm nicht zuletzt jenes Knabenerlebnis vor den Buchläden vor Augen.

ARNOLD BÖCKLIN

DAS Erlebnis, das die Generation, die zwischen 1860 und 1875 etwa geboren ist, mit Böcklin gehabt hat, wird ihr kein anderes Geschlecht jemals nachempfinden können. Böcklin ist der einzigste Künstler des neunzehnten Jahrhunderts, dem diese Generation auch heute noch nicht ganz unbefangen gegenübertreten kann, vor dessen Werken das Urteil immer wieder schwankt zwischen Gleichgültigkeit und Interesse, zwischen Bewunderung und Abkehr. Denn es sprechen in dieses Urteil unabweisbar immer die Weltbegriffe hinein. Böcklin ist ein Gedankenmaler wie Koch und Runge, wie Cornelius und Schwind; aber er ist von allen deutschen Gedankenkünstlern des neunzehnten Jahrhunderts der sinnlich vollblütigste, der am temperamentvollsten Fortreißende, er ist malend ein Welt- und Lebensbegreifer geworden, aus dessen Ideenkreisen sich heute niemand schon ein für allemal zu entfernen vermag und dessen Schöpfungsphantasien in irgendeiner Weise immer noch widerklingen. Auch denen, die sich mit dem Maler endgültig glauben auseinandergesetzt zu haben, steht er noch nahe als der Dichter eines modernen Lebensmythos, als einer, der Ersatz darbieten möchte für die naturwissenschaftliche Entgötterung der Welt und der dabei doch die Voraussetzungen einer natürlichen Schöpfungsgeschichte nicht ignoriert. Nicht der Maler ist es, der sich sein Publikum unterwirft, sondern es ist der leidenschaftlich heitere Lebensdeuter. Es ist ja immer in erster Linie der Kunststoff und was man unklar „Gehalt" nennt, das auf ein

ARNOLD BÖCKLIN: SELBSTBILDNIS MIT DEM
FIEDELNDEN TOD

größeres Publikum wirkt; und bei Böcklin ist es nicht anders. Aber auch der feinere Kunstbetrachter, der auf die Form zu blicken versteht, wird vor Böcklins Kunst zu der bescheiden stimmenden Einsicht geführt, daß selbst er, trotz seiner bewußten Ablehnung aller Gedankenkunst, immer wieder ein wenig in den Bann dieser modernsten und freiesten aller deutschen Gedankenmaler gerät, weil dieser Weltanschauungsprobleme mit einer gewissen poetisch-malerischen Genialität gestaltet hat, die ihn selbst täglich und stündlich noch beschäftigen. Aus dieser Erfahrung kann man rückschließend lernen, wie sehr religiös empfindende Teile des deutschen Volkes einst im Banne der nazarenischen Gedankenmaler stehen mußten, und wie stark ein Künstler wie Cornelius auf seine Generation wirken mußte. Wie die Menschen der ersten Jahrzehnte des neunzehnten Jahrhunderts in solchen Künstlern sich selbst und ihr Denken wiedererkannten, so erkannte man in den neunziger Jahren, ja wohl gestern noch, in Böcklins malerischem Naturpantheismus, in seiner skeptisch materialistischen Naturmystik, die sich auf Goethe und Darwin beruft und doch mythologisch anmutet, die eigene Naturreligiosität wieder. Und was Böcklin so lange in die Situation eines Verkannten brachte, was den Erfolg erst spät zu ihm gelangen ließ, das ist auch wieder vor allem der Umstand gewesen, daß die Masse des Volkes erst in den letzten Jahrzehnten für diese vom christlichen Dogma befreite, pantheistische Naturreligion, wie sie uns gestaltenreich aus Böcklins Bildern entgegenkommt, reif geworden ist. Der Kampf um die Kunst Böcklins ist in erster Linie ein Weltanschauungskampf gewesen, nicht ein Streit um den Wert der Kunstform. Die Formkritik hat erst Meier-Graefe mit seinem Werke „Der Fall Böcklin" eröffnet. Ohne damit aber die suggestive Kraft Böcklins ganz gebrochen zu haben. Der alte Rattenfänger, dessen Gestalt von einer merkwürdigen Romantik umwittert ist, zwingt, allem inneren Widerspruch zum Trotz, doch immer wieder in seinen Bann. Vor allem dann, wenn dieses Lebenswerk in Reproduktionen am Auge vorüberzieht, in Schwarz-Weißblättern, die der malenden und ergänzenden Phantasie die Schöpfungswahl freistellen und in denen der Schweizer als das genossen werden kann, was er im wesentlichen ist: als ein Weltanschauungsillustrator, als Illustrator schlechthin.

„Nicht Kinder nur speist man mit Märchen ab." Der Alte auf der Höhe von Fiesole hat den Erwachsenen dieser Jahrzehnte Märchen gedichtet, deren sinnvolle Drastik, deren barocke Mystik die Jünglinge berauscht hat, als seien sie trunken, und vor denen auch der Mann sinnend noch verweilt. Die skeptischen, zweifelsüchtigen Bürger dieser Zeit hat Böcklin mit poetisch erfundenen Gleichnissen wieder für den Lebensoptimismus gewonnen. Er hat es verstanden, eine ganze Jugend bei ihren tiefsten Sehnsüchten zu packen und sie in eine neue, süße Romantik hineinzuführen. Und das kann der Mann später nie wieder ganz vergessen; denn er müßte sich sonst gegen sich selbst und gegen die eigene Jugend wenden. Im Leben der Einsichtigen kommt sicher der Augenblick, wo es ihnen klar wird, daß dem merkwürdigen Schweizer Malergröße im Sinne Tizians, Rembrandts oder irgendeines anderen Großen, wie sie dem Märchenerzähler im ersten Bewunderungsrausch zuerteilt worden ist, in keiner Weise zukommt, der Augenblick, wo es gemerkt wird, daß der Deutsche poetische Vorstellungskraft wieder einmal für malerisches Anschauungsgenie gehalten hat. Aber selbst das kann die Spuren des Erlebnisses nicht austilgen. Böcklin sitzt den lebenden Deutschen im Blut, und nichts kann die Gewalt, die er einmal über uns gehabt hat, ganz vergessen machen. Er steht da als der Gedankenmaler, zu dessen Gemeinde wir alle ein wenig gehören, auch die, die sich gegen alle Gedankenkunst im Prinzip sträuben.

Sucht man nach einem deutschen Künstler, dem man die Art Böcklins vergleichen könnte, so fällt der Blick, zögernd zwar, aber doch schließlich fester haftend, auf Schwind. Denn wie dieser ist Böcklin vor allem Erzähler. Nur erzählt er von anderen Dingen und mit anderem Temperament. Wo Schwind heiter und fromm mit nazarenisch gebildeten Kunstmitteln deutsche Märchen nach-

ARNOLD BÖCKLIN: VENUS ANADYOMENE

erzählte, da hat Böcklin sich selbst und den modernen Deutschen pantheistische Mythen voll naturwissenschaftlicher Symbolik gedichtet. Er griff weiter und tiefer und war viel ursprünglicher als Poet. Er hat uns zum Beispiel den uralten Mythos vom angeschmiedeten Prometheus in der genialischen Manier des jungen Goethe erzählt und hat es verstanden, damit einen nachhaltigen Eindruck zu erzielen, ohne doch ein großes, malerisches Kunstwerk zu schaffen; er hat die Situation zwischen Odysseus und Kalypso in so feiner Weise paraphrasiert, daß ihm ein sicher wirkendes Symbol der an das Weib gefesselten, weit schweifenden Männersehnsucht daraus geworden ist; er hat etwas wie ein lyrisch klingendes Heldengedicht, etwas wie eine heroische Ode geschaffen, als er uns mitten im Meer eine felsige, mystisch heimliche Begräbnisstätte schilderte, die wie ein monumentales Denkmal aller sentimentalischen Todespoesie zypressendunkel daliegt; und er hat vielfach, mit Hilfe von fabelhaften Tritonen, Zentauren, Meermännern, Nereiden, Dryaden und Drachen, die Elementarkräfte der Natur im Vernichtungskampf und im Liebesspiel geschildert oder mit Hilfe seiner Schirmerisch-Kochschen Landschaftsromantik von fernen, blauen Inseln der Seligen berichtet. Mit einer Erzählungskunst, die es versteht, im Betrachter das Grauen zu wecken, und der doch auch die Wirkungen grotesker Komik gelingen, die das Dramatische mit einer gewissen Bonhomie meistert und die dem Heiteren doch stets auch einen Schein von Lebensunheimlichkeit zu geben weiß. Charakteristisch für diese neue, sehr originelle und unmittelbar packende Kunst, malend zu erzählen, ist zum Beispiel das Bild, wo dargestellt ist, wie die nackte Angelika von einem schwarz geharnischten Ritter aus der Gewalt des Drachen befreit wird. Der Kontrast des nackten Fleisches zur Rüstung ist in diesem Fall von vornherein sehr wirksam. Aber dieses Nebeneinander, woran Rubens sich vor allem anderen begeistert hätte, ist nur nebenbei genutzt worden. Mehr als auf diesen malerisch dankbaren Kontrast kam es Böcklin darauf an, seinen Humor an der Situation auszulassen. Die Augen des im Sande gemächlich daliegenden, glatt abgehauenen Drachenkopfes schielen mit unaussprechlich philosophischer Ironie nach oben auf die in ihrer Nacktheit vor dem sie schützend umfangenden und zu weiteren Liebestaten ganz bereiten Ritter verzagende und sich schamvoll zusammenkrümmende Angelika, als wollten sie sagen: na, ist es jetzt nicht noch schlimmer als vorher? Zu gleicher Zeit spritzt aus dem lustig geringelten Halsstumpf das Blut wie aus einer Fontäne hervor. Es gibt sich das sagenhafte Heldenstücklein, gesehen durch das Temperament eines philosophisch vom Leben belustigten Modernen.

Bezeichnend für die Art Böcklins ist ferner das „Heimkehr" betitelte Bild. In diesem Werk zeigt sich die sentimentalische Betrachtungsweise, die mit Böcklin auch Thoma, Klinger und andere gemein haben, besonders deutlich in der Vordergrundsfigur des heimgekehrten Landsknechts, der kein anderer ist als der Maler selbst. Diese Gestalt, die als Hauptsache wirkt, ist der Träger dessen, was der Betrachter allein eigentlich aus der Landschaftsschilderung gewinnen sollte: abendliche Heimkehrstimmung, diese Gestalt soll den Gefühlen „als Schrittmacher dienen", damit diese sich auch ja in der vom Erzähler gewollten Richtung bewegen, sie ist ein Symbol des Malers und Betrachters zugleich. Nicht genug aber damit, daß diese illustrative Figur da ist; sie ist obendrein auf die Mauer eines Wasserbeckens gesetzt, so daß sie sich im Wasser spiegelt, was neben dem immer wirksamen malerischen Effekt auch noch ein Symbol der Selbstbespiegelung ist, wozu dieses Bild anleiten will. Das Bild stellt sich mit dieser Tendenz als ein schönes lyrisches Gedicht dar, als ein Gewebe zarter Beziehungen; als Werk der Malkunst sinkt es aber eben dadurch zur Illustration einer Empfindung herab.

In einem Bild, wie der Felsenschlucht mit dem züngelnden Riesendrachen im Vordergrund und den fliehenden Menschen im Hintergrund, sollte das Grauen der Bergeinsamkeit geschildert werden. Das ist auch mit unmittelbarer Schlagkraft erreicht, aber mit Mitteln, die den Bedingungen der Malkunst widersprechen,

ARNOLD BÖCKLIN: TRITON UND NEREIDE

weil sie ganz auf das Interessante, auf die zeitliche Begebenheit, auf die dramatische Situation abzielen, also auf einen illustrativen Effekt. In dem bekannten Bild „Schweigen im Walde" ist mit großem poetischen Ingenium die innere Empfindung des im tiefen, geheimnisvollen Forst einsam weilenden Menschen zum Ausdruck gebracht. Nur vernichtet die Lösung mittels eines symbolisierenden Einhorns, auf dessen Rücken ein Sagenwesen reitet, auch gleich wieder die Empfindung, anstatt sie durch Mittel der Kunst in Permanenz zu erklären. Denn es nimmt das Symbol, wie jedes Symbol, dem Betrachter gewissermaßen das, was ihm zu eigen gehört, fort, um es ein für allemal allegorisch festzulegen. Auch hier ist wieder eine Illustrierung; das allgemeine Empfinden wird ausgesponnen bis zur Darstellung eines Vorgangs. So ist es in fast allen Bildern Böcklins; und am deutlichsten in den Hauptbildern. Die Erzählerlust und Erzählerlaune erheben sich in Bildern wie dem „Spiel der Wellen", der „Meeresstille" oder dem „Seetingeltangel" so sehr bis zur grotesken Komik, sogar bis zum Karikaturhaften, daß solchen Werken die Schwarz-Weißwirkung und das kleine Format allein noch gemäß erscheinen.

Um solche und ähnliche Motive darzustellen, griff Böcklin, wie Schwind, wie alle Gedankenkünstler vor ihm, zum Eklektizismus. Als Poet entnahm er die Formen und Symbole für seine modernen naturphilosophischen Ideen zugleich der griechischen Mythologie, dem Christentum, der altdeutschen Sagenwelt, der deutschen Poesie und den Lehrsätzen der Naturwissenschaft. Als Maler hielt er sich nicht, wie Schwind, in erster Linie an Raffael — das tat er nur gelegentlich, dann aber auch sehr deutlich —, sondern mehr an die Wandmalereien Pompejis, an die alten deutschen Meister und, ziemlich äußerlich, an Tizian. Außerdem kam er organisch ja her von A. Koch, von Preller, Schirmer, Rottmann und anderen Landschaftsromantikern dieser Art. Es ist sehr bezeichnend, daß Böcklin hart und verständnislos über die glänzendsten Malererscheinungen der Kunstgeschichte aburteilte, über Rembrandt, über Tizian sogar, dem er doch vieles entnommen hat,

uber Velazquez und den französischen Impressionismus. Er war
kein Freund der Erscheinung an sich, kein Freund der großen
Anschauungskunstler; zu ihm sprachen vielmehr die Zeichner, die
Begrifflichen. Doch ist es dann sehr merkwürdig, wie viel sinnliche Fülle und malerische Anschauungslust dieser merkwurdige
Phantasiemensch trotz solcher Überzeugungen und trotz seiner
am Stoff, am Sujet, am symbolischen Einfall haftenden Einbildungskraft zu entfalten wußte. Auch als Eklektizist war er viel
freier als Schwind und als seine Vorganger. Er nahm von überall-
her und wußte das Fremdartigste in persönlicher Weise zu vereinigen. Das erhebt seinen Stil einerseits über den seiner Vorgänger, von Koch bis Preller, von Carstens bis Cornelius, aber
das nimmt diesem Personlichkeitsstil andererseits auch das Organische und läßt ihn sensationell aus der Entwickelung der deutschen Kunst hervortreten. Es kommt entscheidend hinzu, daß
Böcklin in seiner Art ein mit einem außerordentlichen Talent aus-
gestatteter Naturbeobachter war. Als er über die ihn umgebenden
Lebensrealitaten pantheistisch zu dichten begann, da lernte er,
das Elementare in einer neuen, seinen Tendenzen angemessenen
Weise darstellen. Er wurde Meister einer malerischen Darstellungs-
art, die eigentlich nur das isolierte Detail kennt und die aus studier-
ten Einzeldingen mosaikartig Bilder zusammensetzt. Er stand
als der Lebensillustrator, der er war, niemals eigentlich über den
unendlich vielen Gegenständen der Natur, wie der Maler es soll,
sondern er dachte sich in die einzelnen Dinge hinein und be-
machtigte sich ihrer halb wie ein Naturforscher. Wie er selbst gesagt hat, wollte er nicht am Schein der Dinge das hohere, ewige
Sein eines großen Ganzen ausdrucken, sondern er wollte das Wesen
der Naturdetails ausdrucken. Darum gelangte er logisch dahin,
alles Organische zu anthropomorphosieren, es zu individualisieren und in der Folge neben die Sache ihr Symbol zu setzen.
Das ist das Illustratorenprinzip. Denn dieses ist der Unterschied
zwischen dem Maler und dem Illustrator: daß jener die Aufmerk-
samkeit immer vom Detail, vom Gegenstandlichen ablenkt auf

ein Ganzes, auf ein Komisches, daß dieser aber umgekehrt gerade
aufs Detail weist. Der Illustrator verlegt, sofern er Genie hat, das
Geheimnis des Lebens zeichnend immer in die einzelnen Dinge,
weil er sie poetisch reden machen muß über ihr Daseinsgeheimnis
und ihren Bezug zum Menschen, der Maler aber malt die unendliche Stimmung des Lebens, in der er sich unerschöpflich gestaltenreich bewegt. Diesen interessiert als Erscheinungszauber, was
jenem nur Mittel zur Verdeutlichung ist das Licht, die Atmosphäre, das Räumliche. Dem Maler ist das Primäre die ewige
Schöpfungsatmosphäre, die alles Organische immer neu aus sich
gebiert, dem Illustrator dagegen ist das Wichtigste das organische,
typenbildende Gesetz, das Schöpfungsprinzip von Fall zu Fall.
Da dem Maler die Erscheinung in all ihrem Geheimnis aber Selbstzweck ist, wo sie dem Illustrator nur Mittel bleibt, um Ideen darzustellen, so geht jener immer vom Stetigen in der Natur aus,
vom Allgemeinen und ewig Gegenwärtigen, wogegen dieser wie
von selbst dahin gedrängt wird, das Phänomen aufzusuchen. Und
das ist nun ganz der Fall bei Böcklin. Man wird vergebens bei
ihm eine Lichtstimmung oder eine Raumwirkung finden, die um
ihrer selbst gemalt worden wären; dafür aber findet man bei ihm,
je älter er wurde desto häufiger, die Darstellung des Phänomens.
Die Natur im Aufruhr, in der Liebesbrunst, in ihrer Grausamkeit,
in ihrer Komik, in ihrer Schöpfungsexaltiertheit und immer mit
ihren verborgenen Drohungen. Und hart daneben immer das
Symbol, wie der Naturbegriff es will. Und alles das: Phänomen
und Symbol immer mit einer Buchstäblichkeit gemalt, wie der
Begriff sie ebenfalls will und die gar nicht so weit, wie es scheint,
vom Naturalismus entfernt ist. Es wird zwar oft betont, daß Böcklin nachgewiesenermaßen vom Natureindruck, also von der Erscheinung ausgegangen sei, daß der gefesselte Prometheus zum
Beispiel im Anblick einer auf dem Gebirge lastenden Wolke kon-
zipiert worden ist, die Venus anadyomene angesichts einer sich
aus dem Meer trichterförmig erhebenden Trombe, und so weiter.
Aber man vergißt, daß Böcklin auch in diesen Fällen die Natur

nicht eigentlich als Maler anschaute, sondern schon mit dem Willen zum Symbol. Und man spricht auch wohl viel vom Naturstudium Böcklins. Aber das beschränkte sich darauf, daß er sich sehr genau — und mit fabelhafter Erinnerungskraft — die Dinge in der Natur ansah, die er gerade brauchte. Wie es auch sehr bezeichnend für diesen Künstler ist, daß er aus Rücksicht auf seine Frau die Benutzung weiblicher Modelle sehr einschränkte. Sein Erlebnis war nicht der erschütternde, sinnlich-malerische Eindruck aufs Auge, sondern die Erzeugung von Gedanken im Anblick der Natur. Darum gleicht der Schweizer jenen so oft in Romanen geschilderten Künstlern, denen ihre „großen" Bildgedanken wie eine Eingebung kommen. Die Schöpfer solcher Romangestalten wissen nicht, daß sie sich selbst, also den Dichter, in ihren Malergestalten schildern; denn die Arbeitsweise des geborenen Malers ist ganz anders, ist viel stetiger, ist ungenialer, wenn man will. Auf Böcklin aber treffen solche Schilderungen in gewisser Weise zu. Denn er war ein Illustrator seiner oft gewaltigen poetischen Vorstellungen, und sein Naturell war darum mehr das eines großen Lyrikers als das eines Malers.

Böcklin wäre nun vielleicht der größte aller deutschen Illustratoren geworden, wenn er in der Sphäre des Illustrators geblieben wäre. Er hat aber mehr sein wollen: ein Monumentalmaler. Das Illustrative ist ja im neunzehnten Jahrhundert oft mit dem Freskohaften verwechselt worden. Er hat seine erzählenden Ideen in Bildern niedergelegt, die, oft in beträchtlicher Größe, einzeln in Galerien hängen und so mit einem ganz ungerechtfertigten Anspruch vor den Betrachter hintreten, wo sie ihre höchste Wirkung doch erst entfalten, wenn sie in Photographien nacheinander, wie ein Bilderbuch moderner Naturromantik betrachtet werden, wenn die Ansprüche des Formats und der Farbe wegfallen. Denn es ist eine notwendige Folge der Anschauungsweise Böcklins, daß sein berühmter „Kolorismus" mehr koloriert als malt. Der Reiz seiner Farbe ist ein Lokalfarbenreiz. Auch das Kolorit ist mehr illustrativ gedacht als malerisch. Böcklin hat nach Gegenständen

ARNOLD BÖCKLIN: RUGGIERO BEFREIT ANGELIKA

gesucht, die an sich farbig, die naturwissenschaftlich gewissermaßen Farbenphänomene sind. Hier ein paar weiße Möwen mit schwarzem Kopf, weil die so gefärbten Tiere rätselhaft wirken, nicht weil der Farbenakkord dem Organismus des Bildes notwendig ist; dort einen farbig schillernden Fischschwanz, oder rotes Frauenhaar, oder indigoblaues Wasser, oder schwarzgrüne Laubmassen, violette Gewänder und feuerrotes Gestrüpp. Er baut nicht malerisch mit der Farbe, sondern stellt die einzelnen Lokaltöne hart und tendenzvoll als Ausdruckswerte mystischer Gegenstände nebeneinander. Die Farbe deutet gedanklich, poetisch, wenn man will, auf das Was. Sie verknüpft im wesentlichen nur die Ideen — nicht die Luft, nicht das Licht; in ihr ist nicht eine höhere objektive Wahrheit, sondern nur eine subjektive.

Auch Schwind hat oft sein Illustratorentalent zur Monumentalkunst gezwungen; aber er hat es so akademisch zurückhaltend getan, daß man den inneren Widerspruch kaum merkt. Böcklin tritt mit ganz anderem Anspruch hervor. Sein Wesen hat etwas Unausweichliches. Er bringt in die deutsche Gedankenkunst die zyklopische Gebärde, den grotesken Humor. Und zeugt damit doch wieder gegen sein Malertum, weil die Malerei unter keinen Umständen eine Pflegestätte des Humors sein kann. Die Malerei ist ihrem Wesen nach ernst, ist bestenfalls heiter und fröhlich; der Humor aber liegt nicht innerhalb ihrer Grenzen. Er kann unter gewissen Bedingungen und mit bestimmten Einschränkungen nur innerhalb der Graphik, der Illustrationskunst zu Worte kommen. Darum haben die Gemälde, in denen Böcklin, mit Hilfe von Faunen und Nymphen etwa, humoristische Situationen gegeben hat, allesamt etwas Genrehaftes. Das heißt: das Komische liegt im Stoff, im Gedanken allein, nicht auch in der Kunstform; es erscheint diese Komik erstarrt, weil sie die zu große Wirklichkeit der Darstellung nicht verträgt. Vor manchem Bild verweilend, glaubt man den merkwürdig genialen Alten zu sehen, wie er schmunzelnd vor der Staffelei sitzt, sich selbst die Stimmung der dargestellten Situation poetisch suggerierend und die Dinge im

wesentlichen aus dem eminenten Gedächtnis und der Phantasie
schöpfend Bilder, wie die seinen, können nur aus dem Kopf gemalt werden, weil sie aus dem Kopf stammen. Daß der wunderbare alte Erzähler, so wie er es getan hat, aus dem Kopf malen
konnte, ist freilich das Zeichen einer ganz seltenen Beobachtungsgabe, eines groß angelegten Talents und ein Beweis, daß er „inwendig voller Figur" war. Nirgend empfindet man so schmerzhaft darum wie vor den Bildern dieses in seiner Art Einzigen, zu
welchen Höhen die deutsche Malerei des neunzehnten Jahrhunderts
in einigen Individuen hätte emporsteigen können, wenn sie nicht
vom Gedanken, von der poetischen Idee zuerst ausgegangen
wäre, sondern von der Anschauung. Hätte Böcklin seiner großen
Malerbegabung mehr geglaubt als seinem Erzählertalent, so ist
nicht abzusehen, was er der deutschen Kunst hätte werden können.
Wie sein Lebenswerk nun aber vor uns steht, müssen wir erkennen, daß er niemals mehr Maler war als in seiner Jugend, da
er auf den Spuren Poussins und Schirmers zugleich wandelte, und
daß er sich immer weiter von der hohen Malkunst entfernte, je
älter er wurde, je mehr er den Nachdruck auf die poetische Erfindung verlegte und je mehr er als malerischer Darsteller darum
in die Übertreibung, ins Dekorative und phänomisch Sensationelle
geriet. Auch innerhalb dieser Gedankenkunst aber hat Böcklin
dann noch Proben seines natürlichen Talents und einer Anschauungsfülle gegeben, die zu Staunen nötigen. Dieser vollblütige
Schweizer hatte eine Fähigkeit, Typen zu erfinden, das Gedachte
zu individualisieren, das Charakteristische der Natur zu erfassen
und die reiche innere Welt in eine äußere zu verwandeln, die
rätselhaft ist. Ihm gelang, mit Hilfe eines Eklektizismus, der wie
Originalität aussieht, das klingend Harmonische, das schmetterlingshaft Anmutige, das dunkel Pathetische, das leidenschaftlich
Sinnliche und das idyllisch Innige. In dem Gemüt dieses Mannes
waren lichte Höhen und dunkle Tiefen, und immer wußte er
irgendwie sein Inneres auf die Malfläche zu projizieren. In ihm
gärte eine Urgewalt, aber der spezifisch germanische Trieb zur

Lebensdeutung verdammte den Maler dann trotz alledem zum Epigonentum und sogar zur Unkunst. Er hat den Deutschen eine Art von Ideenmalerei geschenkt, die die Nation noch heute trunken macht, er hat ein ganzes Volk zeitweise behext mit lapidar gemalten Weltanschauungsbildern. Der Kopf, aus dem diese Vorstellungen kamen, der auf prachtvoll breiten Schultern saß, aus dem so klar wie scharf echte Künstleraugen blickten und in dem sich in gewisser Weise die Lebensempfindung einer ganzer Epoche konzentrierte, ist und bleibt einer der ausdrucksvollsten Kopfe der deutschen Kunstgeschichte. Denn was in ihm vorging, das ist der Nation einmal symbolisch erschienen für das eigene Wollen und Meinen, Furchten und Hoffen. Es wird eine Zeit kommen, wo die Nation von diesem großen Eigenbrotler wieder fortstrebt; aber solange noch in den Herzen eine Spur von der Empfindung lebt, die uns einst in den Zauberbann dieser modernen Märchengestaltung getrieben hat, so lange wird der Betrachter der Bocklinschen Bilderwelt immer wieder betroffen werden. Selbst dann noch, wenn man allgemein wird eingesehen haben, daß dieser bedeutendste der deutschen Gedankenkünstler des neunzehnten Jahrhunderts den großen Malern der Geschichte in keiner Weise zugezählt werden darf, wird man bewundern, welche außerordentlichen Leistungen und Wirkungen sogar dem von einem falschen Kunstprinzip Beseelten gelingen konnen, wenn dahinter ein so machtvoller Mensch steht Ein Mensch mit einem so schönen und leidenschaftlich bewegten Herzen, mit einem so tiefen Lebensernst und mit einer poetisch so fruchtbaren Phantasie. Ein Mensch mit einer Gestaltungskraft, die die großen Dinge, deren sie in einer andern Zeit, unter günstigeren Verhältnissen und unter der Herrschaft bedeutender Kunstkonventionen stehend, fähig gewesen wäre, überall ahnen läßt.

MAX KLINGER

EIN neues Werk Klingers war immer ein Ereignis, ja, es war dem weiten Kreise unserer Kunstdenker oft eine Sensation Man sprach davon überall, wo ernstes Kunstinteresse ist, debattierte darüber und erhitzte sich dafür. Ähnlich war es, als Böcklin noch lebte. Beide Künstler sind Erscheinungen nach dem Herzen derer, die den Kunstler als Seher, als begeisterten Visionär begreifen, die sich die Schopfung eines Kunstwerkes etwa so denken, wie es in Romanen dargestellt wird: daß nämlich in Augenblicken hellseherischer Erregung eine Eingebung, eine „Idee" sich einfindet, und daß alles Vermögen in diesem erregten Augenblick zu neuen Formgedanken kristallinisch zusammenschießt. Die so über Kunst und Künstler denken, schätzen naturgemäß das andere Arbeitsprinzip gering, dem wir Werke wie die Leibls oder Liebermanns, Manets oder Monets verdanken. Ein neues Bild Leibls war nie eine Sensation; ein neuer Liebermann ruft Aufregung nicht hervor, wenn nicht ein zufälliges äußeres Interesse damit verknüpft wird; und auf einen Monet mehr oder weniger kommt es nicht an. Bei Künstlern dieser Art erläutert das Gesamtwerk ihr Wollen, die Kunstidee ist über alle Arbeiten gleichmäßig verteilt; bei Klinger und anderen seiner Art interessiert dagegen das einzelne Werk, es wirkt die auf einen Punkt jedesmal programmatisch konzentrierte Idee. Dort ist die Stimmungsbereitschaft, die Form schaffende Anschauungskraft dauernd, sie ist stationär geworden; hier, bei Künstlern wie Klinger und Böcklin, setzt die schöpferische Einbildungskraft zeitweise aus, bis sie sich jäh in einer guten Stunde einstellt und in ein einziges Werk dann zu zwingen sucht, was bei jenen anderen in allen Werken, in allen Studien sogar ist. Die Natur selbst erklärt diesen Dualismus. Was die Monumentalen, die Stilisten wollen, kann dauernd nicht gewollt werden, weil die hohe Anspannung das Individuum zerbrechen würde; sehr wohl möglich ist dagegen die permanente Stimmungsbereitschaft bei denen, die meistens, wenn auch ungenau, Realisten genannt werden. Denn diese bewegen sich auf ihrem Hochplateau wie auf ebener Erde, jene denken in Gipfeln.

Über diesen Gegensatz der Arbeitsweisen ist vieles zu sagen. Denn es liegen darin die Ursachen zum ganzen Kunststreit dieser

MAX KLINGER: BILDNISBÜSTE NIETZSCHES
Bronze

Tage. Persönlichkeiten wie Klinger können sich mit freilich sehr, sehr bedingtem Recht auf einen Namen wie Michelangelo berufen; die Malernaturen, wie wir sie in der Impressionistenschule finden, können dagegen auf Velazquez, Frans Hals, auf Holbein und jene Maler alter Zeiten verweisen, die als Künstler im höchsten Sinne Handwerker waren. Auch sie beschränken sich auf ihr Handwerk und vertrauen, daß sie in dem einen, was sie ganz haben, alles besitzen; die Klinger-Naturen aber möchten in jedem Werke auch äußerlich ein Ganzes geben, möchten unmittelbar Synthetiker sein und, als Schöpfer von „Gesamtkunstwerken", Malerei, Plastik, Architektur, Graphik und am liebsten auch noch Poesie und Philosophie in einem Willen vereinigen. Sie sind darum starker Wirkungen stets sicher. Denn zu ihnen kann die konzentrierte Idee nur in Gestalt eines bedeutenden symbolischen Stoffes kommen. Da sie, um leidenschaftlich gesteigerte Gefühle auszudrücken, heroische Formen brauchen, müssen sie auch den heroischen Stoff suchen. Dabei begibt es sich dann, daß dieses Suchen nach dem großen Stoff, der sich in unserer burgerlichen Zeit auf naturlichem Wege nicht mehr darbietet, den Dichter und Philosophen im Maler mehr in Anspruch nimmt, als es dem bildenden Künstler nützlich sein kann. Aber gerade diese intensive Bemühung um das Was, um den Stoff, um die Idee erweckt das allgemeine Interesse. Die neuen Stofformeln wirken sensationell, die konzentrierten Stoffgedanken locken die Gedanken des Betrachters an, und man sieht sich vor Kunstwerken, über die man sprechen und streiten kann. So entstehen bei Klinger klassische Walpurgisnachtscharaden, woran die Deutungslust ihren Witz übt, Allegorien des Heroentums und gemalte Ideen einer großdenkenden Lebensphilosophie.

Es ist nicht schwer, das Problematische eines gedankentiefen Monumentalstrebens, dem unsere Zeit so gar keine Arbeitsmöglichkeiten gewährt, nachzuweisen: aber es ist dann doch unmöglich, sich einer Persönlichkeit wie Klinger zu entziehen, die sich in den Dienst solcher auf schmalem Hohenpfad wandelnden Stilkunst gestellt hat. Wenn dieser Fruchtbare uns seine Werke zeigte, war jedesmal etwas einzuwenden; aber über jedes Werk hinweg wirkte auch die merkwürdige Großheit einer seltenen Natur. Die sieht besonders hinter den spitzig akademischen, mit virtuosem Prachtbedürfnis malenden Strichen des Graphikers hervor. Man erblickt die durchgearbeitete Geistigkeit eines sehr reinen und männlichen, stirnrunzelnden Willens, der sich über die Dinge seiner Umgebung an der Hand uralter Symbole aus der Griechengeschichte zu erheben trachtet. Ein Homeride zwischen Fabrikschornsteinen, ein attischer Aristokrat in der Determination des Gymnasialprofessors, eine arkadische Vorstellung in die kahlen Arbeitsräume der Gegenwart gesperrt! Ein Ateliergenie! Klinger liebt nicht eigentlich Leben und Natur, liebt nicht Baum, Blatt und Blume, Mensch und Tier, Luft und Licht mit jener hingebenden Zärtlichkeit, die beglückt Gottes Atem in allem Geschaffenen fühlt. Und die Schönheit, der er sich hingibt, ist nie ganz frei von einer kalten Blässe des Antikensaals. Aber er liebt leidenschaftlich die lebenschaffende Kraft. Sein Lebenswerk ist ein Hohes Lied auf die Vitalität des Erdgeistes, auf das Abstraktum „Lebenswille". Und weil er die bauende Kraft mehr liebt als die Erscheinung, läßt er das Leben nur in höchsten Formen gelten. Er wendet sich ab von der „leidenden Natur"; seine Kunstwelt ist ganz auf Aktivität gestellt. Da sie aber, in einer Zeit des Leidens, ihre Absicht nicht naiv durchführen kann, gibt sie statt der natürlichen Aktivität wenigstens den poetischen Begriff davon. Die Welt, wie sie am siebenten Tage der Schöpfung war, in eine überkultivierte und doch kulturlose Gegenwart hineinzustellen: damit quält sich faustisch dieser Titanide aus Leipzig an der Pleiße. Daneben ist Klinger ein Später vom Stamme der Nazarener, wie Böcklin es war, ein Nazarener, der Darwin kennt und an die natürliche Schöpfungsgeschichte glaubt; ein grübelnder Nazarener wie Ibsen, der das Wort vom „Dritten Reich" prägte, als er den uralten Kampf zwischen christlicher und hellenischer Weltanschauung in seiner Weise aufnahm. Ein maskuliner Präraffaelit, ein Dichter und Denker, der vor den meisten seiner Kollegen wirkliche Geisteskultur voraushat, ein Romantiker des Gedankens, der Idee, weil er will, was die Zeit noch nicht erfüllen kann. Kein Mensch leidenschaftlicher Herzlichkeit; ein Harter, fast Grausamer ist er, ein schamhaft Verschwiegener und zum Teil auch starrköpfig sich Abschließender. Seine Natur hat nicht Rubens' Fülle, sondern Menzels Schärfe; er hat nicht das Temperament Goyas, und er ist im Grunde ohne Phantasie. Die Formlosigkeiten seines phantasierenden Intellekts erregen hier und da sogar Entsetzen. Sehr oft wird die Zeichnung zum Bild, das Bild zur Allegorie und die Allegorie zum „Labyrinth dunkler Beziehungen"; der Rahmen wird zum eigentlichen Kunststoff, ist wichtiger als das Umrahmte, ja, das allein Wichtige, um dessentwillen der ganze Aufwand getrieben wird. Und doch ist hier eine Persönlichkeit, deren Unordnung auch das Gesetz einer höheren Ordnung ahnen läßt und deren Künstlertum von einem außerordentlich starken Lebenswillen und Allgefühl bedient wird; ein Könner, dessen reiche Vielseitigkeit in hundert Einzelheiten, in großen Kompositionen sowohl wie in kleinen Ornamenten entzückt und dessen problematisches Heroentum wir für manche gutbürgerliche Richtigkeit nicht hingeben mochten. In Klingers kühn gräzisierender Kunst ist viel Groteskes, in seinem Grotesken ist Akademisches, und in dem Akademischen ist dann wieder ein Keim lebendiger Größe. In der Pracht seiner Motivenhäufung steckt Kunstgewerbliches. Und man charakterisiert auch ihn, wenn man einschränkend von Dürer sagt, dieser sei in vielem eine Klinger-Natur gewesen.

In der vieldenkenden Kunst Klingers, die ihn zum Helden aller philologisch schwärmenden, humanistisch griechelnden und pädagogisch denkenden Deutschen, zum Hauptvertreter derer vom „Gehalt" macht, zuckt die Flamme einer brünstig flackernden Erotik, einer übersinnlichen Sinnlichkeit. Gefrorenes Feuer ist in dieser Klassik, im Gehirn starrgewordene Schönheit und dann auch eine pikante Zierlichkeit, die die Grenzen des banal Dekorativen nicht scheut. Wo man an die Manen des Cornelius denken muß, erinnert man sich zugleich oft an Félicien Rops Vor allem aber ist Wille zur Aktivität in den Werken dieses Seltenen. Felsschründe, knorrige Eichwälder, strotzende Leiber, schwellende Muskeln, Wellengischt und kahle Felsen, Frauenkörper von harter Üppigkeit, kriegerische Männer, Kampf und Vergewaltigung, Nacktheit, Herrschsucht, Gesundheit und ein überall durchbrechender Drang zu plastischer Fülle; und als Atmosphäre die Härte der gebärenden und vernichtenden Naturkraft.

Die tiefste Bedeutung Klingers liegt dort, wo er trotz seiner akademisch gefesselten Arbeitsweise neue Werte findet. Das ist vor allem in seinen Radierungen der Fall, in der Technik also, die am vollkommensten seiner intellektuellen Eigenart entspricht. Diese Darstellungsmanier ist an sich abstrakt, weil sie alle sinnlichen Vorstellungen in bildhafte Begriffe übersetzt. Die Mittel der Technik fordern in gewissem Sinne zu Gleichnissen auf, da sie das plastische Leben der Dinge ins Spirituelle projizieren, sie kommen dem dieser Verstandesnatur eigentümlichen Drange zu allegorisieren, im weiteren Sinne zu symbolisieren, sehr entgegen Als Radierer hat Klinger denn auch den ganzen Reichtum seiner sozusagen philologisch-logischen Phantasie entfaltet. Doch geben seine radierten Blätter immer zu viel und zu vielerlei. Da der Künstler nicht elementar von einer Idee beherrscht wird, sondern diese selbstherrlich, etwas wissenschaftlich meistert, so leidet der erste Eindruck, worauf so viel beim Kunstwerk ankommt. Je mehr man aber eindringt und den Verstand in Aktion treten läßt, desto lebhafter wird das Vergnügen Nur merkt man am Schlusse, daß man mehr einer Darlegung gelauscht, als einen ästhetischen Rausch erlebt hat. Man ist eigentlich stets mit dem Künstler einverstanden; diese klassisch-romantischen Symbole sagen immer das Zutreffende, die Lebensgedanken sind ganz ausgeschöpft, und doch tritt selten das Gefühl der Offenbarung ein. Manchmal schwirrt eine Note, die ans Herz greift. Selbst dann ist es ein spröder Ton, der in Reflexion verflattert.

Der Vorteil des Zeichners wird dem Maler zum Nachteil. Deutlich merkt man die ideologische Arbeitsweise dort, wo Klinger

MAX KLINGER: EVOCATION
Radierung aus der „Brahmsphantasie"

verspätete Kulturprobleme auf Riesenleinwände projiziert, wenn er zum Beispiel die Idee vom Gegensatz des Logos und Pan bildhaft darzustellen sucht. Jeder Gedanke hat seinen Platz, jede Form und Farbe ihre Bedeutung; nur sind die Hilfslinien der Idee, der Komposition noch sichtbar, man sieht die arbeitende Vernunft und kann das Ganze wie eine Rechnung zerlegen. Der Meister ist viel zu klug, um nicht zu wissen, daß im Bilde die sinnliche Anschauung ihr Recht fordert, daß ein Stück Leben vor allem glühen und blühen muß. Aber selbst die infolge solchen Wissens gefaßte Absicht, dekorative Werte zu schaffen, merkt man im Bilde. Es ist alles nebeneinander, die Dinge stoßen sich hart im Raume, die Idee verbindet nicht das einzelne, sondern trennt es. Daneben gibt es freilich mancherlei zu bewundern. Technisch ist fast jedes Teilchen im akademischen Sinne gut. Die der kalten Klugheit gepaarte Sicherheit wird aber leicht Selbstzweck und läßt das Modell überall durchblicken. Wenn Klinger das Meer oder den Himmel malt, so gibt er gut gekonnte Malerei an sich, aber es ist weder Wasser noch Luft. Die dekorativen Werte vertiefen sich nicht, bleiben halb im Technischen, halb im Spirituellen und geraten, bei aller Tüchtigkeit, zuweilen in die Nähe Fitgers, dessen Name neben dem Klingers gar nicht genannt werden dürfte. Durchaus problematisch ist Klinger auch als Bildhauer. Auch die Idee seiner Plastik wohnt in den marmornen Prachtgebäuden der Kultur und ist nur verständlich als Ergebnis einer eklektizistischen Geistesrichtung. Sie ist absichtlich kostbar, fürstlich, heroisch und reich; aber ihr fehlt es an ursprünglicher Einfalt. Ganz das künstliche Produkt eines seltenen Menschen ist diese Skulptur, der Kristallisationsprozeß vieler Elemente liegt in ihr klar immer vor Augen, die völlige Verschmelzung zu einem Ganzen ist jedoch nicht gelungen und kann der Veranlagung des Künstlers nach nie gelingen Es gibt kein Gefühl, das Klinger nicht denken, keine artistische Sensation, die er nicht im Gehirn durch autosuggestive Assoziationen herstellen könnte; den Verstand zu bändigen, wie andere das Gefühl bändigen, das Wissen zu vergessen: das allein vermag er nicht. Auch in seiner Kunst ist Ewigkeitsempfindung, seine Symbolik faßt die Gedanken so groß wie irgendeine; doch bleibt es stets eine kluge Unterhaltung über ewige Dinge, die tiefe Einsamkeitsstimmung, in der allein die poetische Vollkraft sich zu sprechen entschließt, ist nie zu spüren Die Werke uberzeugen redend, mit tausend Zungen, wie die Kultur; nicht schweigend, mit einem Blicke, wie die Natur. Die Argumente sind in die schillernden Gewänder der Schönheit gekleidet, das Ideal steht mit feierlichen Priestergebärden da; es geht nie singend in paradiesischer Nacktheit dahin. Die Vorzüge sind spirituell, die Werke lassen sich besser beschreiben als genießen, was stets ein Zeichen literarischen Ursprunges ist. Man sieht gewissermaßen den Künstler denken. Der Sinn ist aufs Lyrische und auf das monumental Heroische gerichtet, er strebt die ganz große Kunst an; doch vergißt Klinger so oft, im Heroischen Mensch zu sein. Er ist nicht Held von seiten der Begabung, sondern kraft des Willens, weil ihm die heroische als die höchste Lebensform erscheint. Darum gibt sich das Heldische nicht spontan, revolutionär und vorausblickend, sondern ist nur eine sehr kluge Zusammenfassung aller Züge, die wir in der Vergangenheit als heroisch gelten lassen. Es gehören Attribute dazu, große Namen, und es ist kein Zufall, daß sich die Begeisterung des Künstlers an fremder Berühmtheit entzündet, daß er Beethoven- und Brahmsdenkmale macht und Phantasiebüsten von Liszt oder Nietzsche. Und daß er zu gleicher Zeit immer mehr doch in die Abhängigkeit von einem Bildhauer wie Rodin gerät.

In seinem Brahmsdenkmal, zum Beispiel, hat Klinger sich sehr entschieden Rodinschem Einfluß hingegeben Nicht zu seinem Vorteil. Wie es scheint, ist auch er dem allgemeinen Irrtum verfallen, in Rodin vor allem einen in Stein und Bronze dichtenden „Poeten" zu sehen und die Starke der Rodinschen Einbildungskraft im symbolistische Beziehungen verknüpfenden, mit Menschenleibern beziehungsreich spielenden Einfall zu suchen. Wie Rodin selbst darüber denkt, das hat er klar einmal ausgesprochen:

AN DIE SCHÖNHEIT

MAX KLINGER: RADIERUNG

„Komme einer und rühme mir meine Symbolik, meine Kraft des Ausdrucks: ich weiß, das einzig Wichtige sind die Flächen. . . . Ich will gern Symbolist heißen, wenn damit bezeichnet wird, was ich von Michelangelo empfangen habe: daß das Wesentliche der Skulptur in der Modellierung der Fläche besteht. Als Gott die Welt erschuf, war es gewiß die Modellierung, woran er zuerst gedacht hat, denn sie ist das alleinige Grundprinzip der Natur. . . . Wenn ich nun sage, daß das Gesetz des Raumes das Alleinherrschende ist, wenn ich hinzufüge, daß die Ansicht der Ebenen, der Berge, der Perspektive einer Landschaft in mir die Prinzipien von Flächen wachruft, die ich in meinen Statuen verwerte, daß ich das kubische Gesetz überall fühle, daß die Fläche, das Volumen für mich das Grundgesetz alles Lebens, aller Schönheit bedeutet —, wird man dann noch sagen, daß ich Symbolist, Verallgemeinerer, Metaphysiker bin? Mir will scheinen, daß ich Realist, Bildhauer geblieben bin. Eine Einheit ist es, die mich umdrängt und die mir überall entgegentreibt." Was Rodin meint, stammelnd meint, weil man für solche ganz auf Anschauung beruhenden Dinge nie das ganz treffende Wort findet, das ist die ewige, unerschöpfliche Musik des Raumes, auf deren Wogen wir dahintreiben, ist jene Entzückung, die nur der Tatsinn des Auges vermitteln kann, ist jenes nur sinnlich instinktiv zu begreifende Leben der Entfernungen, der Formen, der organischen Schwellungen und der Verhältnisse, die Romantik des Kubischen, die Dramatik der Flächenneigungen, die Mystik der Linien: kurz, die orphisch tiefe Gewalt der Raumdimensionen, die darzustellen die eigentliche Arbeit aller großen Künstler, von Michelangelo bis Rodin, von Rembrandt bis Leibl, von Tizian bis Manet war. Die Seele des Raumes darstellen: das erst heißt für den bildenden Künstler die eigene Seele darstellen können. Und diese Fähigkeit eben fehlt Klinger. Er hat sich offenbar bemüht, im Brahmsdenkmal etwas raumhaft „Richtiges", etwas skulptural Einwandfreies zu geben. Der „richtige", der gedachte Raumbegriff (siehe Hildebrandt und sein „Problem der Form") aber entscheidet nicht die Wertfrage; worauf es ankommt, das eigentliche Objekt der Kunst ist die Gestaltung des ursprünglichen, leidenschaftlichen, visionären, erlebnisstarken Raum- und Flächengefuhls. Dieses zu konnen, ist recht eigentlich erst Talent. Aber eben darum ist es auch nicht zu erwerben, sondern ist Gnade. Klinger hat einmal geschrieben, der „Gedanke" des Bildners säße in der Spitze seines Werkzeugs. Ein schoner und wahrer Ausspruch! Nur trifft er recht wenig gerade auf Klingers Plastık zu. Das Werkzeug, das den „Brahms", den „Beethoven" und viele andere Plastıken gestaltet hat, war leblos, so bewegt vielleicht auch der Geist des Bildners bei der Arbeit war. Es hat im Bahmsdenkmal alles Einzelne naturalistisch wahr — ach, gar zu naturalistisch! — gemacht und das Ganze akademısch richtig; aber es hat nicht Wollust in der Gestaltung des Räumlichen empfunden, es ist nicht schöpferisch gewesen wie etwa Leibls Pinsel, Schadows Meißel oder Liebermanns Zeichenstift. Dieses Werkzeug hatte nicht den Willen, die Lınien und Formen, das wıll sagen: die Kräfte und Bewegungen, zuerst um ihrer selbst willen darzustellen, sondern es ist der kalte Diener eines reich dekorativen, poetischen Denkereinfalls gewesen. Es hat aus der Riesenplastik eine in Marmor übersetzte Radierung gemacht. Klinger begreift und beherrscht vollkommen jede Einzelform, seine manuellen Fähigkeiten sind groß und schrecken vor keiner Schwierigkeit zurück, er hat alles Erlernbare. Und hinter all diesem Können steht als bewegende Energie eine wahrhaft stark und tief denkende Menschlichkeit. Aber diesem Künstler fehlt der natürliche, angeborene Sınn für das Wunder der Form, für jenes ungeheure Leben der plastischen Wirklichkeit, das wie ein „latenter Heroısmus" ın aller Bewegung, in aller Naturform steckt. Im „Balzac" und „Viktor Hugo" Rodıns ist etwas vom Urgebırge. Der „Brahms" Klingers, der diesen beiden Werken ein wenig nachgebildet ist, erscheint dagegen künstlich. Nicht an die „Flächen" hat Klınger zuerst gedacht, sondern an die Bedeutung Brahms' als Musiker, Temperament und Gestalter. Hier ist der Punkt bezeichnet, wo Klinger immer wieder versagt. Selbst das Werkzeug des im heutigen Deutschland in

HANS THOMA: TAUNUSLANDSCHAFT

seiner Art einzigen Radierers, dessen Fülle doch staunen macht, läßt räumlich empfindende Sinnlichkeit vermissen Die in unendlichem Bedeutungsreichtum glitzernden Radierarbeiten dreier Jahrzehnte, die an Baluschek und Menzel, an Goya, Böcklin, Preller und manche anderen noch denken lassen, worin theatralische Zuspitzungen sind, philologische Phantasmen und kapriziöse Zierlichkeiten, eine Erotik ohne Glut, eine Geistreichigkeit ohne Gedankenblässe, eine ganz seltene Allegorisierungskunst, ein mächtiges modernes Weltempfinden und ein erstaunlich erzogenes Können auch ihnen fehlt fast immer mystische Tiefe. Es bleibt, wenn man den „Gehalt", die wirklich große Bedeutung genossen hat, selten nur von jener Schönheit ein genügender Rest, die über aller Deutung und eben darum ewig ist.

In Klingers Werk selbst ist jene olympische Tragik, die er so gerne darstellt. Bei leidenschaftlichem Schöpferwollen keine Schopfersinnlichkeit. Vielleicht ist es eben der Adel dieser Tragik, daß wir von Klingers Werken, zu denen wir so oft nein sagen mussen, immer doch wieder mit Dankbarkeit und mit sehr bescheiden stimmender Ehrfurcht vor den Schicksalen der Kunstbegabung hinweggehen.

HANS THOMA

DIE Mahnung, die seit dreißig Jahren von der Bühne in ein Parkett von neugebackenen Reichsdeutschen gesungen wird: Ehrt eure deutschen Meister! hat den guten Willen geweckt. Man hat sich aufmerksam umgesehen nach nationalen Künstlern, die alle bewährten Merkmale der Meisterlichkeit aufweisen, und hat den fünfzigjährigen Thoma entdeckt. Heute wird dieser Maler von der großen Schar seiner Verehrer kaum anders genannt als. unser deutscher Meister. Skeptiker, die in der Kunst den Regierenden ebenso unbequem sind wie in der Politik, könnten freilich behaupten, das Publikum hätte es sich wieder einmal recht bequem gemacht und eine Personlichkeit erwahlt, die in ihrem Äußeren mit seltener Treue alle Züge aufweist, wodurch die Figur des mahnenden Hans Sachs, in all ihrer Theaterbiederkeit, traditionell geworden ist, es sei einmal mehr Theater und Leben verwechselt worden. Jedenfalls ist es schwer zu sagen, welche Elemente in Thoma's Kunst dem Publikum spezifisch deutsch erscheinen und wie eine Meisterlichkeit beschaffen sein muß, die auf allgemeine Anerkennung rechnen kann. Die Absicht, ausschließlich gute Malerei zu machen, der Thoma bis in die Mitte der siebziger Jahre folgte und die ihn in gewisse Beziehungen zu Leibl, Trübner und zu den alten Holländern gebracht hat, kann die Ursache der Anerkennung nicht sein. Denn sonst müßten Leibl und Trübner ebenso und mehr noch als deutsche Meister gepriesen werden. Das ist aber nicht der Fall. „Deutsch" wurde Thoma erst in den letzten Jahrzehnten genannt, als er auf das Ziel seiner Jugend verzichtete und an dessen Stelle ein Programm setzte. Dieses Programm ist es, was man meint.

Thoma mag, als er das Alter nahen fühlte, die Gefahr begriffen haben — der Leibl tatsächlich verfallen ist —, mit seiner bescheiden sich einordnenden Malerei zu vereinsamen. Daneben fühlte er sich wahrscheinlich vom Handwerk beengt, als sich sein geistiger Gesichtskreis entscheidend erweiterte. Lebte er in einer Epoche hoher Kunstblüte, wo der Begabung erprobte Stilformen und der Sehnsucht große bedeutungsvolle Stoffe zugetragen werden, so hätte er alle Kräfte auf ein Ziel richten können. Er ist aber das Kind einer Zeit, die den Maler über die Grenzen seiner Kunst hinauslockt, um so mehr, je weiter und universaler sein Interessenkreis ist. Denn es fehlt an gemeinverständlichen Stoffen und Legenden, an allgemeinen Konventionen über deren Bedeutung und an sicheren Stilformen, um diese Bedeutung auszudrücken. Wer sich heute nicht überwinden kann, auf das Mögliche die ganze gesammelte Kraft zu richten und das Kleine zu tun, als wäre es ein Großes, muß dem Talent eine Arbeit aufbürden, die es nicht leisten kann. Der Geist der Zeit, der sich aller Künste bemächtigt, um mit ihrer Hilfe seine wechselnden Gedanken durchzudenken, bietet

HANS THOMA: RHEINFALL BEI SCHAFFHAUSEN

dem Künstler ein Danaergeschenk. Er sprengt die notwendigen Grenzen und scheint doch, indem er es tut, die Gebiete der Kunst zu erweitern. So erklärt sich der Selbsttrug vieler Maler, die ihr Bestes zu entfalten glauben, wo sie es preisgeben. Auch Thoma fühlt sich nicht als Opfer, und seine Verehrer betrachten ihn nicht so.

Immer wieder wird in unserer Zeit vergessen, daß der höchste Gedanke, die letzte Ethik nur von der formenden Kraft des Talents ausgehen dürfen, weil dieses, auf Grund seiner göttlichen Natur, weiser, sittlicher und produktiver ist als alles Denkvermögen Thoma hat seinen edlen, aber menschlich kurzsichtigen Gedanken die Führung überlassen und ist so zu dem Grundirrtum gelangt, an Stelle des Wie das Was zu setzen und die Kunst, die Zweck ist, zum Mittel zu machen. Als es ihn drängte, das All poetisch-philosophisch zu begreifen, geriet ihm das Symbol in die Finger, dieses gefährliche Spielzeug, das niemand gern ergreift, der imstande ist, seine Gedanken klar auszudrücken. Hatte er früher die Schönheit der Erscheinung geschildert, wie sie sich getreulich im Gefühl spiegelt, so malte er später ein Etwas, das sich ungefähr mit einem blauen See, einem Ritter und einem Schwan ausdrücken läßt. Die Dinge sollen durch ihr Nebeneinander reden, die mystisch-romantische Kombination sozusagen komplementärer Objekte ersetzt die Form, die Schönheit. An Stelle des Lebens tritt der Begriff davon. Weil so aber die organisch gewachsene Einheit von Stoff, Gehalt, Form und Technik, die aller wahren Kunst Bedingung ist, nicht zustande kommen kann, wird eine Einheit konstruiert, deren Wesen die tendenzvolle Einfachheit, die künstliche Reduzierung ist. Die Produktionsweise ist nichts weniger als einfach und naiv, aber diese Eigenschaften gehören zum Programm. Formen dafür müssen deshalb entlehnt werden, wo sie zweifellos zu finden sind: bei den alten Meistern.

Ein Konflikt ergibt sich, weil die Entwicklungsfaktoren, die Thoma zur Programmbildung trieben, von einem andern Punkt gesehen, wertvoll genannt werden müssen. Das Menschliche in Thoma hat durch das, was seiner Kunst schadete, eine entschiedene

Bereicherung erfahren, während er als Kunstler verlor, gewann er durch den Verlust Dinge, die ihm sonst ferngeblieben wären. Ein Zeitschicksal! Eine seltsame Verkehrung der Begriffe ist die Folge: wie Thoma heute malt, das vermag ihm· mancher Unbedeutendere nachzumachen; aber was er malt, das gelingt nur wenigen. Ein Herrscher der Form ist er nicht, also kein großer Künstler, doch er ist in seiner Weise ein Beherrscher des Stofflichen. Und er ist, trotzdem er weder besonders deutsch noch ein Meister ist, ein starkes Naturell. Darum bricht auch durch alle Tendenzen das ursprüngliche Talent immer wieder durch, in jedem Bild gibt es gute Partien, und der Irrtum selbst erscheint geadelt durch die Art, wie er begangen wird. Dadurch wird die allgemeine Verehrung des Malers erklärlich; denn so gewiß die Stimme des Volkes die Würdigsten erst spat kennen lernt, so gewiß erhebt sie auch dauernd niemals Unwürdige. Der Kunstrichter aber sieht sich in der nicht beneidenswerten Lage, dem Irrtum eine Reverenz erweisen zu müssen, während er ihn und seinen Einfluß auf die zeitgenossische Kunst sehr oft zu bekampfen nicht unterlassen darf.

Seiner Naturanlage nach gehört Thoma in den Kreis deutscher Künstler, der durch Namen wie Kaspar David Friedrich, Ludwig Richter und Schwind bezeichnet wird. Problematisch an Thoma ist aber, daß er über diesen ihm von der Natur angewiesenen Kreis der Bescheidenen hinausstreben möchte, daß es ihn in die Nähe von Böcklins Heldenlyrik lockt und daß er es in der Enge, die ihm gemäß wäre, nicht aushalt. Er hatte das Zeug, ein frommer Illustrator zu werden wie Richter oder ein Märchenromantiker wie Schwind; ja, er hatte die Fähigkeiten, daneben noch ein Maler von vielen Graden zu sein, was jene beiden nicht waren. Die Urteilslosigkeit dieser sentimental materialistischen Zeit hat ihn dann aber verführt, das ihm natürliche poetische Anschauungsvermögen zu überschätzen und seine Innigkeit für Tiefsinn zu halten. So kommt es, daß seine Kunst mit Ansprüchen hervortritt, zu denen sie nicht berechtigt ist.

HANS THOMA: HAHN UND HÜHNER

Es gibt noch aus den siebenziger und selbst aus den achtziger
Jahren Rheinfall-Landschaften und Ansichten aus dem Taunus von
Thoma, die in ihrer tonschonen Wahrheit und poetischen Klarheit zu den feinsten und reifsten Schöpfungen moderner Landschaftsmalerei gehören; und es gibt aus derselben Zeit noch Bildnisse, die in ihrer tonigen Breite daran erinnern, daß dieser deutsche Maler einer der ersten und erfolgreichsten Schüler Courbets
war. Es ist darum aber nur um so schwerer, mit diesen ganz künstlerisch empfundenen Werken die Arbeiten der letzten Jahrzehnte
in Einklang zu bringen, aus denen das eminente handwerkliche
Können fast verschwunden scheint, die in all ihrer hölzernen
Allegorisierungslust fast kunstgewerblich arm anmuten und in
denen an die Stelle der unendlichen Naturidee ein endlicher, akademisch geformter Begriff getreten ist. Wenn die Schwarzwald- und
Rhein-Landschaften früherer Jahre oft fast Vorzüge Trübnerscher
Art haben und daneben noch ein Etwas an Intimität und Stilgefühl, was Trübner nur sehr selten hatte, so hat Thoma später leider
gemeint, seine Landschaften zu verbessern, wenn er einen Orpheus
oder ein paar sentimental bewegte Wanderer hineinmalte. Was es
mit dieser Tendenz auf sich hat, das hat Hugo von Tschudi einmal in der Analyse eines Thomaschen Bildes so klar ausgesprochen,
daß die Stelle hier nur wiederholt zu werden braucht: „Die Wanderer, die selbst in das Anschauen der landschaftlichen Schönheit
versunken scheinen, haben die Aufgabe, den Gefühlen dessen, der
das Bild betrachtet, gewissermaßen als Schrittmacher zu dienen.
Dieses Motiv, die Figuren der Staffage nicht als Teil der Landschaft zu schildern, sondern sie ihr als Genießende gegenüberzustellen und so die Empfindungen des Beschauers zu antizipieren,
hat Thoma wiederholt angewandt. Doch hat er es nicht erfunden.
Ebensowenig tat dies Jan van Eyck, der im Mittelgrunde seiner
Madonna des Kanzlers Rollin zwei kleine Figürchen über die
Brüstung einer Terrasse auf das Stadtbild zu ihren Füßen blicken
ließ. Das ist gewiß charakteristisch als Zeichen der neuerwachten
Freude an dem Reichtum der Natur, die der große Jan in dem

landschaftlichen Hintergrunde seiner Bilder zum Ausdruck bringt, doch fehlt ganz die sentimentale Tendenz, auf die es hier ankommt. Diese findet sich zum ersten Male wohl in den Landschaften der Romantiker, vor allen bei Kaspar David Friedrich. Motive wie der Mönch, der auf das nächtliche Meer hinausschaut, die Freunde, die in Betrachtung des Mondes versunken sind, die Frau, die der aufgehenden Sonne die Arme entgegenbreitet, entspringen nur zum geringen Teil malerisch dekorativen Absichten; ihr Hauptzweck ist, zum sentimentalen Genuß der Natur anzuleiten."

Der eigentlich „deutsche" Thoma der letzten Jahrzehnte hat im Gegensatz zu den schönen Malerleistungen seiner früheren Jahre mit Vorliebe Bilder gemalt, die, zum Beispiel, in stilisierender Vergröberung einen blauen Teich, einen Schwan und im Mittelgrund einen Ritter zu Pferde zeigen. Der Ursprung auch solcher Bilder ist, wie man fast immer nachweisen kann, eine ganz künstlerische Raumempfindung. Es ist etwa die überraschende Impression, die die Stellung eines Reiters in einer bestimmten Landschaft erzeugte. Leider hat der Maler dann diesen Eindruck einer Raumpoesie nicht künstlerisch malerisch verfolgt, sondern der mit poetischen Begriffen Spielende hat das Bild fertig komponiert. Das Problematische des Resultats erkennt man gleich, wenn man daneben ein anderes, ein gutes modernes Landschaftsbild hält. Man nehme beispielsweise eines der Bilder, auf denen Monet trübe Winterstimmungen erstaunlich wahr schildert. Hätte Monet statt seiner Straßenarbeiterstaffage ein Begräbnis oder gar Kaiser Heinrich IV. im Burghof von Canossa gemalt, so würde das Wesen des Bildes davon unberührt bleiben. Worauf es dem Maler ankam und der Nachwelt ankommen wird, ist das Gefühl eines Natureindrucks, der nach fünfhundert Jahren, wenn der Canossagang aller Welt vielleicht gleichgültig geworden ist, noch genau so empfunden wird wie heute. Ebenso sollte es nebensächlich sein, ob Thoma's Reiter ein Bauer oder ein Parzival ist, das Entscheidende in seinem Bild mußte die ewig gültige Poesie des

HANS THOMA: BLUMENSTRAUSS

Raumgefühls sein. Sie hätte ausgeschöpft werden müssen. Thoma aber gibt die Impressionen, die seinen Bildern zugrunde liegen, nur ungefähr, in Bausch und Bogen.

Solche Auffassung führt ihn dann wie von selbst zum Kunstgewerblichen; denn Objekt und Schönheit sind ihm zweierlei, die Schönheit wird zu einer angewandten. Seine „Paradiesbilder" gleichen in der Regel mehr Entwürfen für Gobelins als Bildern; und seine fabelhaften Meermänner, Nixen und Tritonen sind fast immer vergrößerte Exlibris. Viele der allegorisch-symbolischen Bilder, auf denen die Farbe nur zwischen den Konturlinien ist, sehen aus wie Farbenlithographien; und Thoma's Lithographien scheinen immer Illustrationen zu sein. Dieser anspruchsvolle Symbolist könnte viel mehr noch, als er es ist, ein guter Buchkünstler sein und unsern Kindern sehr schön die alten Märchen illustrieren.

ANSELM FEUERBACH

EIN verkanntes und mißhandeltes Künstlertum gehört zu den charakteristischen Erscheinungen der modernen Zeit. Rembrandts Unglück leitet diese Epoche ein, und tragische Schicksale zahlloser Künstler begleiten sie bis in die Gegenwart. Dieser Widerstreit zwischen dem Willen der Künstlerindividualität und dem der Allgemeinheit, der heute so natürlich scheint, daß viele ihn für eines der wichtigsten Merkmale der Begabung zu halten geneigt sind, ist in den großen Kulturepochen nicht vorhanden gewesen. Was der Künstler der Antike, der Gotik, der Renaissance wollte, das wollte im Instinkt immer auch die Gesamtheit; die höchsten Ziele der Persönlichkeit lagen stets noch innerhalb der allgemeinen Kulturtendenzen. Der Künstler empfing von seiner Zeit, von seinem Volk Legenden und gehaltvolle Stoffe, Konventionen der Form und der Technik, wertvolle Aufträge und tausend lebendige Anregungen. Er vermochte durch dieses Zusammenarbeiten mit dem Zeitgeist die subjektive Gefühlskraft aufs äußerste zu steigern. Im Gegensatz zum Künstler dieser glücklichen Zeitalter, den

Kulturideen leiteten, beschränkten, bereicherten und von allem Verwirrenden befreiten, versucht der hochgestimmte Bildner der Gegenwart, dem eine solche Idee von organisierender Kraft in den Wirren des Unterganges und Überganges nicht erkennbar ist, das Fehlende und schmerzlich Vermißte sich selber zu schaffen. Damit wird aber eine Arbeit unternommen, die einesteils weit über die Kräfte des einzelnen geht und darum immer mehr oder weniger problematisch bleiben muß und die den Künstler andernteils seiner Umgebung entfremdet. Denn es kann nicht ausbleiben, eben weil der einzelne solcher umfassenden Aufgabe nicht gewachsen ist, daß subjektiv beschränkte Meinungen als objektive Wahrheit, daß halbe Erkenntnisse irrtümlich als Gesetz für die Allgemeinheit aufgestellt werden; und daneben wird die Masse, schon aus Erhaltungstrieb, stets feindselig reagieren, wenn Zustände ihrer geistigen, sittlichen oder ästhetischen Kultur vom Künstler als dürftig oder verbesserungsfähig hingestellt werden. Reformatoren und Apostel werden immer verfolgt. Die neueren Maler einer gewissen hochsinnigen, romantischen Geistesanlage sind aber auf Grund einer leidenschaftlichen Kultursehnsucht nichts anderes als Apostel und Reformatoren. Zur Hälfte bestand ihre Tätigkeit im ganzen neunzehnten Jahrhundert darin, gegen ihre Zeit zu protestieren, der vorgeblichen Kulturlosigkeit ein hochgeartetes persönliches Ideal entgegenzustellen und ihre Sehnsucht nach Größe, Reinheit und Adel dem demokratisch entarteten Geschlecht ins Gesicht zu schleudern. Nicht zum Vorteil der Malkunst, die solche ungeheure Beschwerung mit einem Wollen, dessen Ziele für die Kunst Voraussetzung sein müssen, nicht verträgt.

Auch Feuerbachs trauriges Menschenschicksal resultiert zum großen Teil aus dem leidenschaftlichen Drang des Künstlers, seiner Zeit hohe Ziele zu weisen und sich gegen ihre Tendenzen aufzulehnen. Die Tragik dieses Lebens würde jedoch heute nur noch als ein Kampf vor dem Sieg empfunden werden, wenn des Künstlers Ziele sich inzwischen vollständig verwirklicht hätten, wenn er als einer der seltenen Führer erschiene, die ihrem Volke wohl

ANSELM FEUERBACH: SELBSTBILDNIS

um Jahrzehnte voraus sind, die aber doch auf dessen Zukunftswegen wandeln, deren Werk nach einer gewissen Zeit restlos anerkannt und dankbar genutzt wird, weil es dann mit dem allgemeinen Wollen übereinstimmt. Von dieser Art ist Feuerbachs Werk aber nicht. Das Urteil der Geschichte bezeichnet heute ohne jede Sentimentalität und mit all dem gesunden Egoismus, der die Toten ihre Toten begraben läßt, die Teile dieser Kunst, die dem fortschreitenden Lebensgedanken noch nutzen können, und ignoriert andere Teile, die wesenlos geworden sind. Zur tragischen Figur in der deutschen Kunstgeschichte wird dieser Maler nicht allein, weil er sich gegen seine Zeit aufgelehnt hat und seinem Volke selbstherrlich eine aus seinem Geiste stammende Lebensidee oktroyieren wollte, sondern auch, weil er für seine Idee zur Hälfte umsonst gelitten hat, weil aus seinem Protest nur zur Hälfte eine höhere Kraft sprach. Die Geschichte, das heißt der Lebensinstinkt aller, will im Prinzip dasselbe, was Künstler von der Anlage Feuerbachs wollen: die Höhenentwickelung; aber die Arbeitsweise des Individuums und der Allgemeinheit treffen immer nur in einzelnen Punkten zusammen. Wo ein solches Zusammentreffen erfolgt, nimmt die Geschichte die Hilfe der Individuen gern hin; aber sie lehnt ohne Teilnahme die Arbeit des Künstlers ab, wo dieser Sonderziele verfolgt. Sie weiß alles zu nutzen, was zu ihren Zielen zweckt, aber sie kennt keine Nachsicht für das davon Abweichende. Diese Konsequenz gibt ihr die Größe und Herrlichkeit, befähigt sie, ihren getreuen Kindern wohlzutun, macht sie aber auch zur tragischen Muse, die des Künstlers Schicksal und seinen Nachruhm in Händen hält.

Feuerbach war durch seine Tugenden und Schwächen gleichmäßig prädestiniert, sein Publikum zu verstimmen. Er mochte beginnen, was er wollte, immer fühlten die engeren Kreise der zum Urteil Berufenen einen Hochmut, der zur Hälfte überlegener Geistigkeit, zur andern Hälfte aber der Empfindlichkeit des sich selbst unzulänglich Fühlenden entsprang. Und immer sträubten sich die Lebensinstinkte — die gesunden wie die ungesunden —

einer besonders gearteten Allgemeinheit gegen das mit herber
Strenge groß, aber oft auch starr und unsicher formulierte Ideal.
Das Publikum empfand peinlich den Herrenwillen in Feuerbachs
Natur und zugleich doch mit sicherer Witterung auch das Problematische
darin. Ein Führer muß ein absoluter Mensch sein,
wenn er sich durchsetzen will, oder er muß es wenigstens zu scheinen
verstehen. Feuerbach vermochte jedoch nie die Unsicherheit
seines Wesens zu verbergen. Zudem konnten die Zeitverhältnisse
einem Wollen wie dem seinen nicht leicht ungünstiger sein. Er
kam zu fruh oder zu spät. In der Umgebung Goethes hatte er
wahrscheinlich glücklich und geehrt leben konnen, weil in seiner
Art neben der Großheit genug Konventionalistisches war, um den
der bildenden Kunst gegenüber oft ängstlich „gebildeten" Goethe
zu versöhnen. Ein Hindernis wäre freilich seine nervöse Reizbarkeit
gewesen, seine an Fichtes cholerische Ausbrüche gemahnenden
Temperamentsschwankungen, wogegen Goethes beruhigte Genialität
so empfindlich war. In unsern Tagen aber hätte der Maler
der „Medea" wenigstens eine Gemeinde gefunden In den fur
die Malerei so unfruchtbaren Jahren zwischen 1850 und 1880
wollte sich jedoch nie und nirgend eine nachhaltige Resonanz für
das sprode, unnahbare Ideal Feuerbachs finden. Das ist nicht erstaunlich,
wenn man bedenkt, daß der Kunstfreund noch heute
mit schwankendem Gefühl vor diesen Werken steht und daß er
nur Schritt vor Schritt zum vollen Genuß gelangen kann. Selbst
zum Heutigen, der inzwischen doch von Marées, Bocklin und Puvis
erzogen worden ist, spricht es nicht mit Tönen unmittelbarer Lebendigkeit
aus dieser gleichsam gefrorenen Kunst; Feuerbach hält
den Betrachter mit der abweisenden Verschlossenheit seiner Höhenempfindungen
so in Distanz, daß es nur langsam und nur dem
immer von neuem Werbenden gelingt, den verhehlten Gefühlston
zu vernehmen Um wieviel mehr mußten unsere Väter unempfindlich
vor dieser Malerei bleiben, die ihrem aufs leicht Faßbare
gerichteten Sinn in keinem Punkte entgegenkam! Feuerbach
wirkte in einer nüchternen, tatsachenhungrigen Epoche, die nur

ANSELM FEUERBACH: BILDNIS DER STIEFMUTTER
DES KÜNSTLERS

Praktisches dachte, die nach der viele Pforten öffnenden Revolution von Achtundvierzig alle Kulturideale der Klassiker- und Romantiker-Jahrzehnte zeitweise in Wirtschaftsideale verwandelte. Wo es galt, sich mit Österreich politisch auseinanderzusetzen, die schleswig-holsteinische Frage zu diskutieren, das neue Reich vorzubereiten oder später auszubauen, und vor allem die tausend Erwerbsfragen und Expansionswünsche, die in dem Wort Zollverein ein gelegenes Debattierobjekt fanden, in praktischen Erlebnissen durchzudenken, konnte nicht Verständnis sein für eine gewitterschwere Tragödienstimmung, für eine Kunst, deren einziges Ziel es war, „vom Zweck zu genesen". Was Feuerbachs Malerei unverständlich machte, war gerade das im künstlerischen Sinne Wertvollste darin: das Zeitlose ihrer Schönheit, das praktisch Beziehungslose ihres Ideals. Des beschaulichen Nazarenertums, das Feuerbach mit großen Lebensgefühlen auszuweiten unternahm, war die Zeit herzlich müde; der Idealismus, der ihr zusagte, mußte äußerlich repräsentieren und sinnfällig herausgeputzt sein wie der Makarts, oder er mußte sich greifbar naturalistisch geben und sich der profanen Fassungskraft anpassen. Zur Not ließ man noch die Abstraktionen der Corneliusschule gelten, weil diese sich wenigstens nirgends Anteil heischend ins Leben eindrängten und säuberlich vom Alltag getrennt werden konnten. Die unternehmungslustige und selbstgefällig erstarkende Bourgeoisie, die sich, mehr als jemals vorher, jetzt zum Kunsturteil berufen sah, kühlte an einem Aristokraten wie Feuerbach ihr demokratisches Mütchen. Die Gespräche und entrüsteten Ausrufe vor den Werken dieses Outsiders mögen denen geglichen haben, die kurz vorher in Paris vor den Bildern von Delacroix vernommen worden waren. Ein Geschlecht, das darauf bedacht war, wirtschaftlich emporzukommen, das den Ruhm eines Anton von Werner vorbereitete, einen Menzel verdarb, die Kasuistik Gutzkows zuließ, aber die hohen Forderungen Hebbels nur mit Spott honorierte, das die Birch-Pfeiffer zur Modegröße erhob und Grillparzer ums Daseinsrecht kämpfen ließ, für die Musik Meyerbeers schwärmte und Richard

Wagner die Bühnen sperrte, ein Geschlecht, dem das Menschentum Goethes zum akademischen Schemen wurde, das ganz lehrhaft war, sachlich, prüde aus Mangel an innerer Freiheit, gedankenlos durch Arbeitsüberhaufung, und das fortwährend im Chor sein „Zweck, Zweck, Zweck" ertönen ließ, war in der Tat das am wenigsten geeignete Publikum für die Kunst eines im Bannkreise des Klassizismus erzogenen Archäologensohnes, eines Schwärmers, dessen Programm schon in der Jugend mit den Worten formuliert wurde: „Edel, schön, großartig", und aus dem dieses Programm sogar im September des großen Jahres 1870 gewaltsam in den Worten hervorbrach: „Liebe Mutter, spreche mir nicht von Große der Zeit und von neuem Leben, nachdem ich seit zwanzig Jahren an diesem neuen Leben schaffe und schiebe, daß mir fast die Knochen brechen."

Zog sich in dieser Weise der politisch gefärbte Zeitgeist vor der Berührung mit Feuerbach zurück, so fühlte sich die Gesellschaft auch von seiner persönlichen Eigenart abgestoßen. Einem tiefen Mißtrauen begegnet ja jeder, der dem Publikum ein Reformator werden möchte. Aber hier kam noch eine Antipathie hinzu, die nicht in solchen prinzipiellen Gegensätzen begründet war. Und wieder vermag auch der Heutige, trotzdem die Sympathie a priori auf seiten Feuerbachs ist, die Schuld für dieses unglückselige Mißverhältnis, das dem Künstler das Leben noch mehr vergällte, nicht dem Publikum allein aufzubürden. Feuerbach hatte Züge in seinem Wesen, die den Umgang mit ihm fast unmöglich machten, und es prägen sich diese Züge so deutlich auch in seiner Malerei aus, daß das Publikum, das für dergleichen immer eine feine Spürfähigkeit hat, sich beleidigt fühlte, ohne doch selbst zu wissen wodurch. Der heute doch gewiß objektive Betrachter fühlt neben einer zuweilen hinreißenden Liebenswürdigkeit eine beleidigende, hohnvolle Kälte und einen fast hysterischen Dünkel neben der großen Selbstlosigkeit des ganz der Sache Hingegebenen. Die unsympathischen Charaktereigenschaften des Menschen zeigen sich immer da auch in seiner Kunst, wo das Können versagt hat. Darin liegt dann die psychologische Erklärung. Menschen mit eingeborenen starken Trieben, mit heftiger Sehnsucht, die mit ihrem Vermögen hinter den deutlich gefühlten Zielen zurückbleiben, werden leicht bösartig und zurückweisend aus innerer Verzweiflung. Der Hochmut, womit Feuerbach die Gesellschaft so arg zu verstimmen wußte und worüber die offene Kindlichkeit seines Wesens so ungerecht vergessen wurde, war im Grunde nichts als die Grimasse des Schmerzes über innere Unzulänglichkeiten. Auch darin ist dieser Demiurgos ganz tragisch gewesen, daß er mit dem großen Schatz im Herzen eigentlich nirgend Liebe und Hingebung zu wecken vermochte. Sein Kampf mit der Gesellschaft ist auch ein Kampf mit sich selbst, er war zu stark, sich unterzuordnen, und zu schwach, um lächelnd die Einsamkeit der Gletscher zu suchen.

Feuerbach hatte manches von den Künstlergestalten, wie die Romanschreiber sie früher so gern schilderten und deren „Romantik" dem spießbürgerlichen Leser ein mystisches Interesse einzuflößen pflegt. Ein strahlender Idealismus, eine männlich schöne, etwas zigeunerhafte Erscheinung, eine genialisch nachlässige Kleidung und das stolze Verkanntsein in einer italienischen Einsamkeit; die Geheimnisse erotischer Erlebnisse, Modellromantik, Armut, Verschwendungslust, Großherzigkeit, Verzweiflung und Selbstmordgedanken: das alles charakterisiert die Künstlererscheinung in den „Künstlerromanen"; und das alles war bis zu gewissen Graden auch bei Feuerbach zu finden. Heute, wo der berühmte Maler gesittet im Zylinder einhergeht und wie ein Gelehrter oder ein Kaufmann aussieht, wo er, anstatt hungernd seine Italienfahrt zu machen, im Schlafwagen nach Paris reist, wo seine Erscheinung nicht mehr mit Ateliergeheimnissen und Don Juan-Stimmungen umwoben ist, erscheint die Art Feuerbachs etwas theatralisch. Liest man, daß er einen schönen Tenor hatte, so ruft man unwillkürlich wohl natürlich, Heldentenor! Aber diese kritische Ironie artet doch nie aus, wird stets gezügelt vom tiefsten Respekt; neben solchen Empfindungen kommen einem dann auch Gedanken an die klassischen Profile wahrhaft großer Männer.

Dieser Zwiespalt aber von Größe und Schwäche, von Naturgewalt und Affektation war es, der das große Publikum, das nicht bewußt zergliedern kann, abstieß. Die derben Instinkte zuckten zurück vor dem soignierten Spätling einer alten Familienaristokratie, die nach einer Seite die Lebenskräfte verbraucht hatte, um sie nach der andren Seite systematisch zu steigern. Dieser Sohn eines feinsinnigen Freiburger Gelehrten, Enkel eines berühmten Kriminalisten, Neffe eines noch berühmteren Philosophen, dieser Abkömmling eines Geschlechtes, in dem unendliche geistige Regsamkeit, feurige Leidenschaft und intensive Seelenenergie die einzelnen Glieder immer wieder in Nervenkrisen stürzten und das dauernd mit Zügen des Pathologischen behaftet war, kann in seiner bleichen, schlanken Vornehmheit einem Fürstensproß verglichen werden. Die geistige Höhe, wo er geboren wurde, schied ihn von vornherein von vielen Dingen des Alltags, er fand sich schon als Knabe im Besitz einer Empfindungsweise, wie sie nur in der dünnen Luft der Gelehrtenaristokratien gedeiht. Ihm war ein fast krankhaftes Reinlichkeitsgefühl eigen, eine absolute Unfähigkeit, das Gemeine zu dulden. Daraus folgte dann die Verständnislosigkeit für alle Kräfte und Gewalten, die im Gemeinen wurzeln und von dort dem Edlen immer aufs neue Säfte des Lebens zuführen. In seiner Natur war das Jähe, Impulsive, das Mißtrauische und Eigensinnige, das Hingebende, Bewegte und Kalte, wie es Menschen mit krankem Herzen im schnellen Wechsel zeigen; er hatte vom siechen Vater die überreizten Nerven geerbt, und so bildete sich aus vielen Einflüssen das cholerisch-melancholische Temperament aus, das die Freunde vertrieb, das Publikum mißtrauisch machte, die Gönner beleidigte und dem Künstler bald keinen Freund ließ als die Stiefmutter.

Alle diese Gründe, die sachlichen und persönlichen, entschuldigen nicht das Verbrechen, das die Zeitgenossen diesem hochgearteten Talent gegenüber begangen haben; aber sie erklären es und mildern das Urteil, das sich immer gern vollständig auf seiten des Künstlers stellen möchte, ohne zu bedenken, daß sich die

ANSELM FEUERBACH: MEDEA

Gegenwart in diesem selben Augenblick vielleicht ebenso schuldig macht einem noch Lebenden gegenüber, ohne es zu ahnen.

Feuerbachs Prophezeiung: „Nach fünfzig Jahren werden meine Bilder Zungen bekommen und sagen, was ich war und was ich wollte" beginnt sich zu erfüllen. Das allgemeine Urteil wandelt sich zu seinen Gunsten in ähnlicher Weise, wie es Hebbels Werken gegenüber — von diesem Dichter ebenfalls vorausgesagt — geschehen ist. Und die Schätzung befestigt sich um so mehr, je besser der Platz dieser Malerei innerhalb der allgemeinen deutschen Kunstentwicklung erkannt wird. Daß das Ideal dieses Einsamen nicht allein subjektiver Willkür entsprungen ist, beweist die Verbindung nach rückwärts mit dem Ikarus Carstens und mit jener Bewegung in der deutschen Malerei, die ein erweitertes Nazarenertum genannt werden kann, und nach vorwärts mit der Kunstidee unserer Tage, die durch Namen wie Marées, Böcklin, Klinger, Ludwig von Hofmann, Burne Jones oder Puvis de Chavannes bezeichnet wird. Die Bedeutung Feuerbachs besteht darin, daß ihm zum Teil wenigstens die endliche Verschmelzung zweier bildender Instinkte gelungen ist, die jahrzehntelang nebeneinander, sogar in denselben Persönlichkeiten nebeneinander, geherrscht haben. Den Dualismus erkennt man deutlich in den Werken der Nazarener. In der Malerei dieser ganzen Künstlergeneration ist die Stilidee von der Wirklichkeitsanschauung immer mehr oder weniger getrennt worden. Darum konnten diese romantischen Dualisten weder als Idealisten noch als Realisten zu bleibenden Werten gelangen, denn wo immer ein solcher Gegensatz von Idee und Wirklichkeit gebildet wird, kann von jener Einheit des Objektiven und Subjektiven, worin das Wesen des Meisterwerkes besteht, keine Rede mehr sein. Der Idealismus der über ganz Deutschland verbreiteten Nazarenerkreise bestand in einer, wenn auch sehr edlen und oft äußerst feinsinnigen, so doch blassen spiritualistischen, abstraktionslüsternen Konvertitenromantik, in der Hingabe an vage Instinkte und verwickelte Gedankenkonstruktionen, er gründete seine Werte nicht auf lebendigen Traditionen, sondern auf einem durch literarische Pionierarbeit entschlossenen italienischen Konventionalismus. Das gräzisierte Raffaeliten- oder Praraffaelitentum weist letzten Endes auf Goethes Italienreise zurück, auf die Wahlverwandtschaft dieses nach Begrenzungsmaterial suchenden Genies mit dem heiter-harmonischen Renaissancegeist Wo Goethe aber als Dichter großen Temperaments und freien Geistes selbstgewählte Formen bis zum Bersten mit Leben füllte, da wuchs den schwächeren Epigonen, die sich vor der eisigen Notwendigkeitsidee der Goetheschen Weltanschauung bange in die weitgeoffneten Arme des Katholizismus oder des protestantischen Puritanismus flüchteten und die als Maler in einer weitaus unfreieren Lage waren, die gewählte Form über den Kopf und artete in starren Formalismus aus Wenn Goethe, von festen Stillinien ausgehend, seine „Iphigenie" von Vers zu Vers mehr mit dem Blute des wärmsten Gefühls belebte und damit unmerklich auch die konventionellen Stilformen umbildete, erweiterte und erneuerte, so blieben die anämischen Religionsgrübler und Schicksalsdeuter mit ihren kindlichen Bibelstoffen und Symbolen hinter dem in der übernommenen Form latent schon erhaltenen Gehalt zurück und fanden sich als Knechte an einer Stelle, wo der rechte Künstler nur Herrscher sein kann. Das macht die Heiligenbilder der Overbeck und Carolsfeld zu einem unlebendigen Besitz für unsere Kunstgeschichte, das ließ die genialisch freieren Versuche Runges erstarren, umschloß das innige Talent eines Friedrich mit biedermeierlicher Enge, verdammte die Gedankenkunst Cornelius' zur unfruchtbaren Langeweile und läßt fast mit Gleichgültigkeit an die zahllosen Arbeiten der unbedeutenderen Akademiker jener Zeit denken. Was allein Schwinds Kunst aus diesem Formalismus vorteilhaft heraushebt, ist seine glückliche Stoffwahl und sein liebenswürdig wahres Menschentum, das sich darin ausleben konnte.

Dieselbe Erscheinung, nur von der anderen Seite aus gesehen, bietet die Wirklichkeitskunst dieser Maler. Das ist ihre Portratkunst. Vor dem Modell, wo der idealistische Begriff zurücktreten muß, entfalteten dieselben Künstler, die in den Heiligenbildern Starrheit für Stil hielten, alle Tugenden der Genauigkeit, Innigkeit und Sachlichkeit. Aber fast niemals erhob sich auch die feine Porträtkultur der Veit, von Heuß, Overbeck usw. über eine gewisse Kleinbürgerlichkeit, weil dieselbe Begrenztheit, die bei den Idealschilderungen zum Formalismus führte, in der Wirklichkeitskunst die Größe der Anschauung verhinderte. Die Einheit von Leben und Stil endlich wiederherzustellen, ohne doch von ganz neuen Voraussetzungen auszugehen: das war Feuerbachs Künstlermission; und daß sie in wesentlichen Punkten gelungen ist, gibt diesem Künstler seine Bedeutung. Kraft seiner persönlichen Genialität hat er in einigen Hauptwerken erreicht, was Goethe tat, als er seine „Iphigenie" schuf: er konnte vom Formbegriff ausgehen und doch zum lebendigen Formgefühl, zum Stil gewordenen Leben gelangen. Sein Entwickelungsgang ist das stetige Suchen eines Ausgleichs von eingeborenen Stilbedürfnissen und Wirklichkeitsanschauungen. In frühen Jahren schon durchschaute er, weil ihm das Erhöhen mittels der Vorstellungskraft eine so natürliche Arbeit war wie das Atmen, die Hohlheit der intellektuell konstruierten akademischen Idealisierungen, zum Beispiel Wilhelm von Schadows, seines ersten Lehrers in Düsseldorf. In den Worten: „Ich habe nie gedacht, daß man Kompositionen *machen* kann" liegt schon das Bewußtsein, daß Stil nur Wert hat, wenn er der inneren Natur notwendig entquillt. Und als er ein paar Jahre später aus Antwerpen schrieb: „Ich muß ehrlich gestehen, daß mich die Natur in dieser Modellstudie zum erstenmal im Innersten ergriffen hat", war es dieselbe Einsicht, von der anderen Seite aus gesehen. Aus diesem Doppeltrieb ist dem Maler später die Erkenntnis des ihm Notwendigen geworden: „Nachdem ich die Macht der natürlichen Erscheinung erkannt hatte, war ich mir auch sofort bewußt, daß ich mehr als andere zu studieren habe, um der Natur gegenüber den heiligen Respekt zu bewahren und mich zugleich a forza del lavoro zur Gedankenfreiheit aufzuschwingen." Welcher Art seine Gedanken waren, geht aus seinen frühen Plänen schon hervor.

Er trug sich immer mit den größten Kompositionen und nahm sie doch nicht vorwitzig in Angriff, weil er fuhlte, welche Summe von Wirklichkeitsstudium nötig war, um sie so darzustellen, wie er sie sich vorzustellen vermochte. Er seufzt: „Es ist doch ein großer Schritt vom Denken und Vorstellen bis zum Machen mit den Handen." Wenn die Bildnerlust ihn doch übermannte, vernichtete er oft das ihm unzulänglich Scheinende, eine Prozedur, die heute fast nur noch in Romanen vorgenommen wird, die aber den kleistischen Romantikernaturen mit ihrem „Alles oder Nichts" recht geläufig war. Die Reise nach Paris war in diesem Stadium seiner Entwickelung das Einsichtigste, was Feuerbach beschließen konnte. Es lag in diesem Entschluß, wofur es damals wenig Präzedenzfalle gab, schon eine Art von Genialitat, eine richtige moderne Witterung. Denn in Paris ist derselbe Entwickelungskampf, den dieser Deutsche fur sich allein und gegen alle bestehen mußte, von einem ganzen Kunstlergeschlecht geführt worden. Bei Couture traf er als Mitschuler Manet und Puvis, zwei Talente, deren Werke heute zwei Pole moderner Malerei bezeichnen. Er lernte Bilder von Delacroix kennen — und kopierte sie sogar —, der mit dem leidenschaftlichen Elan des Galliers schon vollbracht hatte, was Feuerbach, viel mehr atavistisch eingeengt, erstrebte Auch von Ingres hat er zweifellos Arbeiten gesehen; er sprach schon bewundernd von Courbet, und vielleicht ist er auch dem Franzosen nahe gekommen, dem er am meisten gleicht: dem Ingres-Schuler Chassériau. In Paris lernte er die großzügige breite Malweise, die in Deutschland damals nirgend zu finden war. Das will nicht allein sagen· großzügige Technik, sondern auch· großzugige Wirklichkeitsanschauung. In den Aktstudien, die er bei Couture malte und wovon er einen Extrakt in seinem Hafisbild niedergelegt hat, waren latent schon viele der Stilempfindungen, die später bewußt zum Ausdruck gekommen sind. In diesen Jahren lernte er es, die großen Linien, die breiten Flächen, die Kompositionsgesetze, die seinem Sinn für Monumentalität vorschwebten, im Lebendigen aufzufinden. Und dieses Gegengewicht war der dem

Gelehrtensohn eingeimpften Symbolisierungslust durchaus notwendig. Welch reife Resultate aus dem Ineinanderwirken innerer Vorstellungskraft und äußeren Anschauungsvermögens hervorgingen, läßt neben dem für ein Alter von zweiundzwanzig Jahren erstaunlichen Bild „Hafis in der Schenke" die Reproduktion der „Versuchung des heiligen Antonius" ahnen, eines Bildes, das vom Maler in blinder Wut zerstört wurde, weil das Publikum sich prude davor entsetzt hatte und von dem er selbst wahrscheinlich mit vollem Recht schreibt: „Wäre sie vor einer französischen Jury gestanden, so würde ich am nächsten Tage ein berühmter Mann gewesen sein und mein Schicksal gemacht."

Es ist nutzlos, darüber zu sinnen, wie Feuerbach sich entwickelt hätte, wenn er länger in Paris geblieben wäre. Der Vater starb, die Mittel versiegten, der junge Künstler mußte zurück nach Deutschland und durfte froh sein, als ein Auftrag des Großherzogs für eine Kopie nach Tizian ihn aus dem verhaßt gewordenen Karlsruhe nach Venedig führte. Als er Italien betrat, entschied sich sein Schicksal, denn er hat es innerlich nie wieder verlassen. Er ist einer der vielen römischen Künstler deutscher Nation geworden, die in der Geschichte des neunzehnten Jahrhunderts eine so wichtige Rolle spielen. Aber er erscheint nicht als ein Opfer Italiens, sondern als sein Schüler; er ist nicht willenlos und unselbständig geworden inmitten der reichen Anschauungswelt, sondern stark und selbstbewußt, hat sich selbst gefunden, wo die Gefahr so nahe lag, sich selbst zu verlieren. Ihm bedeutete Italien etwa, was Delacroix und Chasseriau der Orient war, Meister wie Raffael, Tizian und Veronese wurden im gewissen Sinne für ihn, was Velazquez und Goya für Manet und Courbet wurden, wenn er auch so entscheidende neue Werte wie diese nicht aus seinen Vorbildern zu ziehen vermochte. Wo er den Eindrücken eines fertigen Kunststils doch zum Opfer fiel, geschah es nicht eigentlich durch die stete Gegenwart der alten Kunst. Auch in Deutschland und Frankreich wäre er in denselben Punkten unzulänglich geblieben. Denn seine Begabung war nichts weniger als unerschöpflich, ihm quoll die Gestaltungskraft nicht wie einem Rubens, einem Delacroix überreich aus den Fingern. Jedes Ergebnis mußte er sich vielmehr in langen Studien, in immer neuer Überlegung und innerer Durcharbeitung schwer erwerben. Was ihm wie von selbst in die Hand, in den Pinsel kam, war oft recht wertlos. Der Kern seiner Kraft war eine an den größten Beispielen und zu den höchsten Ansprüchen erzogene Vorstellungskraft, die so lange an den hundert Brüsten der Wirklichkeit hing, bis ihr abstraktes Leben sich allgemach in konkretes Sein verwandelte. Italien wurde darum nicht eigentlich wichtig für den Maler in Feuerbach, dieser suchte dort vielmehr die alte Kultur, die großartige Stilhaltung edler Meisterwerke, um seine von einem lebensvollen Milieu nicht gespeiste Vorstellungskraft auf dem Niveau zu halten, das die Sehnsucht ihm bezeichnete. Er ist freilich in Rom auch Eklektiker geworden; aber er konnte auch wieder in diesem Eklektizismus erst ganz originell werden. Michelangelo hat ihn zeitweise überwältigt, und er hat Raffaels Formensprache oft nichts entgegenzusetzen gehabt; aber wenn er dem großen Beispiel unterlag, geschah es immer auf den toten Punkten seiner Kunst, da, wo eine Lücke in der Vorstellung war, wo die ursprüngliche Empfindung nicht den ganzen Bildraum gleichmäßig zu durchdringen vermochte. Es sind solche Punkte konventionalistischer Mache neben dem Unmittelbarsten in der „Amazonenschlacht", in den beiden „Gastmahlen", im „Parisurteil". In anderen Punkten aber, und das sind die wesentlichen, ist in der Berührung mit den großen Vorbildern erst das Eigenste lebendig geworden. In der entscheidenden Stunde hat er es nie so gemacht wie die Renaissancemeister, sondern so, wie diese es gemacht hätten, wenn sie in seiner Lage gewesen wären. Er hat dann nicht das Resultat von ihnen gelernt, sondern die Gefühlsweise. Das hat er selbst bestätigt, indem er sagte, was der ihm in manchem Zug ähnliche Friedrich Hebbel vom Dramatiker wollte, als er forderte, dieser solle sich eher der Gestalten als der Ideen bewußt werden. Feuerbach hat geschrieben: „Alle meine Werke sind aus der Verschmelzung irgendeiner

ANSELM FEUERBACH: VIRGINIA (NANNA)

seelischen Veranlassung mit einer zufälligen Anschauung entstanden. Das Ausgabebedürfnis war so stark, daß immer zuerst die Gestalten da waren, ehe ich den richtigen Namen für sie fand."

Dieses Erstarken, diese Naturalisation seiner Stilidee in so gefährlicher Umgebung beweist am besten die Eigenart des Feuerbachschen Talentes. Immer wieder erwähnt er in seinen Briefen, daß ihm in Rom vor allem das „Absolute" des Lebens aufgegangen sei. „Es ist eine alte Erfahrung, daß der Deutsche in Rom sich aller Romantik entkleiden muß", schrieb er; und ein andermal: „Das deutsch-romantische Gemüt steht hier der vollkommen positiven Erscheinung gegenüber, über welche die Phrase keine Macht hat." Was der Laie unter Ideal versteht, das war für Feuerbach immer das ganz Positive, das Notwendige, das gesetzlich Ruhende in der Erscheinungen Flucht, und in Rom suchte und fand er die Formel für diese Anschauungsweise. Italien gab ihm die Luft, worin seine Vorstellungen atmen konnten. Und weil ihm die stilistische Erhöhung so natürlich war, daß sie das Medium wurde, wodurch er alle Dinge sah, gelang ihm zuerst dieser organische und darum etwas Bleibendes schaffende Zusammenklang von Wirklichkeit und Idee. Einige seiner Nannabilder und vor allem das Medeawerk erscheinen wie Kreuzungsprodukte der antiken Kunst mit der modernen französischen Malerei; es ist etwas wirklich Goethisches darin. Die Diagnose, die Feuerbach seiner Entwicklung selbst gestellt hat. „Was ich geworden, habe ich zunächst den modernen Franzosen von Achtundvierzig, dem alten und jungen Italien und mir selbst zu verdanken", und ein andermal: „Paris ist der Wendepunkt meines Künstlerlebens, das Fundament meiner künstlerischen Bildung geworden" — ist richtig. Sein Talent wuchs auf der schmalen Wasserscheide zweier Welten, getränkt zugleich von Quellen, die weit auseinander zu verschiedenen Weltmeeren hinabströmen. Seine Kunst schwebt zwischen zwei Prinzipien, wie ein Körper zwischen der Anziehungskraft zweier gleichstarker Magnete; sie wird von uralten Konventionen gehalten und löst sich zugleich davon.

Puvis konnte sich, nicht zuletzt, weil ihm die reifen Traditionen der Franzosen halfen, zur angewandten Monumentalmalerei durchringen, Feuerbach blieb bei starkerer Veranlagung ein Museumskünstler. Seine ganze Studienarbeit hat sich immer auf wenige Bildgedanken bezogen und sich um die Hauptwerke gruppiert, deren jedes eine Etappe seiner Entwicklung bezeichnet. Darum können auch seine Arbeiten kleineren Formats als gute Zimmerbilder nicht bezeichnet werden. Es fehlt ihnen dazu die Intimität und das in sich Abgeschlossene, sie muten an wie die Gedankensplitter einer Absicht, die nur weite Räume kennt. Die großen Hauptbilder aber geben bei aller dekorativen Monumentalität doch nicht eigentlich mural disponierte Monumentalmalerei. Nicht weil sie auf Leinewand gemalt sind oder weil dem Künstler zufällig keine Mauern zur Verfügung gestellt wurden. Feuerbach wäre vielleicht in Verlegenheit gekommen, wenn er sich plötzlich vor Aufgaben gesehen hätte, große Wandflächen stilmäßig zu schmücken. Wahrscheinlich hätte er zum banal Dekorativen greifen müssen, wie er es ja auch oft genug getan hat. Wie meisterhaft seine Hauptwerke, die „Medea", die „Amazonenschlacht", der „Dante", die „Gastmähler", auch auf monumentale Fernwirkung komponiert sind, so sehr fehlte es Feuerbach doch an der reichen Fülle der Gestaltungsmöglichkeit, an der Sicherheit, wie sie nur die Tradition gibt, kurz, an den Eigenschaften, die dem Freskenmaler durchaus notwendig sind. Die Wand ist nicht der Platz zum Probieren. Ein suchender, schwer produzierender, der langen Vorbereitung bedürftiger Geist muß der Wandmalerei fernbleiben, weil diese an Routine und Erfahrung, an ein sicheres Geübtsein und entschlossenes Können hohe Ansprüche stellt. Natürlich ist es sehr wohl möglich, Feuerbachs große Bilder, wie sie nun geworden sind, architektonisch großen Repräsentationsräumen einzubauen, aber ihre besondere Schönheit konnte nur reif werden, weil der Maler bei der Entstehung an keinen spezifischen Zweck zu denken und nur die rein zwecklose Wirkung, die ihm vorschwebte, vor Augen haben durfte. Nie hatte er sich zum Diener einer Architektur gemacht; seine Bilder sind das Primäre und fordern, daß der Architekt sich nach ihnen richte. Die Deckenbilder, die er später in Wien ausgeführt hat und die mit Ausnahme einzelner Partien von allen seinen großen Arbeiten am wertlosesten, weil am meisten akademisch sind, beweisen, wie sehr er aufs Atelier, auf die Versenkung und Einsamkeit angewiesen war, wie ihm nur aus einer jahrelangen Vorstellungsarbeit das Bedeutende hervorgehen konnte

Darum haben seine Bilder Museumswirkung. Das heißt: sie wollen mehr sein als Mauerschmuck, wollen eine exzeptionelle Festtagsfreude erwecken und setzen eine Art von Stempelstimmung voraus, die nicht frei ist von Zügen einer edlen Theatralik; sie sind representativ bis zum szenischen Pathos und lassen an jene Bühnenvorführungen in feierlichen Festspielhäusern denken, die dem Alltag entrückt werden sollen. Auch das trägt zur Popularität nicht bei. Eine gewisse Starrheit und Leblosigkeit liegt über den Heroinengestalten dieser Bilder; es sprechen nur die Körper und Gewänder eine edle, gemessene Sprache. Die Lebenswahrheit dieser Monumentalität ist rhythmisiert, die Leidenschaft ist im goldenen Käfig der Würde gebändigt, und die hohen Gestalten mit den großen Gebärden schreiten im feierlichen Andante maestoso durch eine machtvoll imaginierte Heroenwelt. Aber doch ist solche Feierlichkeit nicht äußerliche Pathetik, sie ist vielmehr in den entscheidenden Fällen aus dem Leben, aus den Erscheinungen gewonnen. Man erkennt das persönliche Erlebnis des Auges in den steilen Silhouetten „Dantes" und der edlen Frauen, in der Alkibiadesgruppe des „Gastmahls" (von der Feuerbach höchst bezeichnend selbst berichtet, daß sie das unmittelbar Angeschaute, das entscheidend Primäre des Bildgedankens gewesen sei), in den Schifferknechten des Medeabildes, in den Linien des Vorgebirges und des fliehenden Rosses auf der „Amazonenschlacht"; man nimmt das ursprüngliche Gefühl ebenso deutlich wahr in den kleinen Landschaften aus der Campagna, in der Mädchengruppe am Wasser oder in den höchst bedeutenden Nannabildnissen. Der

Stilgedanke wächst aus der Wahrnehmung heraus oder empfängt von ihr doch entscheidende Prägung; aber nur solche Wahrnehmungen dringen siegend ins Bewußtsein, die Empfindungen des pathetisch Bedeutenden erwecken können. Feuerbach sagte selbst: „Im Positiven die Poesie festzuhalten, scheint mir die Aufgabe des Künstlers zu sein." Und weiterhin: „Eine schablonenhafte Handschrift, Schönschreiberei sich anzugewöhnen, mit der man alles schreibt und nichts sagt, war mir von früh an ein Greuel; die Schreibseligkeit in der Kunst habe ich nur in der ersten Jugend getrieben." Seine Entwickelung war ein steter Kampf gegen diese nichtssagende Schönheit; ein um so schwererer Kampf, als er auf das naturalistisch Charakteristische, auf die eindringliche Sprache des Grotesken verzichtete. Denn wo ist heute in unserer sozialen Umwelt eine monumentale Schönheit, wenn nicht eng verbunden mit dem Grotesken! Dieselbe Überhöhung des Erlebnisses, die er formal vornahm, suchte er auch inhaltlich herbeizuführen. Wo die Nazarener ihren Idealdrang mit Bibellegenden gespeist und sich in christlicher Enge wohlgefühlt hatten, da brachte Feuerbach seine Eindrücke dichterisch-philosophisch auf Maße, die zu den antiken Sagenstoffen passen. Es leuchtet ein, wie stark solches Wollen wirken muß, wenn ihm das Gelingen gesellt ist; doch auch, wie leicht es mißlingen kann und wie dann an Stelle des leidenschaftlichen Seins der leblose Schein tritt. In Feuerbachs Monumentalität steht darum das Mächtige hart neben dem Banalen, das modern Lebendige neben dem Akademischen. Vor der „Amazonenschlacht" denkt man zugleich an Rubens und an Preller, vor den Iphigenien- und Medeagestalten zugleich an Raffael und Thumann, vor der „Pietà" an die Frühitaliener und an Gabriel Max.

Die Plastik der Feuerbachschen Figuren ist bewußt, also wiederum szenisch. Es ist nicht die anonyme, unwillkürliche malerische Plastik, die aus den Zeichnungen Rodins zum Beispiel so eindrucksvoll spricht, sondern die skulpturale, gräzisierende Plastik mit wohlgeordnetem Gewand. Jacobsen hat einmal in einer

ANSELM FEUERBACH: IN DEN BERGEN VON CASTELL TOBLINO

Novelle beschrieben, wie eine schöne Frau, auf eine Bronzevase gelehnt, sich der Schönheit ihrer plastischen Stellung bewußt wird und welch stolze Freude sie dabei empfindet, in dieser Art fühlen auch die Medeen und Iphigenien Feuerbachs ihre plastische Schönheit. Wo der Wurf an der Hand dieses gefährlichen Prinzips gelang, entstand das edel Große; wo es mißlang, war etwas Phrasenhaftes die Folge. Im höchsten Maße geglückt ist es in der Medeagruppe des Münchener Bildes, die einzig ist in der ganzen deutschen Kunst und die Feuerbachs Ruhm erhalten wird bis in ferne Zeiten. Vor dieser überhöhten Heroinengestalt mit dem schlank sich schmiegenden Knaben und dem herrlich majestätischen Gewand denkt man nicht mehr an Klara Ziegler; das edelste Griechentum ist zum Leben erweckt. Man darf vor diesem Werk sehr große Namen nennen. An Fitgers schlimmen Makartismus lassen dann wieder Bilder, wie die „Venus" der Wiener Akademie, wie manche der Kinderfriese, denken. Die Arbeitsweise Feuerbachs ließ eben nicht im kleinsten Punkte das System zu; wenn die lebendigste Empfindung nur ein wenig nachließ, mußte der Absturz von der unserer Zeit so unnatürlichen Höhe notwendig erfolgen.

Das plastisch Lineare in der Empfindungsweise Feuerbachs zeigt sich auch darin, daß es skulptural an der Einzelfigur haftet und sich nicht zu einem malerischen Gefühl des Raumes erweitert. Die Poesie des Räumlichen kennt der Künstler nur in geringem Maße. Das Flächenhafte begreift er zwar mit einer Kunst, die hier und dort an die großen Meister denken läßt, die Komposition der Massen ist im ornamentalen Nebeneinander zuweilen von vollkommener Harmonie, die Tiefenvorstellungen aber gelangten in der Regel über das Schematische nicht hinaus. Dadurch kommt in die Bilder etwas stark Gobelinhaftes, trotz der Plastik im einzelnen. Diese Teppichwirkung ist aber nicht Absicht. Kein Maler, der nicht dem Zwang eines angewandten Freskostils unterworfen ist, verzichtet freiwillig auf die malerische Gewalt der Tiefenwirkungen, wenn er das beherrscht, was man die Poesie der Perspektive nennen konnte. Denn viele für den Bildgenuß grundlegende Wirkungen hängen mit diesen Raumgefühlen zusammen. Vor Feuerbachs Bildern beschäftigt die Flächenkomposition das Auge freilich so stark, daß der Mangel in der Tiefenvorstellung nicht gleich empfunden wird. Der Blick ist genügend in Anspruch genommen durch den Reichtum der Flächenkunst, und die Größe der Konzeption erweckt sogar den Anschein, als wäre das, was man endlich doch peinlich vermißt, bewußt höheren Zwecken aufgeopfert worden. Daß es so scheinen kann, wenn es auch nicht so ist, kommt daher, weil mit sicherem Gefühl ein Problem gelöst ist, das gerade die Maler von der Denkweise Feuerbachs in unserer Zeit immer wieder verwirrt: das Problem vom Verhältnis der menschlichen Gestalt zur Landschaft. Dieser Zögling der Franzosen und der Renaissance hat eingesehen, daß nur eines entscheidend dominieren kann: die Landschaft muß entweder die menschliche Gestalt durch die Stimmungskraft des Ganzen aufsaugen, oder sie darf nur Folie für die den Bildraum beherrschende Gestalt sein. Das wußten nicht nur die alten Meister, sondern auch Maler wie Chassériau, Delacroix und Millet. Was die Wirkung der Radierung von Klinger „An die Schönheit" — um mit einem typischen und bekannten Beispiel zu exemplifizieren — beeinträchtigt, ist ebendieses Mißverhältnis von Landschaft und Mensch. Klinger hat zu viel geben wollen und sein Blatt damit um die beste Wirkung gebracht. Er durfte entweder nur die Landschaft zeigen, deren Großartigkeit den nackten Mann in die Knie zwingt, mußte also an Stelle dieses Menschen gewissermaßen den Betrachter setzen, oder er durfte nur den Mann allein zeigen und die Wirkung, die ein starkes seelisches Erlebnis auf ihn ausübt. Der Radierer ist hier aber in den alten Fehler der Gedankenkünstler verfallen: er hat zwei Seiten einer Sache zugleich geben wollen. Dieses prinzipielle Mißverhältnis, das ebenso wie bei Klinger auch bei Böcklin, Thoma und vielen anderen modernen Malern zu finden ist, hat Feuerbach vermieden. Bei ihm dominiert durchweg der Mensch, die Landschaft ist nur Folie. Seine Iphigenien, Okeaniden oder römischen Mädchen füllen immer mit bestimmenden Linien den ganzen Raum, sie würden nicht viel weniger bedeuten ohne jeden landschaftlichen Hintergrund. Das Thema Feuerbachs ist der Mensch. Dessen Umrisse, Gebärden und Stellungen geben dieser gobelinhaften Monumentalkunst, die doch ganz auf den Rahmen angewiesen ist, den Charakter.

Dadurch sind schon die Grenzen angedeutet, in denen allein der Schüler der Franzosen sich betätigen konnte. Der Kompositionskünstler und Kartonzeichner räumte dem Maler nur beschränkten Platz ein. Zwei Prinzipien suchen in Feuerbachs Kunst einen Ausgleich und finden ihn in einer Weise, die etwa in dem Sinne künstlich ist, wie es die Schöpfung des Deutschen Reiches politisch betrachtet ist. Was oft ganz einheitlich erscheint und es letzten Endes durch das Medium der Künstlerpersönlichkeit auch ist, setzt sich aus zwei Prinzipien zusammen. Sehr deutlich ist dieses Nebeneinander des malerischen und zeichnerischen Stils in dem Münchener Medeabild sichtbar. Darin sind zwei Bilder zu einem geworden. Daß die Wirkung auf den Betrachter trotzdem so ist, als sähe er einen Organismus, beweist die persönliche Kraft Feuerbachs vielleicht mehr als alles andere. Während die Medeagruppe auf der linken Seite in sich skulptural abgeschlossen dasteht, ist die Gruppe der Bootsknechte für sich wieder ein rein malerisches Anschauungsergebnis. Das wird bekräftigt durch die Entstehungsweise des Bildes. Landschaft und Bootsknechte sind auf allen Skizzen gleichartig behandelt, sie waren das Primäre, das Angeschaute; die Medeagruppe ist später nach vielen Versuchen hinzukomponiert als die Trägerin des „Gedankens". Diesem Dualismus gegenüber hat man es nicht nur mit zwei Arten des technischen Vortrags zu tun, sondern mit den beiden Elementen der Feuerbachschen Kunst überhaupt. Verfolgt man die Psychologie seiner Skulpturalidee, so trifft man schließlich auf die Weltanschauung, die unserm Geschlecht als mächtigster Atavismus im Blute liegt und die nie ganz wird überwunden werden können; und untersucht man Feuerbachs Drang zur flächigen Malerei, so begegnet man dem Instinkt, der geradenwegs in das moderne, in das von diesem Atavismus abgewandte Lebensgefuhl fuhrt. Bei Feuerbach waren beide Kräfte gleich stark entwickelt, und mit beiden vermochte er zuweilen das Meisterhafte hervorzubringen, wie eben' das Medeabild ohne Einschränkung beweist. In den kleineren Bildern findet sich oft nur eines dieser beiden Prinzipien angewandt, und es ist charakteristisch, daß das malerisch Impressionistische in den Studien seinen Wert dann behalt, während das zeichnerisch dekorative Element isoliert leicht banal wird, trotzdem Feuerbach hierauf den Hauptwert legte. Wie man in der „Iphigenie" Goethes, dem „Wallenstein" Schillers oder der „Mariamne" Hebbels von einem Naturalismus innerhalb der Versarchitektur sprechen kann, so darf man Feuerbachs Malerei, wo sie sich am reifsten entfaltet, einen Impressionismus zwischen den Kartonlinien nennen; wie Leibl die Courbetwerte seiner Malerei oft mit Holbeinschen Linien präzise zeichnend umgrenzte, so umschrieb Feuerbach das breite, wirklichkeitsfrohe Spiel des Pinsels mit den stolzen Arabesken raffaelitischer Monumentalität. So kommt es, daß einige Bildnisse der Nanna, die nach gewisser Richtung einen Höhepunkt bedeuten, zugleich an Bilder wie das Porträt der Freifrau von Bernus von Veit und an die „Olympia" Manets denken lassen.

Gabe es eine erprobte Farbenpsychologie, so konnte man Feuerbachs Gemutsart auch von seiner besonderen Koloristik ablesen. Er bevorzugte schwere graue, braungraue und vor allem violette Tone, denen er gern Weiß und Schwarz gesellt, in den Landschaften kehrt dann noch ein kaltes, fahles Grün immer wieder. Über allen Bildern liegt eine seltsam rauchige, staubige Kalte des Tons, eine starre Pracht, die frosteln macht. Es lebt in dieser sicher und mit großem Sinn gebildeten Skala, in dieser stilkraftigen Vereinfachung etwas wie eine dunkle Orgelharmonie, aber man spurt zugleich die Dekadenz darin. Das Kolorit droht mit gewitterhafter Düsterkeit, schreckt mit seinem kalten Reichtum und geht in Königsgewändern einher, die imponierend dem Betrachter eine

Distanz anweisen. Das warme Leben scheint in einer unnatürlichen Ewigkeitstemperatur gefroren. Wenn man durch die Bilderwelt geht, erwacht eine fremdartige Empfindung, wie der Neuling sie vor alter Kunst erlebt. Es ist die Farbe eines Spätlings, der ganze Mensch ist sozusagen auf Violett und Grau gestimmt, auf die äußersten Farben des Spektrums. Müde, schwere Melancholie liegt in Feuerbachs Farben, die in großen Flachen zwischen stolzen Linien stehen und von belebenden Lichtstrahlen kaum differenziert werden. Und doch sind die Tonverhältnisse so musikalisch richtig, die Kontraste so charaktervoll, daß sich die Wirkungen wie Erlebnisse einprägen. Die Naturfarbe ist streng stilisiert und in das System einer prachtigen Ornamentalität gebracht; dieses System ermöglicht große monumentale Wirkungen, aber es setzt ebenso wie die lineare Stilidee jedesmal den ganzen Menschen voraus Wo die Farbe darum nicht ursprünglich als Erlebnis empfunden ist, wie zum Beispiel in vielen der Kinderbilder, wird sie gleich zur leeren Dekorationsphrase. Auch als Kolorist ist Feuerbach entweder stark oder gleich schwach.

Dieses Schwanken zwischen Höhen und Tiefen ist überall das wesentliche Merkmal der Feuerbachschen Kunst. Einmal wuchs seiner Anschauungskraft die Nanna — das Modell und die Geliebte, die herrliche Erscheinung einer habgierigen römischen Schustersfrau, die den Mittellosen kalt verließ — zur sibyllischen Große empor, zur dustern Erhabenheit einer Medea, zur herben Gewalt einer Melpomene, und zuweilen blieb sie im Bild des Malers das Modell und die römische Kleinburgerin. Dieses romanhafte Nannaverhältnis ist im übrigen sehr charakteristisch für Feuerbach. Er war einer der heute aussterbenden Maler, die auf ein schönes Modell angewiesen sind. Wenn es ihm gelang zu finden, was er brauchte, edle Rassegestalten und Adelsköpfe wie die Lucia Brunacci oder wie eben die königliche Nanna, war er genial genug, über das schön Lineare und Plastische hinaus das allgemein Menschliche darin mit großem Sinn zu erfassen Er hat in seinen Nannaporträts neben der Griechin das edle Tier zu geben vermocht und hat dann wieder seine ganze in aristokratischen Formen schwelgende Zärtlichkeit aufgewandt, um die schönen Hände der Geliebten, die müßig wie „nackte Odalisken" auf dem schwarzen, violett schimmernden Gewand ruhen, mit hoher Meisterschaft zu malen. Feuerbachs Porträts reißen den Modernen vielleicht zur spontansten Bewunderung hin. Aus den Selbstporträts der letzten Jahre spricht nicht nur der ganze Mensch in all seiner Determiniertheit, Größe, Leidenschaft und Sehnsucht, aus diesen im seltsamen Kontrast zum dunkeln Haar trauervoll klarblickenden blauen Augen schaut nicht nur das kranke Wollen ergreifend auf den Betrachter hinab: zugleich geben diese Porträts — vor allem auch das Bildnis der Stiefmutter aus dem Jahre 1877 — eine reife, kultivierte, ganz sichere und erschöpfende Malerei, die den Schüler der Franzosen in einer bewunderungswürdigen Weise als Sieger über die meisten deutschen Maler des neunzehnten Jahrhunderts erscheinen läßt.

Als ein Sieger, der tragisch lebte und früh starb; dessen „Hand den Gedanken oft nicht nachkommen konnte", der zuweilen zu solchen Kindlichkeiten seine Zuflucht nahm, daß er sagte, ein Schmetterling auf einem Iphigenienbild solle die Seele „bedeuten", und der doch als einer der ganz wenigen zur Einheit von Stil und Wirklichkeit gelangte; der unserer Zeit vieles von dem gerettet hat, das im Prinzip der Impressionisten nicht Platz finden kann und doch unverlierbar sein muß; in dem ein Franzose, ein Grieche und ein Akademieprofessor steckte, ein Meister und ein ewig Unfertiger, und der trotz Frankreich und Italien einer der deutschesten ist von allen Genossen. In ihm war nichts von dem malerischen Ingenium Rembrandts oder Rubens'. Nie hat er den Zeichenstift und selten den Pinsel zur Hand genommen aus reiner Zeichnerlust, aus naiver Freude an der Anschauung und am Bilden, immer bezogen sich die Studien auf große Gedanken und Pläne, immer waren sie nur Hilfsmittel, um das zu gestalten, was er als die „ideale Forderung" empfand. Das begrenzte sein Schaffen und läßt ihn erscheinen, als stände er unter der Herrschaft einer

HANS VON MARÉES: DOPPELBILDNIS VON LENBACH UND MARÉES

fixen Idee; das macht ihn zu einem Verzauberten, dessen „Bilder ihren eigenen Willen hatten", dem er folgen mußte, zu einer Seele ohne Humor und ohne saftvolle Frische Das läßt ihn nie zum Genuß kommen, ewig verzweifeln und klagen und die Geduld der besten aller Stiefmutter nach jeder Richtung mißbrauchen Aber andererseits gibt dieser fanatische Trieb nach oben auch seiner ganzen Art die hohe Kultur. Es lacht in den schwerblütigen Werken nicht die Lebensfreude, es weint nicht das ergriffene Gefühl darin, und es fehlen alle naiven, unmittelbaren Empfindungen; diese Kunstwelt wird ganz beherrscht von der feierlichen Statue des Ideals, deren bloße Gegenwart die Schwäche straft, der sich die Gläubigen ernst schweigend nahen und zu deren Füßen die Strebenden stumm verbluten, das sehnsüchtige Auge auf den rätselhaft starren Fernblick der Göttin gerichtet. Auch Feuerbach starb dieser Göttin, nachdem er ihr inbrunstiger als irgendein anderer deutscher Maler des neunzehnten Jahrhunderts gedient hatte, jede Stunde eines schweren Lebens. Ihm zerbrach das nach Schönheit kranke Herz, bevor ihm der Dank seines Volkes zugerufen werden konnte, der Dank, der einem so hohen Sinn, einem so reinen Menschentum, einer so leidenschaftlichen und erfolgreichen Anstrengung um das Unsterbliche für alle Zeiten gebührt. Bevor diesem Edlen und Herrlichen der Genius des Ruhmes den ewig grünen Lorbeer darreichen konnte.

HANS VON MARÉES

KEINE Art von Malerei ist schwieriger vielleicht vom Wort zu erfassen als die von Marées Denn es gibt in dieser tonigen Monumentalkunst, in dieser Dekoration gewordenen Anschauungsphilosophie kaum ein Stoffinteresse, nichts Dramatisches ist darin, nichts Erzählendes und keine anreizende Gegenständlichkeit. Um diese Malerei zu schildern, mußte man Formen und Bewegungen, Licht und Farbe konkret beschreiben können. Das aber vermag man so wenig, wie man Musik mit Worten schildern kann. Schwingung ist alles. Sucht man Worte, so gerät man unwillkürlich fast in die Terminologie der Musik. Man erwidert die Frage nach den Traditionen dieser Kunst mit einem Hinweis auf den Jahrhundertkanon der Malerei, auf die Harmonielehre neuer Formen- und Farbenempfindung, auf den Kontrapunkt des modernen Raumgefühls. Fragt einer: was malte Marées? so hat man nur die arme Antwort: Porträts und nackte Menschen, Pferde und Hunde in idealen Landschaften. Geht die Frage nach dem Eindruck dieser begebnisarmen Malerei, so möchte man sich beschränken zu sagen, es sei, als lausche man einer feierlich gedämpften Orgelmusik. Dieser Eindruck des Musikalischen wird erzeugt, weil in dieser Kunst nichts dargestellt ist als eine von Zeit und Ort gelöste Zuständlichkeit. Die Gestalten der Maréesschen Bilderwelt zeigen nicht Willen, sondern Bestimmung; sie führen in den Hesperidengärten dieser Kunst ein fast vegetatives Dasein; sie träumen ihre Nacktheit, ihre Schönheit, ihr Handeln. Es blicken diese Jünglinge, Männer und Frauen über alle irdischen Horizonte hinaus in die Ewigkeit; sie sind wie die stummen Akteure eines Mysteriums. Sie stehen vor uns in undurchdringlicher Ruhe, mehr Typen als Individuen, mehr Symbole als Determinationen. Zeitlos sind sie und vaterlandslos. Und das läßt sie uns klassisch und antikisch erscheinen.

Auch dieser Klassizismus kommt aus der alten deutschen Griechensehnsucht, er geht auf Lessing, Winckelmann und Goethe zurück, weist auf Deutsch-Römer wie Feuerbach, Böcklin, Hildebrand, Klinger und Ludwig von Hofmann, ja, er weist andererseits auch auf unsere akademischen Epigonen. Aber es ist trotzdem etwas in dem Klassizismus von Marées, das keiner seiner Genossen hat. Es besteht darin, daß Marées der Klassik die Mystik zurückgewonnen hat. Das ist es, wodurch er das Antike modern gemacht hat; das gibt seiner Kunst die unendliche Melodie und bringt sie den Alten und den Lebenden gleich nahe. Diese Atmosphäre einer schauerlich süßen Mystik haben andere Deutsch-Römer nie in diesem Grade vor der Welt der Antike empfunden.

und die Akademiker gar haben nie geahnt, was man die Romantik oder mit Goethe das „Magische und Zauberische" der Antike nennen konnte. Auch Bocklin legt Mystik in seine griechisch-italienische Welt. Aber das ist eine Mystik des Einfalls, des Stoffes, des philosophisch-poetisch betrachteten Sujets. Was Marées gibt, ist eine Mystik der Form. Nur die aber ist letzten Endes wesentlich, denn nur sie schafft das in höherem Sinne Objektive. Wo Bocklin mittels der Kunst sein Ich mitteilt, da teilt Marées die Kunst selbst mit. Darum schließt sich an Bocklins Malerei eine so problematische Nachfolge, darum knupft an die Idee, die den „Unfertigkeiten" Marées', zugrunde liegt, schon ein ganzes talentvolles Maler- und Bildhauergeschlecht neue Entwickelungsfäden, darum beruhrt sich Marées so eng mit dem besten Wollen der französischen Kunst.

Dieser Kunstler hat unendlich tief das Klassische in sich unmittelbar als Natur, als Schicksal erlebt. Er fuhlte sich mächtig umdrängt von den architektonischen Raumwundern, war ergriffen von den plastischen Ausprägungen der bauenden Naturkraft. Er malte das Geheimnis, das die Seele in das Selbstverständliche legt, malte an einem Schonheitskanon des Gehens, Ruhens, Reitens, Ruderns oder Sitzens. Aus dem Mechanischen sprach das Urweltliche zu ihm. Das ist seine Klassik. Er ist nicht Klassizist wie ein anatomisierender Muskelmodelleur, wie ein grazisierender Konturkunstler, sondern einer, der antikisch fuhlt, weil er in der Natur den orphischen Urlaut der Tektonik wahrnimmt. Und dieses eben gibt seiner Kunst die Mystik, gibt ihr das groteske Element. Ursprüngliche Kunst ist stets in gewisser Weise grotesk. Die griechische Kunst ist es so gut wie die Gotik; Groteskes ist in Signorellis großem Panbild im Berliner Museum, woran Marées' Triptychen so lebhaft gemahnen, ist in den alexandrinischen und pompejanischen Malereien, denen die Kunst des Nordlanders zu entstammen scheint, ist in der präraffaelitischen und flämischen Primitivität, woran Marées' linkische, holzerne Anmut oft genug denken laßt.

Nach Hebbels Definition gibt es drei Arten von Kunstwerken. Vor den einen sagt man: es kann so sein; vor den zweiten, es ist so; und vor den dritten, es muß so sein. Marées' reifen Werke gehören dieser letzten Gruppe an; denn ihr eigentliches Objekt ist das Endgültige. Es wird in den nackten „Existenzfiguren" dargestellt, wie die Natur in ihren Geschöpfen über sich selbst denkt, wie der Raum sich selbst empfindet. Der Raum ist es, der eigentlich lebt und handelt. Die Menschen, Tiere, Bäume und Himmel sind nichts als seine Sprachlaute. Marées wählte Italien als Aufenthaltsort, weil dieses Land ihm die Versenkung in eine Stimmung der Zeitlosigkeit gestattete, wie der Synthetiker sie braucht. Auch war das uralte Kulturland, die Kulturkolonie Griechenlands, dem Eklektiker unentbehrlich. Eklektiker muß notwendig aber jeder Moderne sein, der zur großen synthetischen Monumentalkunst strebt, weil ihm in unserer Zeit keine Konvention die Treppe zur Höhe baut, weil er in der Kunst der Gegenwart keine allgemein verständliche Sprache vorfindet, deren er sich bedienen konnte. Marées fand sich in Italien darum erst selbst mit Hilfe von Signorelli, Mantegna, Leonardo, Giorgione, Palma und der Antike. Er eignete sich eine ihm gemäße Sprache an und fand seinen reduzierenden Stil, als er für Schack alte Meister kopierte. Aber dieser Stil war nicht Diebstahl; er war schon in Marées, bevor er die Alten kannte, er war im Sehen und Begreifen der Welt. Darum ist das Altmeisterliche bei Marées transponierte Modernität.

Wir sehen auf seinen Bildtafeln ein System von Vertikalen, Horizontalen, Parallelen und Winkeln aus menschlichen Gliedern gebildet, nicht geometrisch durchsichtig, aber doch klar, gegenstandslos im dramatischen Sinn, aber doch überzeugend. Nur weiß man nie, wovon man eigentlich überzeugt wird. Wir sehen Tiefenwirkungen von schlagender Anschaulichkeit, von undefinierbarer Poesie und Bedeutung; aber doch ist diese Tiefe auch wieder nur in der Fläche, wie es die Freskowirkung will. Alles ist Raummathematik; aber diese Mathematik ist das Leben selbst. An sie

HANS VON MARÉES: SANKT HUBERTUS
Mittelstück eines Dreiflügelbildes

dachte Pythagoras, als er von der Musik der Sphären sprach. „Marées rechnete", wie Wölfflin einmal gesagt hat, „mit Massen und Bewegungsrichtungen, mit Verhältnissen von Raum und Füllung; und diese primären Verhältnisse wirken bei ihm so stark, daß selbst da, wo die Körper völlig verzerrt sind, das Bild noch einen bedeutenden Eindruck macht." Diese Erhebung alles Primären zum Objekt der Darstellung ist es, was aus den Bildern Marées' das Gegenständliche, Dramatische, Erotische und „Interessante" durchaus entfernt und was alle Mittel zu Werkzeugen einer einzigen Idee macht. Auch die Farbe erscheint bei Marées als ein Glied des Raumes. Eine elegische Farbe voll Feierlichkeit und Romantik, reich und doch still; sie gibt den Dingen einen Schein von Wesenlosigkeit, als wären Gobelins und Glasgemälde lebendig geworden. Ihre schöne Traurigkeit dient nicht leerer Dekoration; sie ist der Impression lebendig abgewonnen und hat darum Gefühlswert. Sie droht und schmeichelt, verhüllt und verklärt und gibt den Dingen sozusagen die Wetterstimmung des Schicksals. Es kehren bestimmte Nuancen gelber Fleischtöne wieder, die sich unvergeßlich einprägen; sie schwimmen in farbigen Schatten, woraus ein Smaragdgrün hervorleuchtet, ein Ultramarinblau, wenig Rot, viel altmeisterliche Bräune und ein Gewoge ungewisser, aber nie schmutziger Töne. Es ist die Farbe der Venezianer, aber stellenweise vergeistigt und impressionistisch gemacht bis zur mystischen Intensität des Kolorits von Eduard Munch.

Und durch diese über Ernst und Heiterkeit hinausgehobene Welt von Linie und Farbe sucht nun das Licht seinen Weg als das am leichtesten beflügelte Kind des Raumes. Es haftet hier an der Form, dort am Ton, es fließt als Richtungsakzent durch den Raum oder glüht geheimnisvoll in sich selbst, als wäre es die eigentliche Kraftquelle. Marées liebte es, seine Körper aus dem Dunkel heraus immer mehr aufzulichten, sie kartonmäßig fast mit Licht zu modellieren. Es ist sein technisches Geheimnis, wie seine Körper trotz der Betonung der antiken plastischen Propor-

tionalität doch immer muralen Flächencharakter behalten und wie
von diesen plastisch modellierenden Lichtern ein ganz malerischer
Eindruck ausgeht. In seltsamer Weise weiß Marées selbst in den
großen Bildern ein Rembrandt-Element dem Klassischen zu verbinden. Während das Licht modelliert, fließt es doch in einem
großen Strom durch das Bild; es scheint aus der Form zu entspringen und löst sich auf als Farbe. Zuweilen ist es, als sängen
die gelben und grünen Lichter gegeneinander an, wie zwei Stim-
men im Duett, die sich suchen und fliehen, bekämpfen, nähern und
endlich harmonisch vereinen

Das alles klingt fast, als ständen wir hier vor einem der großen
Vollkommnen der Kunstgeschichte. So ist es aber nicht. Bei
Marées bleibt immer fast ein ungelöster Rest; sehr vieles ist problematisch und nicht so gekonnt, wie es instinktiv gewollt ist.
Wir sehen den Steffeckschüler als ein recht mäßiges Talent, den
in München unter Pilotyschem Einfluß Studierenden als einen
noch nach dem Atelierschema empfindenden Künstler. Wir entdecken nirgends fast den geborenen großen Maler, dem das Schicksal in der Wiege schon den Pinsel bestimmt hat, entdecken nicht
diese natürliche Malfreudigkeit der großen Sinnlichen, der eigentlichen Malernaturen. Wir erkennen vielmehr immer wieder, wie
ein tiefes Verstehen, ein schönes Menschentum die Kunstmittel
herbeizwingt und sie sich so zu Willen fügt, wie sie dem Zweck
gerade nötig sind. Immer eilt die Idee dem Können um einige
Schritte voran und zieht es mit intensiver Anstrengung nach sich.
So kommt der Sprung in das Lebenswerk, das Problematische und
skizzenhaft Andeutende. Doch liegt der Fall bei Marées ganz besonders. Bei ihm nämlich vermindert das Fragmentarische nicht
eigentlich die Wirkung. Wir haben Meister in der Geschichte der
neuen deutschen Malkunst, bei denen Wollen und Können viel
mehr eines sind; aber doch wirkt das Lebenswerk keines von
ihnen objektiver als das von Marées. Wie ein abbröckelnder antiker Torso mehr gibt, als eine heil und vollendet dastehende
moderne Marmorfigur, so ist in Marées' Unvollkommenheiten oft

mehr reine Kunst als in manchem fertigeren Meisterwerk. Es ist Extrakt darin, reine Form. Was Marées' Bilder fragmentarisch macht, das ist etwas Fehlendes; fast nie aber ist es etwas Falsches, nie eine unedle Legierung. Dieser große Sachliche hat ähnlich wie Cézanne seine Werke lieber unfertig gelassen, als daß er sie mittels der Routine in bequemer Weise abgerundet hätte. Er geht den Weg zur absolut reinen Form, zur höchsten Vollendung; wie weit er in jedem Fall auch zurückbleibt, ob mehr oder weniger: er irrt niemals doch von diesem schmalen Wege ab. So kommt es, daß der Betrachter im höchsten produktiv gemacht wird. Er sieht sich auf einen Weg zu reiner Kunstanschauung geleitet, wo er gar nicht fehlgehen kann. Es scheint oft, als stände man vor Bildern, über deren Vollendung der Meister hinweggestorben ist. Beim Nähertreten sieht man dann freilich, welch wunderliche Mühe Marées sich gegeben hat, wie er mit seinem diagonalen Pinselstrich die Farbenlagen übereinandergestrichen hat, bis es fast Reliefs gab. Aber so kommt es doch, daß Marées in gewisser Weise auch ist, was er nur wollte; was sonst immer bedenklich auszusprechen ist. Nur darum gewinnt er auch durch das, was den meisten modernen Künstlern gefährlich wird: er erscheint wahrhaft bedeutend erst, wenn man sein ganzes Lebenswerk vor Augen hat, wenn man die große Objektivität, die über die Person hinaus zur Unpersönlichkeit des Stils hinaufstrebt, im ganzen Umfange erkennt.

Daß dieser Stilwille aus lebendiger Unmittelbarkeit hervorwuchs, erhebt Marées' Kunst über die von Puvis de Chavannes. Marées hat die Mystik, die den allzu klaren und kalten Silhouetten des Franzosen fehlt. Zu Böcklin verhält er sich andererseits etwa wie Puvis zu Moreau. Wobei der Schweizer ebenso hoch dann über Moreau steht, wie Marées über Puvis. Was Cézanne auf dem Gebiete der nature morte, das ist Marées ungefähr im Monumentalen. Zuweilen wirkt er wie ein primitiver Rubens, denn in der linkischen Tanagragrazie seiner Gestalten ist latente Fleischlichkeit und eine zurückgehaltene Fülle der Form. Zu seinem Genossen Hilde-

brand aber verhält sich Marées wie das Gefühl zum Begriff, zu
Feuerbach wie der Mann zum Jüngling. Der Ahnherr der Maréesschen Kunst ist auch in diesem Fall der aller synthetischen Eklektiker: Nicolaus Poussin. Zu ihm gehört Marées, und damit gehört
er zur Rasse der großen Objektiven, die ihr Ziel außerhalb, jen-
seits ihrer Determination suchen, die das Absolute wollen und
nicht von den Mitteln ihres Talents aus denken, sondern vom
Ideal aus. Hier liegt das Faustische im Wesen Marées'. Alles oder
nichts. Hier liegt das Asketische seiner Idealität. Er wollte auf
dem Parnaß lieber der Letzte sein als der Erste in den Niederungen.

Den Fanatiker des Ideals lernte man vor den großen Triptychen
kennen. Bewundert man, am meisten vor den Studien zu den
Fresken der Zoologischen Station in Neapel, den Maler, der, aus
Münchens Malkultur kommend, Italien, Frankreich und Spanien
schon bereist hatte, die Synthese schon in sich trug und auf einer
Übergangsstufe dann diese wundervoll geschmeidigen Werke flüssiger Monumentalmalerei schuf, so ergreift vor den Alterswerken,
vor Bildern wie „Rosseführer und Nymphe", „Goldenes Zeitalter",
„Lob der Bescheidenheit" oder den vier Triptychen, die Abstraktion des letzten Ziels. Jene Studien und neben ihnen die in der
Zahl beschränkten guten, dann aber auch altmeisterlich reifen Porträts und Idyllenbilder reißen hin durch die Fülle und Sinnlichkeit des im goldenen Käfig der Stilidee eingefangenen Lebens;
die großen Wandbilder überwältigen durch die feierliche Magie
ihrer Weltentrücktheit. In ihnen ist alles Temperament der Stunde
ausgemerzt; nichts ist geblieben als eine Quintessenz Gehören
Bilder, wie das in seiner Tonigkeit Watteau- und Veroneseartig
schmeichelnde „Bad der Diana", wie die Rembrandtsche Licht-
fanfare des Doppelbildnisses von Lenbach und Marées, wie die
Studien zu den Neapolitaner Fresken und alles, was in den Kreis
ihrer Zeit gehört, sozusagen der Tannhäuserperiode Marées' an, so
gehören die Triptychen einer Tristan und Isolde-Periode an. Unmittelbarer wirkt die romantische Sinnlichkeit der früheren Arbeiten, wirkt die Lebenspracht mancher Porträts; nachhaltiger wirkt

HANS VON MARÉES: STUDIE ZU DEN RUDERERN DER NEAPELER FRESKEN

die Abstraktion der späteren Werke. In ihnen ist das Eigentliche; es glüht ein Leben darin, das geheimnisvoll immer wieder anzieht und das unendliche Möglichkeiten birgt. Eine Welt farbigen Schattens, in der warm angestrahlte Körper harmonisch durcheinandergleiten.

> „Die einen sitzen, andre stehn und gehn,
> Wie's eben kommt. Gestaltung, Umgestaltung,
> Des ewigen Sinnes ewige Unterhaltung,
> Umschwebt von Bildern aller Kreatur."

Aus den vielen Selbstbildnissen blickt der Mensch Marées uns an in seiner strengen Vergeistigung. Eine nervöse Männlichkeit, mehr tief als heroisch groß, mehr intensiv als extensiv, mehr geduldig und unerschütterlich als eruptiv und elementar. In dem schmalen, fein gemeißelten Denkerkopf, dessen Stirn sich hoch hinaufwölbt, ist ein gespannter, ein fanatischer, fast kranker Zug; aber dies ist nur wie eine Blässe der Tagessorge. Unter dieser Tagesmaske leuchtet etwas Apollinisches. Man erkennt in den Rassezügen den debattierlustigen Logiker, den Hebbelschen Grübler; es enthüllt sich in den Buckeln und Knochenwölbungen der Totenmaske der Desperado der Idee. Eine leise Verlegenheit ist wahrnehmbar; jene Verlegenheit, die aus dem Gefühl höchster Selbstverantwortung stammt, aus der Scham, nicht zu leisten, was dem Willen vorschwebt. Es leuchtet von der Stirn die unendlich schmerzliche Reinheit des Mannes, der sein Alles der Idee opfert, dem der kategorische Imperativ im Blute liegt und an dessen Hölderlin-Sehnsucht das Leben gleichgültig vorbeifließt.

Auf diesem Punkte gilt es noch einen Gedanken zu denken. Marées war der Sprößling einer, wie es heißt, aus Flandern stammenden uralten Familie. Seine Mutter aber war jüdischer Abkunft. Dieser Umstand gewinnt heute eine sonderbare Bedeutung. Marées ist nicht der einzige, bei dem diese Blutmischung ein starkes Talent erzeugt und entwickelt hat. Es ist längst bekannt, daß sein Freund und Kunstgenosse Hildebrand in einer gleichen Lage ist wie er. Und es konnten gleich noch eine Reihe von Namen fuhrender bildender Künstler im heutigen Deutschland genannt werden. Man muß Scheu tragen, diese Namen zu nennen, da es indiskret scheinen könnte. Tate man es aber, so würde es sich zeigen, daß gerade allen diesen Künstlern Merkmale desselben strengen, ordnenden Stilgefuhls eigen sind und daß mit ebendiesem Stilgefühl ein sehr bestimmendes Element in unser Kunstleben gekommen ist. Freilich ist damit auch etwas in unsere Kunst gekommen, das sehr oft besorgt als Kälte bezeichnet wird. Aber ist es nicht widersinnig, einen Künstler, der sein Leben lang für die Schönheit gegluht hat, der Kälte zu zeihen? Marées' Kälte! Alle bedeutenden Künstler, alle großen Kunstwerke sind scheinbar kalt. Eisig blickt den Jungling die Antike an, und lange dauert es, bis er das dort im Zirkel der Form eingefangene Leben sich in sich selbst bewegen sieht. Wie kalt erscheinen einem nicht Shakespeares Dramen, Rembrandts Bilder und Bachs Fugen, bevor man aus dieser höheren Objektivität die Leidenschaft der Natur sich entgegenbrausen fuhlt! Und wie lange sind nicht Meisterwerke des Impressionismus empfindungslos genannt worden, weil auch hinter sie der Künstler zurücktrat. Besonnenheit, reine Form, Objektivität und Harmonie wirken dem nicht tiefer Dringenden immer kalt. Die Natur selbst, die ganze Schöpfung scheint empfindungslos; und doch ist alles Leben darin Je mehr Form, desto mehr Leben, und umgekehrt. Ursprüngliche Form kann in der Natur und in der Kunst nur sein, wo ursprüngliches Leben ist. Die Werke Marées' beweisen gerade ihren Kunstwert, weil das Leben in ihnen wie in einem architektonisch geschlossenen Gehäuse wohnt. Nur eine Frage darf und muß die Kritik vor diesen Kunstwerken darum stellen: ist die Form ursprünglich, oder ist sie unselbständig und entlehnt? —

Seine Zeichnungen hat Marées für die Öffentlichkeit nicht bestimmt. Er erscheint in ihnen darum wie im Selbstgespräch, und sie dienen nur um so besser zur Erläuterung dessen, was er gewollt, und dessen, was er gekonnt hat. Die Wirkung der Bilder

HANS VON MARÉES: ABENDLICHE WALDSZENE

wird von der der Zeichnungen nicht übertroffen, ja nicht erreicht. Schon darum nicht, weil es sich eben nur um Entwurfsstudien, Naturstudien oder Skizzen handelt, die alle in irgendeiner Weise der Vorbereitung zur Arbeit an der Bildtafel dienen. Da diese Arbeit an der Bildtafel stets das dekorativ Monumentale, das architektonisch Räumliche vor Augen hatte, so stellen sich die Zeichnungen vor allem als Studien von Raumproblemen und von statisch-dynamischen Körperzuständen dar. Das gibt ihnen einen Charakter, daß ein Uneingeweihter meinen könnte, vor den Zeichnungen eines Bildhauers zu stehen. Es ist umgekehrt wie vor den Zeichnungen Joh. Gottfried Schadows zum Beispiel, wo man die Arbeiten eines Malers zu sehen glaubt. Schadow suchte aus innerem Drang in der Natur das Charakteristische auf, das graphisch so gut ausgedrückt werden kann, und er zeichnete gern auch nur um des Zeichnens willen; Marées aber strebt vom Charakteristischen fort zum Typischen, tat es selbst vor dem Modell. Die beiden Künstler gingen von entgegengesetzten Punkten aus. Der in Rom gebildete Bildhauer kam von einem klassizistisch architektonischen, das Typische betonenden Formgesetz der Skulptur und strebte nach Differenzierung, nach dem Besonderen, nach bürgerlicher Freiheit; der Maler ging von der romantischen Freiheit einer schon bürgerlich gewordenen Malerei aus und strebte zur aristokratischen Würde höherer Gesetzlichkeit, zum klassisch Allgemeinen wieder empor. In neuer Form sehen wir den alten deutschen Dualismus, der sich in Goethe und Schiller unsterblich verkörpert hat und worüber Schiller in einem seiner ersten Briefe an seinen Freund Erschöpfendes gesagt hat. Um trostreich sodann zu resümieren: „Sucht aber der eine mit keuschem und treuem Sinn die Erfahrung und sucht der andere mit selbsttätiger, freier Denkkraft das Gesetz, so kann es gar nicht fehlen, daß nicht beide einander auf halbem Wege begegnen werden."

Was Marées' Zeichnungen wertvoll macht, ist der Umstand, daß sich der Wille zum Typischen, zum Allgemeinen in ihnen handschriftlich gibt. Vor diesen Zeichnungen empfindet man wie im

Archiv vor einem Manuskript Goethes etwa, das den Text zu einem schon bekannten Buch enthält. Es teilt sich unmittelbar die Frische des ersten Striches mit, aber das fertige, durchkorrigierte Werk, dort das gedruckte Buch, hier das gemalte Bild, ist natürlich mehr. Bei Marées kommt hinzu, daß er ein langsamer Denker und Empfinder war. Er zog sich selbst allmählich nur zur Kraft, Tiefe und Monumentalität empor. Auch was er in seinen Studien gibt, sind schon „Vorstellungsreihen", wie Karl von Pidoll es nennt. Aber doch ist in der ersten Niederschrift immer auch noch die ganze Lyrik einer wesentlich feinen und empfindsamen Natur. Architektonisch psychologisch und symbolhaft stark wurden diese Bildideen erst Schritt vor Schritt in dem Maße, wie die Zeichnung zum großen Kompositionsentwurf und wie dieser zum freskoartigen Bild fortschritt. Im Laufe dieser Entwickelung wurde alles Lyrische, alles vom Augenblick Geborene, alles weich und gefällig Graphologische, unwillkürlich Stoffliche und Improvisatorische ausgemerzt, fortgedacht und wegempfunden. Marées zwang sich, indem er immer wieder an sein Meistergewissen appellierte und mit tiefer Besonnenheit das Begonnene immer von neuem kritisierte und durchging, zu einer Kraft empor, die ihm von Natur nicht eigen gewesen sein kann. Im Verlauf dieses Vertiefungsprozesses erzwang er sich aber erst das Beste jener naiv und primitiv scheinenden Ursprünglichkeit, jene Cézanneartige Mystik, die seinen großen Bildern den hohen Wert geben. In den Zeichnungen ist mehr Unmittelbarkeit, aber in den Bildern ist mehr Geheimnis und Tiefe; der Zeichner läßt zuweilen ein wenig an Ludwig von Hofmann denken, der Maler geht über Puvis hinaus. Flüssiger ist die Kunst in den Studien, größer in den Bildern. Seltsam genug. aus den gequälten Produkten jahrelanger Mühe blickt die große Impression ergreifend hervor, in den Arbeiten des Augenblicks aber ist manches akademisch und ein wenig aktsaalmäßig. Es fehlt ihnen das drohende, groteske Element. Vor den Bildern haben sie die leichte, adelige Grazie voraus; eine prud'honartige, an Chassériaus Raffaelitentum gemahnende Grazie, die große

Möglichkeiten ahnen läßt, die aber nicht ohne Konventionalismus ist. Wo die Wirkung doch unmittelbar und mystisch ist, da ist auch gleich die charakteristische Maréessche Unbeholfenheit zu spüren.

Wundervoll ist immer das Gefühl für Rhythmus, sind die architektonischen Akzente der stehenden und hingelagerten Körper; und herrlich beherrscht ist immer die Musik des Raumes. Wie der Raum lebt, wie die leeren Stellen des Papiers entscheidende Wirkungen hervorbringen und wie mit absolut sicherem Gefühl die umgrenzende Linie immer gezogen ist: das ist schlechthin meisterlich Jede Zeichnung ist streng als Einheit begriffen, der umschlossene Raum musiziert in sich selbst. Die Komposition ist so ausgeglichen, daß Schönheit nicht nur in dem Bewegungsfluß der dargestellten Körper, in den positiven Formen ist, sondern auch in dem, was sie an Flächenfigur übriglassen, in den negativen Formen. Diese Zeichenkunst ist ornamental im besten Sinne. Aber sie ist es nicht in aufdringlich kunstgewerblicher Weise, sondern wie unwillkürlich, weil für Marées das Leben und die Natur nur wirklich zu sein scheinen, wenn sie klingen und sich in griechisch heiterer Weise mit ihrer eigenen Bedeutung paradiesisch schmükken. —

Spät erst ist Hans von Marées lebendig in das deutsche Kunstleben eingetreten. Sein Name ist lange Zeit nur ein schwankender Begriff gewesen, ein Wort, um etwas ganz Problematisches zu bezeichnen. Die moderne Kunst mußte erst einen gewissen Grad der Reife erlangen, bevor die Ziele dieses mittels eines Dogma pionierenden Künstlers verstanden werden konnten. Und auch jetzt, wo er aufgenommen worden ist im Kreise der Genossen, steht er noch abseits, ungeliebt von der Masse des Volkes und mißtrauisch gemieden selbst von der Mehrzahl der Künstler. Nichtsdestoweniger wächst sein stiller Einfluß von Jahr zu Jahr. Er ist einer der Lehrer, die auf Umwegen lehren und deren Gegenwart auch da zu spüren ist, wo ihr Name niemals genannt wird

ADOLF HILDEBRAND

VON der Nachwelt wird Hildebrand voraussichtlich nicht anders eingeschätzt werden wie von der Mitwelt. Weder höher noch tiefer. Der relativ enge Kreis derer, die den Wert dieses Künstlers erkennen, wird sich später nicht merklich erweitern, weil nirgends in seiner Kunst allgemeine, der Deutung zugängliche Lebensgefühle dem breiteren Verständnis Handhaben bieten. Die feine, klare Kälte in einen Werken wird auch ferner alle Vertraulichkeit oder leidenschaftliche Teilnahme fernhalten; immer wird eine Distanz bleiben, immer wird der Betrachter die Überlegenheit einer unangreifbaren Reserve peinlich empfinden. Die Skulpturen Hildebrands sind nicht geeignet, das Vertrauen des naiven Menschen durch ihren Stoff, durch ihre Idee, durch das Was zu gewinnen, um ihn dann unmerklich durch die Gewalt der Form, des Wie, über sich selbst zu erheben; sie wenden sich vielmehr an den Fachmann und an den kultivierten Kenner. Der erfahrene Geschmack kann nicht anders als mit hoher Achtung vor diesen Erzeugnissen eines reinen und tiefen Kunstverstandes verweilen; aber der Lebensinstinkt des Volkes wird ziemlich gleichgültig immer daran vorübergehen. In den Museen sind diesen Werken auf lange Zeit Ehrenplätze gesichert. Der Kunstlehrer führt seine Schüler dahin und spricht ihnen von den Tugenden des Könnens. Und dem Geschichtschreiber kommender Tage wird unser Zeitalter weniger arm an künstlerischem Geist erscheinen, weil dieser Bildhauer darin gelebt hat. Aber spontane Zustimmung kann Hildebrands Kunst nie erzwingen.

Was bleiben der Skulptur in unserer Zeit nun für Wirkungsmöglichkeiten, wenn sie verzichtet, unmittelbar erregende Lebensbeziehungen zwischen Werk und Betrachter zu knüpfen? Einst war die Plastik untrennbar von der Baukunst und schuf unsterbliche Werte als deren Genossin. Seit sie sich hat emanzipieren müssen weil es eine Baukunst, die noch lebendig genug oder die schon rei genug wäre, um der Plastik würdige Aufgaben zu stellen, nicht gibt, bleibt dem Bildhauer nur übrig, seine Tätigkeit zu spiritualisieren. Statt des Monumentalen muß er das Intime suchen, und dabei wird das Beste der reichen Traditionskraft aufgeopfert. Denn auch die Denkmalsplastik, in deren Gebieten heute allein noch das Monumentale gewollt werden kann, setzt letzten Endes eine lebendige Baukunst voraus. In dem Wirkungskreis der Plastik, der heute vor allem in Frage kommt, wird so starke Unmittelbarkeit des Ausdrucks verlangt, daß die Grenzen des skulptural Darstellbaren fortwährend berührt und oft auch überschritten werden. Plastik, die zu irgendwelchen Raumverhältnissen Beziehung nicht mehr hat, die das künstlerisch übersetzte Leben nicht einmal so isolieren kann, wie es beim Wandbild durch den Rahmen geschieht, muß notwendig die architektonische Haltung verlieren und malerisch psychologisch werden, muß durch poetisierende und charakterisierende Absicht ersetzen, was sie an dekorativen Elementen aufgibt, und die reichen Überlieferungen architektonischer Natur ungenutzt lassen. Oder sie muß die architektonische Idee gewaltsam und künstlich herbeizwingen, indem sie sich einer immer mehr oder weniger starren Stiltendenz unterwirft. Diese Situation hat die geistige Physiognomie des Bildhauers schon verändert. Problematischen Naturen, faustischen Temperamenten, die früher zu den seltenen Ausnahmen in diesem von edelster Handwerksgesinnung erfüllten Berufe zählten, begegnet man immer häufiger in der Skulptur. Da feste Normen, lebendig eindeutige Konventionen nicht mehr gelten, entscheidet allein Art und Grad des Talentes über die Resultate. Auf Schritt und Tritt hat der Bildhauer Fallgruben zu vermeiden. Einerseits drohen die Gefahren der Schranken- und Formlosigkeit; auf der anderen Seite ist zu fürchten, daß eine Anlehnung an überlieferte Formen bei veränderten Zielen die unmittelbare Ausdruckskraft schwäche. Die strenge Stilhaltung erscheint leicht unmotiviert, weil die Architektur fehlt, die sie legitimiert; und die vollständige Hingabe an den Versuch, Natureindrücke und Lebensempfindungen unmittelbar lebendig in einem sehr widerstrebenden Material zum Ausdruck zu bringen, wird dem Werk leicht die formale Würde nehmen. Für keinen Künstler ist das Kunstproblem der Gegenwart darum noch so dunkel, wie für den Bildhauer. Seit der Barockzeit, das heißt: seit dem Erlöschen einer primären architektonischen Produktionskraft ist kein Bildhauerwerk mehr entstanden, vor dem man nicht, bei aller Bewunderung und Liebe, mit einem Aber die Betrachtung schließen müßte.

Der Natur Hildebrands scheint das architektonische Gesetz der Skulptur zu wichtig, als daß es unter irgendwelchen Umständen aufgegeben oder nebensächlich behandelt werden durfte. Nichts ist ihm schrecklicher als Formlosigkeit und Willkür. Doch fällt er dann in den Fehler vieler Künstler, das für sich als notwendig Erkannte für eine Notwendigkeit der Kunst überhaupt zu halten. So unzweifelhaft wahr die Behauptung ist, die Skulptur könne ohne strenge Formgesetze nicht bestehen, so strittig ist der Weg zu diesen Gesetzen. Der Meinung des auf dem Gebiete der Kunsttheorie kasuistisch argumentierenden Hildebrand, die neue Form könne nur aus einer schon vorhandenen hervorgehen und man brauchte nicht eine neue Sprache, um etwas Neues zu sagen, muß der Satz entgegengestellt werden, daß alle große Form aus dem Chaos hervorgeht. Wenigstens gilt das für die Urformen, von denen aus die Abarten sich entwickeln. Und um etwas anderes als um primäre Formen kann es sich heute kaum handeln, wenn man das Schicksal der Skulptur in seiner ganzen Bedeutung meint. Der kritische Kunstverstand reicht wohl aus, den noch vorhandenen Kunstbesitz in sehr würdiger Weise zu mehren, aber er kann nicht entscheidende Neubildungen hervorbringen. Das vom Leben erregte Gefühl, der Überschwang der Leidenschaft, die höchsten Anspannungen des Willens allein können lebendige Formkeime einer neuartigen Schönheit pflanzen. Diese zu entwickeln und klar ins Licht einer Schönheit zu setzen, die allen verständlich ist, mögen dann beruhigte Temperamente, mögen dann die Traditionen berufen sein. Ein Besitz, dem fortzeugende Kraft innewohnt, der einer ganzen Zeit Vorbilder zu schenken vermag, geht aber

ADOLF HILDEBRAND: BISMARCKDENKMAL
IN BREMEN

nur aus der Überkraft einzelner oder ganzer Völker hervor. Man braucht darum die überlieferte und nur sekundär erlebte Regel nicht gering zu schätzen. Es gibt vieles in der Kunst, was lehrbar ist und wertvoll wird, wenn ein wohlorganisierter Geist es ergreift, aber wie die Lebensweisheit, die der Sohn nur aus den Lehren des Vaters, nicht aus einer durch Schaden klug gewordenen Erfahrung gewinnt, nie revolutionär schöpferisch ist, sondern nur passiv konservativ, so vervielfältigt eine Kunstregel, die stärker ist als die Persönlichkeiten, wohl den Kunstbesitz eines Volkes, aber sie vermag ihn nicht zu erneuern. Der von Hildebrand angeführte Vergleich mit der Sprache paßt nicht, weil in der Kunst Sprache und Inhalt, Ausgedrücktes und Ausdruckendes nicht zweierlei sind, sondern eine unlösliche Einheit.

Eine überwiegend mathematisch logische Geistesrichtung zwingt Hildebrand, anstatt der natürlichen Entwickelung von innen nach außen, den Weg von außen nach innen zu wählen. Denn nur so kann er die mangelnde Schöpferkraft durch Kunstverstand und Geschmack ersetzen In manchen Zügen gleicht dieser Bildhauer dem Maler Liebermann, so verschieden die beiden Naturen dem ersten Blick auch scheinen. Im Wettstreit der Klugheit jedoch, den beide ausfechten, hat Liebermann insofern gesiegt, als er einsichtsvoll genug war, die Notwendigkeit unmittelbarer, ursprünglicher Beziehungen des Künstlers zur Natur und die Gefahren der Nachempfindung durch das Medium fertiger Kunstformen zu begreifen. Er betrachtete die Empfindungsweise der bahnbrechenden Genies sorgfältiger als deren Werke; er lernte vor seinen Vorbildern mehr den Ursachen als den Wirkungen nachstreben und hielt sich erkennend zuerst an die schöpferische Energie und dann erst an deren Resultate. Er lernte Anschauungsfähigkeit, nicht Anschauungsergebnisse und bereicherte dadurch seine Produktionskraft. Hildebrand hielt sich an Resultate Wo Liebermann vom Objekt des Lebens das Gesetz empfängt, da knüpft Hildebrand ein enges Verhältnis mit der genial geschaffenen Kunst alter Zeiten und empfängt das Gesetz von dieser Kunst — also mittelbar.

Wenn es bei dem deutschen Schüler der Impressionisten immerhin heißen darf die Natur, gesehen durch ein Temperament, so muß es bei dem modernen Klassizisten heißen die Natur, gesehen durch eine Kunsttradition. Jener geht den natürlichen, den eigentlich Goethischen Weg von unten nach oben, vom Objekt zum Gesetz; dieser geht umgekehrt von oben nach unten, vom vor langer Zeit abstrahierten Gesetz zum gegenwärtigen Objekt. Wobei es ihm immerhin möglich ist, sich ebenfalls auf Goethe zu berufen. Er muß rückwärts von einer künstlichen Höhe herab das Lebendige suchen, muß eine von alters her investitierte Regel, die sich selbst nicht mehr genügend erklärt, zu motivieren trachten, indem er sie naturalistisch galvanisiert. Das macht ihn zum Akademiker. Was ihn über seine Kollegen von der Akademie erhebt, ist nicht ein lebensvolleres Prinzip, sondern es sind aristokratische Eigenschaften seines Talentes, Tugenden der Konsequenz und Vorzüge des Erkenntnisvermögens.

Daß ein Kontrapunktist von solchen Graden nur zu den höchsten Vorbildern greift, ist natürlich. Theoretische Geister operieren durchweg mit höchstem Richtmaß, worin sich neben der guten Qualität des Willens auch die Schwäche dieses Willens zur Selbständigkeit der gottgegebenen Persönlichkeit dokumentiert. Ebenso natürlich ist es aber, daß sich auf einer bestimmten Stufe der Geist der hohen Vorbilder dem Adepten versagen muß. Hildebrand sieht in der Antike oder auch wohl in der Renaissance früher die beschränkende, mäßigende Kraft als die gestaltende; ihn lockt nicht das dämonisch Grandiose der Vorbilder, sondern das meßbar Harmonische. Darum ist er weniger ein Schüler der Griechen geworden als der Römer. Auch diese übernahmen von der griechischen Skulptur alle Gesetze, Regeln, Formen und Konventionen; das Genie aber mit zu übernehmen, die große und zarte, leidenschaftliche und heitere Seele des Hellenentums zu verstehen, war dieses nüchtern praktische, willensstarke, aber auch phantasielose Volk außerstande.

Die Nachteile einer solchen Methode liegen vor aller Augen.

Da Hildebrands Werke erst Wert erhielten, als dem Künstler die schwierige Annäherung von Leben und Kunstformel in einer organisch erscheinenden Weise gelungen war, da mit diesem Augenblick aber auch eine gewisse Meisterschaft garantiert war, die kein anderes Ziel hat als sich selbst, so gibt es in des Künstlers Gesamtwerk nicht eigentlich eine Jugend und ein Alter. Etwas Unbewegliches kommt hinein, weil weniger das mit den Lebensaltern wachsende Gefühl daran beteiligt ist, als die kritische Einsicht, die erst Wert hat, wenn sie reif ist, die aber mehr als reif nicht werden kann. Wir sehen ein Niveau, nicht eine Entwickelung. Das unendlich reizvolle Schauspiel, das uns Künstlernaturen wie Rembrandt, Michelangelo oder auch Rodin, ja das selbst viel weniger Starke gewähren, fehlt bei Hildebrand vollständig. Die unangreifbare Güte seiner Kunst hat etwas Starres, gleichmäßig Gefrorenes. Wenn man vor seinen Arbeiten den Künstler vergißt, wie vor den allergrößten Werken der Kunst, so geschieht es doch aus anderen Gründen. In dem erhabenen Meisterwerk erscheint das Objektive so gewaltig und notwendig wie in der Natur, und der Schöpfer verschwindet dahinter, auch wie in der Natur. Das Objektive in Hildebrands Werken ist aber fast so unpersönlich wie eine Formel, die eine große Seele nicht voraussetzt. Wie eine Formel, worin auch das lebendig Natürliche seinen wohl abgemessenen Spielraum erhalten hat. Solche jeden Widerspruch entwaffnende formelhafte Vollkommenheit läßt kalt. Wie man die Werke des formvollendeten Dichters Platen gut eingebunden auf einem Ehrenplatz des Bücherregals unberührt stehen läßt und zu unvollkommneren Produkten greift, die das Herz berühren, so geht man oft von Hildebrand zu Maillol, zu Minne, zu Rodin, über die man sich immer mehr oder weniger ärgert, die aber schließlich menschlicher zu einem reden.

Das vorausgesetzt, ist mit Worten höchster Achtung und Bewunderung von diesem deutschen Meister zu sprechen. Er allein ist fähig gewesen, sich in der Wirrnis unserer Zeit harmonisch zu vollenden, er vermochte mit seinem Pfunde fruchtbar zu wuchern und seine Kräfte zu disziplinieren wie kein anderer. Ein Bildner neuer Melodien kann er nicht sein, weil nur das tanzende oder betende Gefühl Melodien erzeugt, aber er ist trotzdem einer der feinsten musikalischen Geister der Zeit. Den Sinn für Maß und Ordnung, der unserer Jugend gerade jetzt so arg verwirrt ist, hat er sich aufs feinste gebildet; er versteht das Geheimnis reiner Wirkungen innerhalb einer begrenzten Skala und beherrscht die Mittel seines Handwerks so vollkommen, daß ihm jede Absicht auch gelingt. Nie benutzt er die Krücken des Zufalls. Die Palladio-Natur dieses späten Philhellenen wäre nichts ohne die Alten; aber mit ihnen ist sie so, daß sie jeder Zeit, jeder Disziplin zur Ehre gereichen würde. Sie ist um so beachtenswerter, als sie sich mit der spezifisch deutschen Eigenart zu decken scheint, soweit es sich um das Talent für die bildende Kunst handelt. Denn vielleicht gelingt dem germanischen Genius, der in der Musik, Poesie und Philosophie so Großes geschaffen hat, in Malerei, Baukunst und Skulptur auf absehbare Zeit nur eine Kunst aus zweiter Hand, die in freiwilliger Beschränkung ihre Stärke suchen muß.

Der architektonische Sinn ist bei Hildebrand so stark entwickelt, daß er ihn zum Architekten macht. In der ganzen modernen Skulptur ist diese Tatsache einzig. Allerdings ist solche Selbsterziehung zur Baukunst nur dem Klassizisten möglich geworden, der ebenso als Architekt wie als Plastiker von einer Stilidee ausgehen konnte. Trotzdem verleiht ihm dieser Umstand eine große Souveränität gegenüber sinnlich beweglicheren Talenten. Selbst einem Rodin gegenüber vermag der Deutsche auf Grund seiner Architektur eine durchaus unabhängige Haltung zu bewahren (was Klinger zum Beispiel nicht gelungen ist). Sucht man die Geistesverwandten des Franzosen unter den modernen Malern, so erinnert man sich bei Hildebrand an Rauch, an Schinkel, an Schadow. Der sichere Sinn für die Baukunst hat Hildebrand zum besten, ja fast zum einzigen erträglichen Denkmalskünstler unserer Zeit gemacht. Seine Pläne für Monumentalarchitekturen hat er freilich nie verwirklichen können, und es läßt sich darum ein

ADOLF HILDEBRAND: BILDNISBÜSTE FRAU FIEDLERS
Farbige Terrakotta

sicheres Urteil darüber, wie er große Massen bewältigen würde, nicht bilden; aber in Denkmalen, Brunnen, Grabmonumenten und in all den architektonischen Kleinigkeiten, derer die Skulptur nicht entraten kann, hat er so vollkommene Schulung, so feinen Sinn für Verhältnisse und vor allem ein so gebildetes Raumgefühl bewiesen, daß die Betrachtung seiner durch irgendwelche architektonischen Motive erhöhten Werke zu einem ungetrübteren Genuß wird, als unsere Plastik ihn sonstwo bietet.

Die vornehmste Tugend des geborenen Plastikers der nie irrende Sinn für das Flächenhafte und Kubische, für Raumeinheit und für die dynamischen Möglichkeiten innerhalb solcher Einheit, zeichnet Hildebrand aus. Aber selbst gegenüber dieser stark ausgeprägten Fähigkeit spürt man, daß Hildebrand von seinem Naturell angehalten worden ist, sie durch ein ewiges Analysieren, Messen, Vergleichen und Kontrollieren zu erwerben und das spirituell auszubilden, was ein naiveres Genie ganz intuitiv erfaßt Die Intuition des Raumhaften ist in verschiedenen Graden allen Menschen eigen, und es verknüpfen sich damit mehr seelische Erlebnisse und Gefühlsemotionen, als gemeinhin bekannt ist. Auf Raumgefühl beruht oft, was poetisch und malerisch, und stets, was architektonisch zu uns spricht. Der intuitiv schaffende Bildhauer weiß aus solchen allgemeinen Erlebnissen der Raumanschauung das Wesentlichste zu fassen und ihm Gestaltung zu geben. Hildebrands Raumbewußtsein ist aber nicht in dieser Weise eine Werte schaffende Kraft, sondern es besteht mehr in einer untrüglichen kritischen Fähigkeit, Fehler zu vermeiden, Erfahrungen zu kennen und Gesetze zu befolgen. Darum ist er nicht originell. Hildebrands Figuren — vor allem kann man es vor den meisterhaften Reliefs beobachten — stehen außerordentlich fein im Raum Doch scheinen sie eigentlich nur der Raumwirkung wegen dazusein. Ihre Hauptbeschäftigung ist, allen Gesetzen der Raumästhetik zu genügen, gute Silhouetten zu geben, harmonische Ornamente zu sein. Daneben schießen sie dann wohl noch mit Pfeilen, machen Liebeserklärungen, baden oder sind an irgend-

einer andern Handlung beteiligt; das ist aber nebensächlich. Nie
ergibt sich die schone Raumimpression aus einer menschlichen
Teilnahme des Künstlers für das Lebendige; er fuhlt Teilnahme
nur für das Gesetz. Er kennt nicht das ursprüngliche Gefühl,
sondern nur die Reflexempfindung. Man vermag der Entstehungsweise jedes Werkes nachzuspüren und kann oft das antike Vorbild
angeben, das zur Anregung gedient hat. Daß auch dieser Weg zu
einer untadelhaften Künstlerschaft führen kann, beweist Hildebrand zur Genüge. Um wie viel wertvoller sind jedoch oft fehler-
haftere Werke der Skulptur, die aus einer mitfühlenden Anschauung des Lebens, aus dieser Quelle aller Kunstgesetze geschöpft
worden sind! Bewunderungswurdig bleibt bei alledem, wie fein
Hildebrand das Lebendige hinterher der räumlichen Stilidee zu
verbinden weiß. Die Bewegungsgesetze des Körperlichen sind fast
immer sehr wirklich erfaßt, die notwendigen charakteristischen
Züge fehlen nicht, und alles Freistehende bleibt so streng in imagi-
nären Kunstgrenzen, daß es innerhalb einer ,,unsichtbaren Spiral-
linie" zu stehen scheint. Darum sieht wie Weisheit aus, was die
unendlich kluge Organisation beschränkter Mittel ist. Hildebrands
Kunst ist nicht von dem Wuchse, daß ein Schriftsteller vom Range
Lessings davon zu einem ,,Laokoon" angeregt werden könnte;
aber sie kann als eines der feinsten Produkte ebendieser Laokoon-
theorien gelten, das heißt: als das Resultat eines Resultates.

· Daß ein Künstler von so beschaffener Eigenart sein Bestes als
Porträtist leistet, ist nicht verwunderlich. Gute Porträts müssen
entstehen, wo das Modell einen Könner von solchen Graden zur
Beachtung selbst des Zufälligen zwingt, wo die Erscheinung sich
nicht von vornherein durch das Medium einer Stilidee sehen
läßt und zu unmittelbarer Lebendigkeit der Anschauung geradezu
anleitet, ohne daß der streng geschulte Künstler doch Gefahr liefe,
durch solche Forderungen des Objektes in einen äußerlichen
Naturalismus zu verfallen Aus der Begegnung gleichberechtigter
Ansprüche, die einerseits das Modell, anderseits das Formgefühl
des Kunstlers erheben, sind darum dem Porträtbildhauer Hilde-

brand die feinsten und dauerndsten von allen Werten, die wir ihm verdanken, hervorgegangen. Darin liegt eine leise und feine Bestätigung des Sekundären in Hildebrands Begabung. Es soll damit nicht prinzipiell gesagt sein, jede Porträtkunst wäre zweiten Ranges; die Bildnisse von Rembrandt gehören gewiß zum stolzesten Kunstbesitz der Menschheit. Aber nicht verschließen kann man sich der Tatsache, daß gerade Künstlern, die des höchsten Aufschwunges unfähig sind, sehr oft vortreffliche Bildnisse gelingen. Die Engländer sind zweifellos eine Nation ohne spezifische Anlagen für Malerei und Plastik Sie haben in diesen Künsten im Laufe der Jahrhunderte kaum ein führendes Genie gehabt. Aber sie haben eine Reihe von Kräften zweiten Grades hervorgebracht, die als Bildniskünstler den höchsten Ruhm verdienen; sie besitzen alles in allem, wenn nicht eine der besten, so doch eine der vollständigsten nationalen Porträtgalerien. Auch die weitaus weniger als die Griechen begabten Römer waren diesen gegenüber die fruchtbareren Porträtisten. Hildebrand ist als Individuum etwa in der Lage dieser Völker. Die Fähigkeit zur kühlen Objektivität kommt dem Bildniskunstler zugute, sein eminenter Kunstverstand befähigt ihn, das Wesentliche in dem Vielerlei einer Gesichtsbildung zu erkennen, der reife Formsinn zeigt ihm das plastisch Wertvolle der Struktur, und die vollendete Handwerksfähigkeit setzt ihn in den Stand, alles, was er beabsichtigt, rein skulptural auszudrücken. Auf diesem Gebiet sind ihm Meisterwerke gelungen, die der Nation im zwiefachen Sinne von großem Wert sein werden. Die Busten von Bode, Helmholtz, Pettenkofer, Hans von Bülow, Döllinger, Bocklin, Herzog Karl Theodor, Dr. Fiedler, Frau Fiedler, Clara Schumann, Siegfried Wagner, Theodor Heyse u. a. sind etwas durch nichts zu Ersetzendes. Die Art, wie Hildebrand die plastischen Formelemente seiner Modelle erfaßt, ohne jemals zu geistreicheln, wie etwa Lenbach es tat, wodurch ihm im Gegensatz zu der Eintönigkeit der Lenbachschen Porträtgalerie eine große Varietät gelingt, die Vollendung, womit er seinen Natureindruck stilistisch veredelt, indem er das Charakteristische rein herausarbeitet und es bis zur Schönheit steigert, der Adel seines Formgefühls, die Sicherheit seiner Konstruktion, der reife Geschmack, dem es immer gelingt, die Büsten nach unten architektonisch geistvoll abzuschließen: das alles ist heute in Deutschland einzig und sucht in Frankreich und Belgien seinesgleichen. Die unmittelbare Beseeltheit der Rodinschen Porträts wirkt freilich noch stärker als die verhaltene Innerlichkeit Hildebrandscher Arbeiten. Auf die Dauer jedoch wird man in vielen Fällen diesen den Vorzug geben, weil sie sich weniger hypnotisierend aufzwingen.

Wie gründlich dieser spirituelle Deutsche den Bedingungen seiner Kunst nachdenkt, hat er mit seiner theoretischen Abhandlung über „das Problem der Form" bewiesen. Mit großem philosophischen Aufwand behandelt der Schriftsteller darin Fragen, die die Künstler im allgemeinen instinktiv durch die Tat zu beantworten pflegen. Nirgends kommt seine Veranlagung zur Abstraktion stärker zum Ausdruck, als in diesen profunden Ausführungen, deren nur für die Plastik formuliertes Schlußergebnis nicht recht im Verhältnis zu der weitausholenden Einleitung steht. Das Ergebnis selbst ist aber unangreifbar, und daß diese Leitsätze gerade in unserer an gebildetem Kunstsinn so armen Zeit ausgesprochen worden sind, macht sie pädagogisch außerordentlich wirkungsvoll. Die Kapitel über Flächen- und Tiefenvorstellungen, über Reliefauffassung und Bildhauerei in Stein, sollten den Schülern unserer Hochschulen nachdrücklich immer wieder erklärt werden. Vielleicht würden infolge solcher Lehre einige der schrecklichen „Freiheiten" unserer Denkmalsplastik unterbleiben. Daß andererseits aber ein solches Überliefern intellektuell gefundener Berufsregeln auch sein Bedenkliches hat, beweist die von Jahr zu Jahr sich vor allem in München mehrende Schar junger Bildhauer, die man als Hildebrandschüler bezeichnen kann. Da der Meister seine lebendige Klugheit, sein tiefes Lebensverständnis mit den Regeln auf die ihm anhängende Jugend nicht übertragen kann, so zeigt sich die Beschränktheit des Systems bei den Schülern in voller Deutlichkeit.

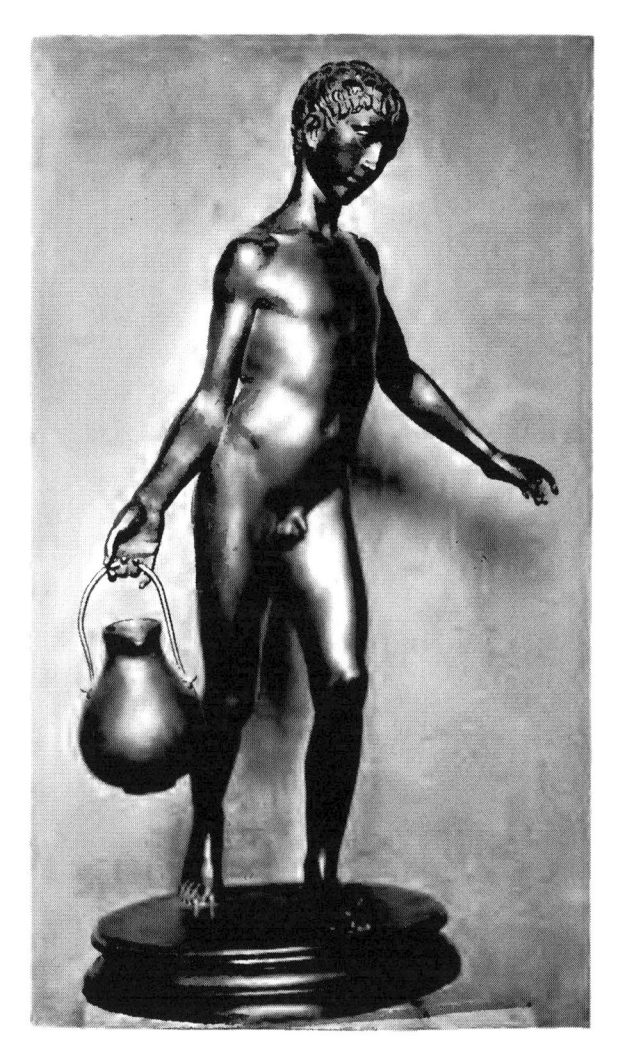

ADOLF HILDEBRAND: WASSERTRÄGER
Bronze

Es ist eigentlich alles gut, was diese Schüler machen, es ist alles „richtig" und tadellos; aber es ist auch starr, formalistisch und darum zur Hälfte kunstgewerblich. Diese Schüler stehen in etwa demselben Verhältnis zu Hildebrand, wie dieser selbst zu seinen lebendigeren und genial ursprünglicheren Genossen, den Deutsch-Römern Feuerbach und Marées. Man erkennt auch an diesen Früchten seines Einflusses die Eigenart Hildebrands und findet auch hier bestätigt, was die Anschauung seiner eigenen Werke schon lehrt.

Auch als Karikaturist hat sich Hildebrand versucht. Doch glaubt man ihm nicht die burleske Laune. So organisch bei Lionardo und Michelangelo oder auch bei Daumier das Groteske erscheint, so natürlich bei Rodin das grausige Häßliche aus einem erregten Temperament fließt, so peinlich widerspricht die philiströse Fliegende Blätter-Lustigkeit der Hildebrandschen Karikaturen der gehaltenen Würde seiner Plastik. Ein vollkommener Dualismus wird sichtbar. Auch dieser weist wieder darauf hin, daß nicht eine mächtige Persönlichkeit hinter dem Gesamtwerke steht, die in keinem Fall anders kann, als sie handelt, und allen ihren Taten, den kleinen und großen, den Stempel innerer Notwendigkeit aufdruckt. Wie Hildebrands Natur keine Leidenschaft hat, so hat sie auch keinen Humor. Wo aber das intellektuell erzeugte Ernste immer noch einen hohen Rang einnehmen kann, da muß das vom kalten Verstand hervorgebrachte Lächerliche ganz mißraten. Bestätigt wird das von den Versuchen, die an einigen Denkmalsbrunnen mit komischen Masken gemacht worden sind: sie sind rein schematisch.

Ohne Einschränkung ist über Hildebrands Kunst also fast nie zu sprechen; und doch ist er ohne Zweifel der bedeutendste unter den Bildhauern Deutschlands der älteren Generation. Er hat den Lorbeer gewonnen durch eiserne Konsequenz und kluge Disziplin, nicht durch fortreißende natürliche Begabung. Um so reiner leuchtet der Ruhm dieses Mannes. Seine Kunst beschämt nun das reichere Talent Reinhold Begas', wirkt als Korrektiv gegenüber der von Gedanken überlasteten Plastik Max Klingers und tritt, alles in allem, fast gleichberechtigt neben die Leistungen Danneckers, Rauchs oder Schadows, deren Traditionen sie mit einer leisen modernen und noch mehr deutschen Nuance fortsetzt. Man kann in der Behandlung des nackten Körpers auf dem Wege, den Hildebrand gewählt hat, kaum weitergelangen, die Materialbehandlung in Marmor und Terrakotta kaum überbieten; und man kann als freier, auf die Nachfrage angewiesener Künstler nicht unbeirrter ein als richtig erkanntes Ziel verfolgen.

Gegen die Qualität einzelner Werke richtet sich in der Diskussion über Hildebrands Kunst die Kritik aus allen diesen Gründen viel weniger als gegen dieses Ziel. Trotzdem es nicht so scheint, steckt auch in dieser Kunst ein Stück Tendenz. Wie auch Hildebrand sich wehren mag: er schafft doch mehr, um ein Kunstprinzip zu verteidigen, um romantisch gegen seine Zeit zu protestieren, als daß er ganz naiv vor sich hin bildete. Das ist ein Zeitschicksal, das erst von unserer Kunst genommen sein muß, bevor sie das ganz Ursprüngliche schaffen kann. Inzwischen ist zu wünschen, daß alle Bildhauer mit demselben männlichen Ernst, wennschon nicht mit so meisterlichen Fähigkeiten wie Hildebrand, sich dem Zwiespalt unserer Epoche gegenüber behaupten lernen.

WIRKLICHKEITSMALER

FRANZ KRÜGER: MÄDCHENBILDNIS

ADOLF MENZEL

DEUTSCHLAND hat am 8. Dezember 1915 Menzels hundertsten Geburtstag gefeiert, als sei er ein Teil der Kriegsstimmung. Nicht eigentlich weil Menzel der Zeichner und Maler des preußischen Kriegsruhms geworden ist, nicht weil der Umstand, daß er in einem wichtigen Kriegsjahr geboren wurde und daß sein Geburtstag sich auch in einer schweren Schicksalsstunde Deutschlands zum hundertsten Male jährt, ganz gleichnishaft erscheinen will, sondern weil sein Wesen, wie das keines anderen deutschen Künstlers, jene Eigenschaften enthält, durch die Preußen im neunzehnten Jahrhundert zur deutschen Vormacht geworden ist. Es wird allgemein empfunden, daß es sich um den am meisten nationalen Künstler der neueren Zeit handelt, mit dem, allen großgesinnten Deutsch-Römern zum Trotz, eine moderne deutsche Kunst erst anhebt

Wir wissen aber, daß eine Menzelfeier, selbst wenn sie im tiefen Frieden stattfände, nur von Deutschen, ja eigentlich nur von Norddeutschen begangen werden konnte, daß kein Nachbarvolk herzlich daran teilnehmen würde. Menzels Werk kann schon im stammverwandten Österreich, ja sogar in gewissen Teilen Süddeutschlands nicht mehr voll gewürdigt werden. Menzel ist auch insofern ein ganz deutscher Künstler, als sein Genie sich allgemeine Weltgeltung nicht hat erringen können und sie wahrscheinlich nie erringen wird. Der deutschen Unsterblichkeit ist er sicher. Es entbehrt sogar nicht der Berechtigung, wenn Bewunderer seinen Namen in einem Atem mit den Namen Dürers und Holbeins nennen. Der Weltruhm, der diese beiden trägt, wird ihm aber versagt bleiben. Nicht daß es ihm an Begabung, Können oder Gestaltungskraft g fehlt hätte. Hierin nimmt Menzel es mit großen Meistern auf. Es genügt aber nicht, ein Meister zu sein, um ewigen Weltruhm zu erringen; es ist dazu auch erforderlich, daß der Künstler unter einem glücklichen Stern geboren sei. Die Menschheit macht ihre Genies nur dann zu Bürgern der Welt und der

Zeit, krönt sie nur dann mit Unsterblichkeit, wenn sie ihr von der Göttin des Glücks zugeführt werden. Glück in diesem hohen Sinne ist, wenn der Künstler in einer fruchtbaren Kulturzone leben darf, wenn Zeit und Umwelt ihn reich mit Gaben beschenken, die wie von selbst in sein Lebenswerk übergehen, es veredeln und darin doch erscheinen, als hätte persönliches Genie sie geschaffen, wenn der Künstler neben Genossen lebt, die seine Kraft beschwingen, wenn er getragen wird von Überlieferungen, die ihm höchste Freiheit verleihen. Glück und Gnade in diesem Sinne ist es, wenn die Persönlichkeit sich innerhalb einer reifen Familienkultur entwickelt, wenn sie befreit bleibt von zu argem Druck der Notdurft und jenes Selbstgefühl ihr eigen nennt, das ein wohlgebauter Körper gibt. Keime, denen eine ungewöhnliche Triebkraft innewohnt, müssen, mit einem Wort, in das rechte Klima, den rechten Boden kommen, die Wetter der Zeit müssen ihnen günstig sein, wenn höchste Mächtigkeit oder Schönheit des Wuchses erreicht werden soll. Überall, wo ein genialer Kunstbetrieb, eine gestaltende Urkraft durch äußere Bedingungen eingeschränkt, im Wachstum verbogen und vom Klima der Zeit und des Landstrichs mißhandelt wird, sind die Bedingungen der persönlichen Tragik gegeben. Von dieser Tragik wendet sich die Menschheit aber selbstsüchtig ab — mit einer wahrhaft „heiligen" Selbstsucht —; sie ladet die Unglücklichen nicht an die Tafeln, wo die großen Meister in olympischer Heiterkeit thronen.

Im Leben Menzels war diese Tragik. Uns, seinen Volksgenossen, die alle irgendwie daran teilhaben, wird er dadurch nur ehrwürdig; der Menschheit aber ist er nur merkwürdig.

Obwohl Menzel mit Ehren und Würden bekleidet worden ist wie kein anderer deutscher Künstler, obwohl er — bei so viel Anerkennung seitens der Autorität seltsam genug — genial war, obwohl er die Eigenschaften eines großen Meisters in sich trug und ein solches Phänomen an Können war, daß von seinen Fähigkeiten ein Dutzend guter Künstler hätte leben können, war er nicht im höheren Sinne ein glücklicher Künstler. Sein Trieb hat sich nicht

ADOLF MENZEL: INNENRAUM MIT DER SCHWESTER DES
KÜNSTLERS

aufs Höchste entfalten können, weil nichts eigentlich ihn förderte und alles ihn behinderte. Zum Autodidaktentum ist Menzel auch insofern verurteilt worden, als er in seiner Zeit, in seinem Land ganz allein dastand. Niemand verstand sein Bestes, und so kam er schließlich dahin, es selbst nicht mehr zu verstehen. Neben ihm lebte kein Genosse, der ihm ein Vorbild jener Freiheit hätte werden können, die ihm so not tat. Seine Umwelt war durchaus kleinbürgerlich, ja philiströs, bis hinauf zu den höchsten Kreisen; seine Zeit war „engbrüstig", wie er selbst einmal geschrieben hat. Das Kulturgebiet, das sein Talent nähren sollte, war der karge märkische Kolonialboden; das Publikum, wofür er arbeitete, war kunstfremd; die Kunst, die ihm Beispiele vor Augen hielt, war frugal. Keine Traditionen großer Art, keine bedeutenden Vorbilder, keine Anregungen, keine Forderungen und nirgends weite Ausblicke in die Weltkunst; weder Publikum noch Kollegen, weder Schulen noch Reisen. Welches Genie wäre da nicht eigensinnig geworden! Menzel war, als er Kuglers Geschichte Friedrichs des Großen illustrierte, der beste Illustrator Europas; aber wer wußte es? Als er zu malen begann, war er ein Impressionist, der die Weltmission der großen Franzosen schon einige Jahrzehnte früher hätte erfüllen können; doch wurde er von Zeit und Umwelt gezwungen, dem genialen Entdeckersinn zu mißtrauen und sich selbst zu vergewaltigen.

Nicht nur Zeit und Umwelt waren seine Gegner; er war sich selbst auch ein Feind. Der Betrachter entdeckt beim genauen Hinsehen in Menzel einige Züge der Zwergenpsyche. Ihn hat zeitlebens der anormal kleine Körper gepeinigt. Der körperliche Zustand machte ihn mißtrauisch, bitter, stachelig, einsam und — willensstark bis zur fixen Idee. Immer hat Menzel eines gewollt, durch Arbeitserfolge wollte er das leise Lächeln verschwinden machen. Er wollte die Mitwelt zwingen — er hat sie schließlich auch in einer fast drastischen Weise bezwungen; aber dabei hat er sich selbst mit unfrei gemacht. Seine Willenskraft war so stark, sein Können so enorm, daß die naive Gestaltungskraft davon zerfressen wurde wie das Metall von Säuren. Man halte sich dieses fast dämonisch anmutende Leben vor Augen: ein Genie an einen zwerghaften Körper gefesselt, heranwachsend in einer engen, ängstlich versorgten Familie, die Philistrosität des Winkelglücks mehr suchend als fliehend, mit der Notdurft viele Jahrzehnte kämpfend, früh schon der Familie den Vater ersetzend, in dem Gedankenkreis der Kleinbürger lebend, lieber sich selbst als der Umwelt und ihren kleinlichen Forderungen mißtrauend und die angeborene Herrscherkraft mehr und mehr subalternen Instinkten unterordnend — man betrachte diesen großen Künstler, wie er dem Glück und der Liebe entsagt und seiner Kunst damit eines der wichtigsten Elemente entzieht, wie er ganz und gar Charakter wird, wie er von Jahr zu Jahr dem Talent, dem Unbewußten mehr mißtraut, wie er alle Anschauung denken will und sie schließlich auch kurz und klein denkt — und wie er bei alledem immer genial, immer ein ganz ungewöhnlicher Mensch bleibt: dann hat man die Tragik Menzels. Der Anblick dieses Kampfes um die Kunst ist hinreißend und unheimlich. Man hört den Willen knirschen, erlebt Siege, wo Menzel selbst zu unterliegen glaubte, und sieht Niederlagen zu, wo er zu triumphieren meinte. Ein eiserner, unerschütterlicher Charakter, ein rechter Märkercharakter: sehnig, unliebenswürdig, eigensinnig, gewaltsam und gottesfürchtig, unausstehlich und großartig in einem, hat das wunderlich große Talent zuerst mächtig gefördert und hat es dann auch fortgesetzt malträtiert. Man sieht, alles in allem, einem Gnomengenie zu, im Besitz jener zauberhaften Kunstfertigkeit, die die Sage allen Zwergen zuschreibt, herrschsüchtig und sklavisch zugleich, erfindungsreich und sorgfältig in einem, fleißig bis zur Monomanie, anspruchslos bis zum Asketischen und ganz legendarisch wirkend in seinem Alter, inmitten eines kaum zu übersehenden Lebenswerks.

Dieses Lebenswerk ist tausendfältige, zu einem Gebirge angehäufte Kleinarbeit. Zunächst verwirrt die Menge des Geleisteten. Vom zwölften Jahre ab ist kein Tag dieses neunzigjährigen Lebens ohne Ertrag geblieben. Sodann frappiert die Mannigfaltigkeit.

ADOLF MENZEL: DAS BALKONZIMMER

Menzel das ist eine ganze Welt. Nicht nur an Gegenstanden, sondern auch an Empfindungen. Neben dem ganz Objektiven ist das anmutig Geistreiche, neben dem Lieblichen das Groteske, neben dem Kleinlichen ist lapidare Größe und neben dem nur Registrierenden die edelste Phantasiegestaltung. Beim Durchblattern der siebentausend Zeichnungen, beim Durchwandern der Menzel-Kabinette in der Nationalgalerie wird man an viele der größten neueren Künstler Deutschlands, Frankreichs und Englands erinnert; nirgends ist jedoch Abhängigkeit. Dann wird man aber auch wieder an die Akademiker, an die nur Schulmäßigen erinnert. Man lernt einen Meister der Zeichnung kennen, aber auch einen Zeichenmeister, der seine Sache gewissermaßen zu gut gemacht hat. Das ganze Lebenswerk sprüht nur so von Geist, alle die porträtierten Menschen erscheinen bedeutend und klug, weil Menzel es selbst war; zeitweise aber häufte er auch nur intellektuell die Einzelzüge und wurde Sittenschilderer; wo er Maler sein wollte, gab er, statt Anschauungen, Aperçus. Das Genie schuf die unsterbliche Friedrichswelt der Illustrationenfolge zu Kuglers Geschichtswerk, der Historienmaler münzte diesen Fund dann in den Bildern des Friedrichzyklus akademisch aus. Es gibt innerhalb des Lebenswerkes eine Jugendperiode, die eine Fülle von Gestaltung aufweist, und eine Altersperiode, deren Werke man zumeist nur verdrießlich bewundert, es gibt eine für die Öffentlichkeit bestimmte Produktion, die unter dem zum Selbstzweck gewordenen Können gelitten hat, und es erscheinen in allen Perioden dann auch Gelegenheitsarbeiten, die Menzel nur für sich gemacht hat, in denen sich die Offenbarungen nur so drängen und die der deutschen Kunst ein neues Gesicht gegeben haben. Es gibt einen offiziellen Menzel und einen inoffiziellen, einen revolutionären und einen konservativen Gestalter, einen visionären Künstler, einen Vorwegnehmer von Zeitbedürfnissen und einen Kunstbeurteiler, der scheinbar gar nicht mehr wußte, was Kunst eigentlich ist. Zieht man die Summe, so bleibt die Tatsache, daß Menzel alle Genossen in Deutschland übertroffen hat, obwohl mancher von ihnen grundsätzlich das Ziel der modernen Kunst besser kannte Es ist gesagt worden, Menzel sei charakterlos gewesen, er habe mit dem Publikum paktiert Das ist falsch. Im Gegenteil, der allzu starre Charakter hat dieses ungemeine Talent verhindert, klassisch zu werden. Daß dieser Charaker sein mußte, wie er war: das ist die Tragik Menzels, das ist die Ehrfurcht gebietende Problematik seiner Kunst.

Diese charaktervolle Problematik ist das eigentlich Deutsche Menzels. Er hat es erreicht, daß sein Lebenswerk schlechthin der Eckstein der ganzen modernen deutschen Kunst ist; sich selbst aber hat er zur höchsten Freiheit nur in Augenblicken durchringen können. Sein Kampf mit sich und der Umwelt ist im gewissen Sinne der Kampf Preußens und Deutschlands, ist der Kampf der gesamten deutschen Kunst, ist der allgemeine deutsche Weg vom Provinziellen zur Weltgeltung. Das macht seine Gestalt in dieser Stunde symbolisch. Es ist der Kampf des in der Enge geborenen und herangewachsenen Genies um allgemeine Weltbedeutung — das heißt, um höchste Freiheit und Selbstherrlichkeit, um unbedingte Herrschaft und heitere Gewißheit, um das zwingende Glück, dem sich eine Menschheit beugt.

MAX LIEBERMANN

LIEBERMANN wendete auf seine Kunst gern ein Wort an, das von Schiller stammt und das dieser in seinem Umgang mit Goethe formulieren gelernt hat. Es lautet: der Künstler solle vom Objekt das Gesetz empfangen. Liebermann meint damit, der Maler solle nicht die „Ideen" seiner Kunst auf Grund lebloser Begriffe finden, sondern er solle sie aus der Natur ablesen, er solle sie sich von der Natur, von den Werken Gottes vertraulich zuflüstern und sich demütig so über das Wesen der Schönheit belehren lassen. Daß Liebermann sich selber diesen Grundsatz aufgestellt hat, erklärt seine Arbeitsweise und sein Wesen. Dieses Schaffensprinzip deutet auf Bescheidenheit bei hohem sachlichem

ADOLF MENZEL: DAS THEÂTRE GYMNASE

Ehrgeiz; es deutet darauf, daß der Maler versteht, hinter sein Werk zurückzutreten. Diesem Prinzip verdankt es der Künstler, daß er zum Führer der neueren deutschen Malerei geworden ist und daß er oft genial erschienen ist, wo er in Wahrheit nur ein starkes Talent genannt werden darf. Ein Talent ersten Grades, das die feine Klugheit gehabt hat, sich an genialen Beispielen, an der Kunst der alten Holländer und der modernen Franzosen zu erziehen. Und das zudem eben durch seine gesunde Tüchtigkeit wie von selbst die natürliche Tradition wiedergefunden hat. Daß Liebermann Berliner ist, bleibt bei ihm nicht ein zufälliger Umstand. Denn er ist mit allen Instinkten Berliner. Die nordöstliche Großstadt hat ihrer Natur, ihren Entwickelungsbedingungen nach andere Kunstbedürfnisse, als die süddeutschen Städte haben. Jeder Organismus greift zu dem, was seiner Art nutzen kann; darum ist das moderne Berlin mit innerer Notwendigkeit die erste Heimstätte des Impressionismus in Deutschland geworden. Die Heimstätte eines sozusagen preußisch trockenen Impressionismus. Die Kunst Liebermanns entspricht in diesem Sinne den Bedürfnissen des neuen Berlin. Sie ist sachlich, unsentimental, ohne die letzte Tiefe und ohne den höchsten Aufschwung, aber temperamentvoll wahr und konsequent in jeder Äußerungsform. Und, was das Wertvollste ist, sie steht in all ihrer Avanciertheit ganz organisch innerhalb der Entwickelung der berlinischen Malerei. Wenn man das letzte Jahrhundert studiert, in dem allein von einer Berliner Malerei die Rede sein kann, so wird man finden, daß Liebermann das vorläufige Ende der Linie ist, die mit Daniel Chodowiecki anhebt, die den Zeichner Joh. Gottfried Schadow berührt, die über Franz Krüger zu einem vormärzlichen Illustrator wie Hosemann geht und sodann zu dem Krügerschüler Steffeck. Steffeck war Liebermanns erster Lehrer, und zwischen diesen Lehrer und diesen Schüler schiebt sich dann noch der bedeutendste aller preußisch berlinischen Maler der neuen Zeit: Adolf Menzel. Menzel ist der unmittelbare Vorgänger Max Liebermanns, trotzdem man diese beiden so oft in einen Gegensatz zueinander zu bringen gesucht hat und trotzdem im einzelnen auch wirklich viel Gegensätzliches vorhanden ist. Liebermann setzt fort, was Menzel begonnen hat, ja, er geht in entscheidenden Punkten über seine bedeutenden Vorgänger hinaus, in ihm ist zum Bewußtsein gekommen, was in Menzel noch schlief oder unter dem Druck der Zeitgesinnung in der Entfaltung gehemmt wurde. Dadurch gerade aber wird er zu einem typischen Berliner Künstler, zu einem, der in die Reihe Chodowiecki, Schadow, Kruger, Steffeck und Menzel organisch hineingehört, ja, der diese Stellung innerhalb der Berliner Schule selbst einsieht und sie sogar programmatisch betont. Liebermann hat die Tradition, die nicht gewollt werden kann, sondern die bei bodenständigen Talenten um so mehr immer da ist, je selbständig tüchtiger sie zu werden trachten. Man kann von Liebermanns Malerei sagen, sie hätte es von Anfang an verstanden, sich überall an die richtigen Anregungsquellen zu wenden, und sie wäre so Stufe um Stufe zur Selbständigkeit und zu eigener Schöpfungskraft emporgestiegen. Liebermann wäre ohne die Berliner Tradition einerseits und ohne die modernen Franzosen, ohne die Impressionisten, von Millet bis Manet andererseits, nicht geworden, was er heute ist. Trotzdem steht er aber als ein ganz selbständiger und ganz deutscher Künstler da; ja, es wurzelt seine Führerschaft in eben dieser Selbständigkeit.

Liebermann begann also als Schüler des Krugerzöglings und Pferdemalers Steffeck in Berlin. Sein Talent hat sich in diesen Lehrjahren in entscheidender Weise nicht gezeigt. Liebermann spricht von Steffeck mit großer Liebe, doch verehrt er in ihm, trotzdem er Steffeck bei seinen Schlachtenbildern schon helfen durfte, mehr den jovialen Lehrer und mehr den witzigen Urberliner als den Maler. Immerhin war Liebermann von Steffeck schon sehr gut vorbereitet, vor allem zeichnerisch, als er dann an die Kunstschule nach Weimar ging, um dort bei dem Belgier Pauwels zu malen. Durch diesen kam er zum erstenmal in Berührung, wenn auch nur mittelbar, mit der freieren niederländischen und französischen Malweise. Und ihm wurden in dieser Lehre dann die Augen geoffnet für die dunklen, courbethaften Tonschönheiten Munkaczys, der gerade damals, es war um 1872, seine Ruhmeslaufbahn durch Europa begann. Aber Liebermanns Einsicht sagte ihm auch gleich, daß man die Kunst nicht aus zweiter und dritter Hand studieren soll, sondern an den Quellen. Sein richtiger Instinkt trieb ihn in diesem kritischen Augenblick nach Frankreich, wo eben eine neue, eine wahrhaft moderne Kunst ans Licht der Zeit getreten war. Liebermann witterte in diesen Jahren, als erster wohl in Deutschland, die ungeheuren neuen Moglichkeiten dieser neuen Kunst. Es begann sich in ihm die tiefe Begeisterung für das Leben an sich, für das Geheimnis der bloßen Wirklichkeit, für das unausschöpfliche Wunder der Alltagsnatur zu regen. In unserem Jahrhundert der Realitäten sah er als der Frühesten einer, daß die Natur in der deutschen Kunst jener Zeit eigentlich nur im Sonntagskleid dargestellt wurde. Die großen alten Meister früherer Epochen haben die Natur gewissermaßen vergöttlicht, wenn sie sie darstellten. Dazu ist unser Geschlecht nicht mehr fähig, weil es im tiefsten skeptisch geworden ist; aber es hatte um 1870 auch noch nicht den Mut, die Natur konsequent zu vermenschlichen und sich über die subaltern getreue Abschilderung der Natur temperamentvoll zu erheben. Liebermann fühlte, daß die Mittel, das Subalterne der Wirklichkeitsmalerei zu überwinden, nur in Frankreich erworben werden konnten. Er schloß sich mit rechtem Instinkt zuerst dem Bauernmaler Millet an. Nicht zufällig. Denn Millet ist unter allen französischen Meistern des neunzehnten Jahrhunderts der, der am meisten germanisch erscheint. Dieser Einfluß von Millet ist aber nicht unbedingt geblieben. Es ist die Wirkung Courbets hinzugekommen und die jener ganzen Malerschule, die man die Schule von Fontainebleau genannt hat. Ihr Einfluß war um so stärker, als sie den jungen Deutschen auf die alten Niederländer dann verwiesen haben, weil sie ihn ermuntert haben, von Paris aus die Museen in Holland zu besuchen und im besonderen fleißig Frans Hals zu kopieren. Auch Rembrandt hat der deutsche Maler so erst richtig verstehen gelernt.

Mit Hilfe aller dieser Lehrer hat Liebermann sich in den siebziger und achtziger Jahren zu einem reifen und bedeutenden Künstler entwickelt. Er hat ein paar Jahre in München gelebt und auch dort noch Anregungen aufgenommen. Und vor allem ist ihm sodann in dieser Zeit sein innerer Zusammenhang mit Menzel klar geworden, was sich in Bildern dieser Periode deutlich kundgibt. Er ist allmählich, aber stetig zu sich selbst gekommen und ist jener Liebermann geworden, dessen Bilder man auf den ersten Blick erkennt. Er hat seinen persönlichen Stil gefunden, weil er mit Hilfe der französischen und altholländischen Lehrer seiner eigenen ihm eingeborenen Gefühlskraft vertrauen gelernt hat. Doch haben seine Bilder bis zu dieser Zeit, in den achtziger Jahren, immer noch etwas Dunkles. Gewissermaßen etwas Galeriemäßiges. Ein anderer Franzose hat Liebermann dann auch von diesen letzten konventionellen Fesseln befreit, indem er die ganze neuere Kunst daraus befreite: Eduard Manet. Wie dieser allen modernen Malern das helle Licht des Tages, das Freilicht gebracht hat, so hat er auch Liebermann geholfen, seine dunklen Bilder aufzuhellen. Von Manet hat Liebermann gelernt, was ihn erst so recht zum Führer der modernen deutschen Malerei gemacht hat: Licht, Luft und Bewegung darzustellen. Liebermann hat von anderen gelernt, wie selten ein deutscher Künstler gelernt hat; nicht nur mit Hingebung, sondern geradezu mit Leidenschaft. Aber gerade um dieses Selbstvergessens willen ist er erhöht worden zu der Führerstelle, die er einnimmt. Gerade daß er von Fremden so vorurteilslos gelernt hat und dabei stark und selbständig geworden ist, hat ihn so recht zu einem deutschen Künstler gemacht. Seine Malerei, wie sie geworden ist, in internationaler Lehre und auf Grund der Traditionen, in die er hineingeboren worden ist, steht nun da wie ein Naturprodukt, das nicht anders sein kann. Sie steht, wie sie sich unserem Auge nun darstellt, als das Resultat einer notwendigen Geistesentwickelung der ganzen Zeit da. Und das eben läßt sie deutsch erscheinen. Lange Zeit hindurch ist dieser Kunst der Vorwurf gemacht worden, sie sei undeutsch. Heute zeigt es sich,

MAX LIEBERMANN: DIE NETZFLICKERINNEN

wie ungerecht und kurzsichtig das Wort ist. Ein Künstler verliert nicht sein Deutschtum, wenn er bei Künstlern fremder Nationalität in die Lehre geht. Wäre es so, dann hatten deutsche Maler niemals uber die Alpen nach Italien ziehen dürfen. Im Gegenteil: Liebermann hat im höchsten Sinne national gehandelt, als er die Errungenschaften einer neuen Kunst für Deutschland eroberte, als er die übernationale moderne Kunstidee kraft seines großen Talentes und kraft seiner starken Künstlersittlichkeit nationalisierte. Was vielen Deutschen in seiner Kunst in der ersten Zeit als revolutionär und zerstorend erschien, das hat sich als das wahrhafte Konservative entpuppt. Dieser Berliner, der zuerst von aller heimischen Überlieferung losgerissen erschien, steht heute vor uns da als der natürliche Fortsetzer und Vollender Menzels. Das aber hätte Liebermann niemals werden können, wenn er ein Nachahmer Menzels geworden wäre.

* * *

Betrachtet man das Gesamtwerk Liebermanns, so nimmt man wahr, daß es sich bequem gruppieren läßt, und daß jede Gruppe von Werken auf besondere Charakterzüge dieses Talentes hinweist. So stehen zum Beispiel drei bekannte Bilder, wie „Die Gänserupferinnen", „Die Konservenmacherinnen" und die „Arbeiter im Rübenfeld", für die ganze Anzahl zeitlich und künstlerisch verwandter Arbeiten. „Die Gänserupferinnen" sind 1872 in Weimar gemalt worden. Liebermann war damals kaum fünfundzwanzig Jahre alt. Es ist das Werk also das Produkt einer sehr frühen Periode. Trotzdem wirkt das Bild merkwürdig reif; freilich innerhalb der Tendenzen einer noch im Genrehaften befangenen Malweise. In jeder Gestalt spürt man eine intensive Modellarbeit. Alle diese alten Weiblein sind aufs genaueste studiert, sie kommen alle unmittelbar aus der Wirklichkeit des Alltags her und gehen in ihrer Beschäftigung vollständig auf. Man kann sich sehr wohl vorstellen, was diese Frauen untereinander sprechen und wie sie mit dem Alten, der die Gänse mit empfindungsloser Geschaftsmäßigkeit herbeibringt, verkehren, Vorn ist noch viel Braunes und Schwarzes, viel Munkaczyartiges; auch ist das Bild sehr genau ausgeführt. Es ist die gewissenhafte Arbeit eines starken Talentes, das noch mit einem Fuß in der Akademie steht. Dadurch, aber eigentlich auch nur dadurch, unterscheidet es sich von den ein Jahr später schon viel freier und leichter gemalten „Konservenmacherinnen". Das Motiv ist dem der „Gänserupferinnen" sehr ähnlich. Derselbe Raum, dieselbe Lichtquelle im Hintergrund und sogar dieselbe alte windschiefe Laterne links im Bilde. Aber die Komposition ist merklich straffer. Es taucht schon das Kompositionsmittel bewußt auf, das Liebermann später mit so starkem Nachdruck angewandt hat, nämlich die Komposition mittels der Parallelen. In den „Gänserupferinnen" sitzen die Frauen gleichfalls in zwei Reihen einander gegenüber; doch ist dort die Ordnung noch sehr aufgelöst, es wirkt die Parallele dort fast zufällig. In den „Konservenmacherinnen" dagegen ist der Parallelismus ganz deutlich benutzt, um das Gefühl des Raumes herzustellen. Liebermann hat durch dieses Mittel etwas Stilistisches erreicht, ohne daß man die Absicht spürt. Die Arbeiterinnen sitzen durchaus natürlich da, in zwei Reihen, ganz ihrer Beschäftigung hingegeben. Dennoch ist es durch die Anordnung erreicht, daß das scheinbar Zufällige rhythmisch geordnet wird. Der gleiche Winkel in der Armhaltung bei den verschiedenen Frauen, das straffe Hintereinander und das perspektivische Zusammengehen der Menschenreihen nach hinten: das alles bringt ein lebendiges Tempo in das Bild. Es bringt eine höhere Ordnung hinein. Und an der lockeren Art der Malerei, an der Sicherheit, womit die Farbenflecken hingesetzt sind, spürt man es, daß Liebermann bereits, bevor er dieses Bild malte, einen kurzen Abstecher nach Frankreich gemacht hatte.

Die „Arbeiter im Rübenfeld" sind dann die erste reife Frucht des Aufenthalts in Frankreich. Es hätte ohne die Kenntnis Millets, Courbets und anderer moderner Franzosen nicht gemalt werden können. Man sieht es auf den ersten Blick, daß dieses Bild nicht

MAX LIEBERMANN: KANAL IN LEYDEN
Zeichnung

der Typen, nicht der anekdotischen Schilderung wegen gemalt worden ist, sondern daß ihm ein starker Lebenseindruck zugrunde liegt. Ein Eindruck, wie wir ihn jeden Tag draußen auf den Feldern in irgendeiner Weise nachempfinden können. Auch hier ist wieder die Parallelwirkung. Sie ist da, trotzdem eigentlich nur eine Reihe von Menschen gegeben ist; die zweite unsichtbare Reihe im Vordergrund ist aber durch die eine Figur an der rechten Seite in geistreicher Weise vollkommen schon angedeutet. Trotzdem auch jetzt noch jede Figur gut charakterisiert worden ist, wurde das Bild doch nicht um solcher Einzelcharakteristiken willen gemalt. Es ist gemalt worden, weil der Künstler ergriffen war vom Pathos der Arbeit und von der Schönheit dieser unter dem Zwang der gleichen Tätigkeit sich gewissermaßen selbst stilisierenden Massengruppe.

Eine neue Etappe beginnt um 1880 mit einem Bild, das das „Altmännerhaus" in Amsterdam heißt und wofür Liebermann in Paris, als erster Deutscher nach dem Kriege, die Medaille erhalten hat. Nicht nur für den Künstler bezeichnet dieses Werk den Beginn von etwas Neuem, sondern für die ganze deutsche Malerei. Es bezeichnet den Beginn der Lichtmalerei, der Malerei im Freien. Haftet den früheren Bildern, selbst den „Arbeitern im Rübenfelde" immer noch Atelieratmosphäre an, so geht durch dieses Bild der Atem der Unmittelbarkeit. Auch hier sind wieder die verschiedensten Typen alter Männer, wie sie sich in einem Stift wohl zusammenfinden am Abend des Lebens und wie sie im Garten ihres Asyls plaudernd, rauchend oder stumpfsinnig behaglich beieinandersitzen. Aber es drängt sich nirgend der einzelne hervor; es ist das Ganze gesehen. Nicht dieser oder jener spielt die Hauptrolle, sondern die Sonne tut es, die über alle diese Männer ihr warmes Licht ausgießt und die sie alle, wie ihre Strahlen in vielen hellen Flecken durch das grüne Laub brechen, mit ihrem zitternden Schein verklärt. In diesem Bild ist nicht die Spur gesuchter Sentimentalität oder anekdotischer Gruppierung, wozu das Thema doch sehr verführte. Es ist nur Stimmung darin, Gesamtstimmung. Wundervoll weich und vielfach nuanciert steht das belichtete Schwarz der Kleidung in dem durchsonnten Grün des Laubes; und die hellen Punkte des Haares aller dieser Graukopfe schwimmen gewissermaßen in diesem Glitzerspiel von Licht und Luft. Auch in diesem Fall ist die Komposition wieder mit Hilfe der Parallelbewegung stilisiert worden. Aber auch hier fällt es nicht aufdringlich auf. Man sieht das Ganze wie aus der Distanz, und man geht vorüber, wie man im Sommer auf öffentlichen Plätzen an ähnlichen Gruppen wohl vorubergeht; aber es bleibt die Empfindung, das Zufällige in bezug zu einer ewigen Idee gesehen zu haben.

Liebermann hat zu Beginn der achtziger Jahre viele ähnliche Motive in Holland gemalt. Zu diesem „Altmännerhaus" gehören zum Beispiel die vielen Bilder, auf denen die Hofe Amsterdamer Waisenhäuser geschildert sind, gehören alle die Nähschulen und alle jene Werke, in denen der Maler das malerisch von ihm entdeckte Sonnenlicht auf die weißen Hauben von Waisenmädchen oder auf die rührenden Gestalten schmächtiger Arbeiterinnen herabrieseln läßt. Doch werden alle diese Bilder von dem einen gut reprasentiert.

Noch intensivere Lichtstudien hat Liebermann mit der „Schusterwerkstatt" gegeben. Was würde aus diesem Motiv nicht ein Genremaler von altem Schrot und Korn gemacht haben! Er hätte den alten, Tabak schnupfenden Humoreskenschuster gezeigt, wie er seinen Lehrjungen schurigelt, wie er einem dabeistehenden hübschen Dienstmädchen den ausgebesserten Schuh zeigt, oder dergleichen. Dies ist gerade das Gegenteil von dem, was Liebermann getan hat. Dieser hat gesucht, was in der Kunst am höchsten steht: die Form. Und in der Form das vom Zufälligen geloste, das ewig Wiederkehrende, das Wesentliche, das Gesetzmäßige. Da er es aber als Naturalist tut, da er seine Motive direkt aus der Wirklichkeit des Alltags nimmt, so liegt es auf der Hand, daß er sogar absichtsvoll die witzigen und erzählenden Stoffe vermeiden muß. Denn an ihnen konnte er niemals das unpersönliche, oder besser, das überpersönliche Leben der Atmosphäre und des Lichtes aufzeigen. Was er braucht, ist der neutrale Stoff, weil gerade der geladen ist mit aller Dramatik des Lebens, weil in ihm alle großen Möglichkeiten der Form schlummern.

Daß durch dieses Zurückdrängen des Stofflichen zugunsten der Form nichts Kaltes und Liebloses in das Bild kommt, dafür bietet kein Bild einen besseren Beweis, als die um 1883 entstandene „Bleiche". Das eigentliche Objekt der Schilderung ist die Stimmung, wie sie in einem grünen Garten unter halbhohen Bäumen von einem stillen, neblig hellen Licht ausgeht. Da es Liebermann gelungen ist, diese Stimmung in all ihrem atmosphärischen Reichtum und in all ihrer gedämpften Schönheit wiederzugeben, so ist in dieses Bild eine wundervolle Vornehmheit gekommen und eine Intimität, die kaum ihresgleichen hat in der neueren deutschen Malerei. Es kann nichts Gleichgültigeres gezeigt werden als dieses Motiv. Zwei Frauen sind mit dem Ausbreiten von Wäsche beschäftigt, im Hintergrund gehen und stehen ein paar andere Frauen, und am Weg zum Hause picken die Hühner. Reine Zustandsschilderung also. Aber es ist in diesem Bild die Ruhe des Vormittags, die Poesie beschaulicher Hausarbeit und die Romantik der grünen Gartenstille. Dieses Bild beweist, daß Liebermann, während er die banale und unmalerische Genrekunst überwunden hat, zugleich der Begründer einer neuen Art von Genrekunst geworden ist. Einer Genrekunst wieder im Sinne der alten Holländer, die auch Szenen des alltäglichen Lebens malte, die aber auch die Form hoch über den Stoff stellte. Einer neuen, modernen Genrekunst, deren Wert darin besteht, daß sie die Erscheinungen unserer Umgebung nicht mehr verdoppelt, indem sie sie photographisch abmalt oder sie zum Geschichtenerzählen benutzt, sondern daß sie diese Erscheinungen im Lichte einer Wahrheit und Schönheit zeigt und so zu ihnen eine bleibende Liebe erweckt.

In welcher Weise sich Liebermann zu höheren Zielen fortentwickelt hat, zeigt eine Gruppe von Bildern, die dasselbe Motiv in verschiedener Weise behandeln, nämlich den Biergarten. Liebermann hat dieses Motiv zu seiner Zeit sehr geliebt. Es kehrt bei ihm immer wieder. Um so interessanter ist es, dasselbe Motiv verschiedene Male zu betrachten, wie es in Zeiträumen von zehn zu zehn Jahren etwa aufgefaßt worden ist. Das „Bierkonzert" ist 1883 gemalt worden, der „Biergarten in Brannenburg" ist 1893 entstanden und das „Restaurant Jakob" um 1904. Im „Bierkonzert" ist sehr viel von Adolf Menzel Es stammt aus der Zeit, wo Liebermann sich seiner Berliner Tradition wieder mehr zu erinnern begann. Aber es geht gleich auch weit über Menzel hinaus. Der reflektionslustige Menzel wäre in diesem Falle über die Schilderung des Gegenständlichen, der Menschen und ihres Treibens kaum hinausgekommen. Er hätte ein paar Dutzend Steckbriefe gemalt, das heißt, er hätte minutiös genaue Menschenschilderungen gegeben und hätte von allen etwas Geistreiches erzählt. Er hätte ein Potpourri von vielen kleinen Anekdoten gegeben. Auch auf Liebermanns Bild wird noch mancherlei erzählt. Man braucht nur die Amme anzusehen, die dem Kinde zu trinken gibt, oder das rechts vorn im Sand spielende Kind. Aber man muß dieses Ablenkende doch suchen, um es nur zu finden. Beim Zurücktreten versinkt das Gewoge des einzelnen in eine alles umhüllende Atmosphäre, das Auge sieht nur noch ein Ganzes, ein glitzerndes Spiel von Licht und Bewegung, und es wird ein Gefühl berührt, das den Betrachter schon oft vor der Natur beglückt hat, das aber vor diesem Kunstwerk erst seiner selbst bewußt wird. Dieses Bild funkelt förmlich von Schönheit und Lebensfrische. Es könnte ebensowohl darunter stehen: Licht, Luft und bewegtes Leben. Liebermann selbst aber hat sich von dieser Art Malerei noch nicht befriedigt gefühlt. Es war ihm noch zu viel Schulmäßiges und Altmeisterliches darin. Das beweist der „Biergarten in Brannenburg". Es fällt auf, daß dieses Bild mit einer ganz anderen Breite gemalt ist, mit einem ganz anderen Pinsel. Hier ist der Maler sich seines Könnens und Wollens und seiner Kraft bewußt. Die Menschen lassen sich als Individuen kaum noch erkennen, es sind wenig mehr als Farbenflecke. Aber wie stehen diese Farbenflecke

MAX LIEBERMANN. DÜNENLANDSCHAFT

im Raum und im Licht! Sie sind so richtig, so im höheren Sinn richtig hingesetzt, daß sie überzeugend als Menschen wirken. Ja, es ist mit den denkbar einfachsten Mitteln sogar die Wirkung einer Menschenmenge erreicht worden. War die Absicht bei dem vorigen Bild, das Formengetümmel eines Biergartens aus der Nähe zu malen, befindet sich der Betrachter hier gewissermaßen mitten drin im schönen Aufruhr des Lebens, so hat der Maler, und mit ihm der Betrachter, hier Distanz genommen. In diesem Falle ist vor allem der Raum dargestellt und die Macht des Lichtes. Die Menschen ducken sich förmlich unter der Gewalt des Elementarischen, das unter den durchsonnten Bäumen machtvoll daherbraust. Auch hier finden wir die Parallelkomposition wieder. Es sind dieses Mal die Bäume einerseits und es ist die Hauswand andererseits, die die perspektivische Raumgasse bilden. Aber es ist in den zehn Jahren alles selbstverständlicher, leichter und souveräner geworden. Noch gleichgültiger gegen das Detail erscheint Liebermann endlich in dem Bild „Garten des Restaurant Jakob". Hier ist, wie in einem Schulbeispiel, die Raumgasse aus zwei Reihen von Baumstämmen gebildet. Und innerhalb dieser Gasse fließt und flimmert das tonig aufgelöste Licht gleichmäßig über Erde, Tische, Menschen und Laub, alles Fremdartige vereinigend. Es ist das große, stilgebende Element geworden. Vergleicht man dieses Bild mit dem Münchner „Bierkonzert", so möchte man diesem den Vorzug geben. Es ist mehr ein rundes, vollständiges Bild, während das „Restaurant Jakob" wie eine Skizze wirkt. Bei einem solchen Vergleich muß man aber bedenken, daß beim „Bierkonzert", in dem einen Bild das Wollen und Können einer ganzen Entwickelungsepoche enthalten ist, daß das „Restaurant Jakob" aber nur eines von vielen ähnlichen Bildern ist. Jenes erste Bild hat viele Monate erfordert, dieses spätere könnte in zwei Vormittagen heruntergemalt worden sein.

Eine andere Gruppe Liebermannscher Bilder könnte man Beispiele einer modernen sozialen Malerei nennen. Weisen Bestrebungen wie die eben betrachteten durchaus auf den Einfluß des

Lichtmalers Manet, so weisen die nun folgenden auf den Einfluß, der von Millet ausging. Es sind Resultate des sozialen Geistes, der unsere Zeit so sehr erfüllt, und in diesem Sinne Äußerungen eines ganz modernen Wollens. Man darf die Absicht aber nicht mißverstehen und glauben, der Künstler wäre vom sozialen Mitleiden mit den Arbeitenden geleitet worden. Wie die alten holländischen Bauern mit der Kiepe auf dem Rücken durch die Dünenlandschaft schreiten, das ist tendenzlos gegeben. Was Liebermann gereizt hat, das ist das Phrasenlose, das Sachliche in der Erscheinung des arbeitenden Volkes; die Stimmung des rein Menschlichen hat den Künstler ergriffen. Er hat gefunden, daß sich das von jeder Pose befreite Leben auch malerisch am glücklichsten ausdrücken läßt. Das Motiv einer Frau, die das Vieh weidet, kehrt innerhalb dieser Gruppen von Bildern oft wieder. Welche Bewegungsdramatik der Künstler diesem Motiv zu entlocken wußte und worauf es ihm eigentlich ankam, das lehrt ein Bild, das 1890 zuerst dem Publikum gezeigt wurde und das damals Stürme der Entrüstung entfesselte. Es ist die ,,Frau mit den Ziegen". Dürftiger und einfacher kann ein Motiv nicht sein. Eine alte Frau führt zwei Ziegen über eine öde Düne: das ist alles. Aber was ist in diesem Wenigen nicht alles enthalten! Man hört den Seewind förmlich über die kahlen Höhen streichen. Mensch und Landschaft sind in der Empfindung des Malers zu einer Einheit geworden. Und die mühselige, leidvoll verarbeitete alte Frauengestalt reckt sich mit einer gewissen tragischen Gewalt empor. Welche Einsamkeitsstimmung ist in diesem Bild, und wie wird es doch zu einem Symbol für den Betrachter! Vor einem Bild wie diesem versteht man das Wort, das von solcher Kunst gesagt worden ist: sie stelle die leidende Natur dar. Hier ist wirklich die leidende Natur gemalt. Aber nicht, um zu jammern, sondern um aus der Mühe und Not des Lebens selbst das Große zu gewinnen. Die Schönheit, die aus diesem Bild leuchtet, ist zweifellos bis zu gewissen Graden grotesk. Aber das ist modern, das ist unser Schicksal. Es ist trotzdem eine ganz echte und starke Schönheit.

Auch hier ist Rhythmus und Melodie so gut wie in der alten historischen Kunst. Aber es ist zugleich die Melodie und der Rhythmus unseres Lebens.

Etwa zwei Jahre vor diesem Bilde entstand ein anderes großes Gemälde, ebenfalls sozialen Inhalts: die Flachsscheuer in Laren. Wir sehen das Innere einer holländischen Spinnerei, sehen eine Anzahl von Mädchen mit hellen und dunklen Hauben ruhig in Reihen bei der Arbeit stehen. Wieder sehen wir die Parallelkomposition, die Gasse, die in die Tiefe des Raumes führt. Das ganze Bild ist nur zusammengebaut aus den horizontalen Linien des Deckengebalks und der silbern hell glitzernden Flachsfäden und aus den Senkrechten der Figuren. Und es ist meisterhaft aufgebaut, wie in einem zwingenden Rhythmus. Das Motiv dieses Bildes ist die stille phrasenlose Poesie der Arbeit. Man hört sie surren, die Arbeit; ihre stille Gewalt ist gegenwärtig in diesem niedrigen Raum. Die Liebe für diese Arbeit, die Liebe zu solchen und ähnlichen Erscheinungen des Sozialen hat Liebermann begeistert. Er hat nicht an Sozialismus gedacht, sondern er hat gefunden, daß dieses schön ist. Daß eine Schönheit darin ist, die vorher noch nicht gesehen worden ist und die überall doch gegenwärtig ist in unseren Arbeitsstuben, überall in unserem Alltagsleben. Und das ist nun die wichtige Lehre, die Bilder wie diese uns geben. Wir leben ein arbeitsvolles Großstadtleben und fühlen uns oft wohl ausgeschlossen von den hohen Schönheitsgenüssen, die die Kunst geben kann. Ja, wir fühlen uns nur noch um so einsamer, wenn einmal die Laute der großen repräsentativen Kunst alter Zeit zu uns dringen, wenn wir an Raffael und Michelangelo denken oder wenn ein Strahl von der hohen Kunst Rembrandts in unser Alltagsleben fällt. Etwas wie Bitterkeit steigt oft in uns auf, daß wir bei aller unserer Mühe ausgeschlossen sein sollen von der Schönheit. Aber wir sind nicht ausgeschlossen. Blicken wir auf solche Kunst! Und blicken wir von ihr zurück dann nochmals auf unser Leben. Diese Kunst lehrt uns, daß die Schönheit überall ist; sie predigt laut von der Allgegenwart der Schönheit. Es liegt nur an den Augen, womit man die Welt anschaut. Was Liebermann hier gemalt hat, ist eine Schönheit, die überall ist, wohin der Blick fällt. Sie ist in den Straßen unserer Städte, in allen Arbeitssälen, in jedem Winkel, überall wo Menschen beieinander sind, überall wohin das Licht fällt und wo die Luft ihre zarten Schleier breitet. Selbst was gemeinhin häßlich heißt, leuchtet auf im Glanze dieser bewegten Schönheit, die uns von neuem zeigt, daß das lebendige Leben überall in irgendeiner Weise auf seinen göttlichen Ursprung zurückweist. Auch auf unseren kahlen Feldern draußen erhöht sich diese Schönheit des Alltags und der Arbeit mit so majestätischer Geste, wie auf dem Bilde Liebermanns, das er die „Netzflickerinnen" genannt hat. Es ist unter den sozialen Bildern sein bedeutendstes. Es zeigt eine flache Landschaft, bevölkert von Frauen, die Netze ausbessern. Nichts weiter. Aber dennoch braust einem aus diesem Werk eine neue Art von Größe entgegen. In diesem Bild hat Liebermann einen Höhepunkt erreicht. Was er gibt, ist das edle Pathos der Arbeit, das Pathos der leidenden Natur. Das blonde Fischermädchen im Vordergrund steht mit einer gewissen Passivität da; sie wird bedrängt von dem ungehemmt vom Meere über die flache Landschaft dahinfegenden Wind. Sie steht geduldig und ohne jede heldische Theaterpose da; aber doch ist in ihr ein gewisser Heroismus. Es ist Pathos in ihrer starken und kühnen Silhouette. Liebermann erweist sich wie sein Anreger Millet hier als ein Pathetiker des an sich Unpathetischen. Man fühlt, wie er hingerissen war von diesem Naturerlebnis. Es ist große Empfindung darin, wie der unbegrenzte Raum mit dem weiten Horizont gegeben ist und wie dieses Räumliche durch die verschieden weit entfernten Figuren rhythmisch geworden ist. Es stempelt Liebermann zu einem bedeutenden Künstler schon dieses hier bewiesene Raumempfinden. Die Menschen, die Gegenstände auf diesem Bilde handeln nicht, sie sind rein zuständlich gesehen. Aber der Raum handelt. Dieser läßt die Dinge idyllisch und romantisch erscheinen, bedeutend und charaktervoll, er umkleidet sie mit all der Poesie, wofür es keine Worte gibt. Wer den

MAX LIEBERMANN: JUDENGASSE IN AMSTERDAM

Dichter in Liebermann erkennen will, muß das Räumliche seiner Bilder nachempfinden können. Auch in diesem Bilde ist mit dem Raum wahrhaft gedichtet. Das bringt in das Bild die lebendige Monumentalität. Es ist keine Monumentalität im Sinne der alten Griechen oder Italiener, man denkt dabei nicht an Michelangelo oder Rubens. Es ist eine Monumentalität des Leidens, es ist eine eckige, rauhe und groteske Monumentalität; aber es ist die große Gebärde unseres Lebens, unserer Leiden, unserer Zuversicht. Es ist eine Größe, die jedermann verstehen und die er im Leben seiner Alltage überall wiederfinden kann.

Es gibt noch manches bedeutende Werk aus dieser Periode. Ein Motiv, zum Beispiel, das oft wiederkehrt, ist die Seilerbahn, auf der Seiler auf und ab schreitend arbeiten. Um 1890 erreicht diese Epoche einer prononciert sozialen Malerei aber ein Ende. Nachher hat sich Liebermann anderen Problemen mehr zugewandt. Um diese Zeit hat der Einfluß Manets auf ihn sehr stark zu wirken begonnen, und das Soziale ist als Motiv zurückgetreten, um den Freilichtstudien Platz zu machen. Dabei sind dann, was sehr bezeichnend ist, gleich die Bildformate kleiner geworden. Liebermann hat nach diesen Proben einer hohen Meisterschaft auf die bewußte monumentale Gestaltung Verzicht geleistet und ist nun erst im eigentlichen konsequenten Sinn ein Impressionist geworden.

Aus dieser Periode tritt uns als ein oft wiederkehrendes Motiv das der badenden Jungen entgegen. An diesem Motiv — dem sich das der Reiter am Strande organisch anschließt — hat Liebermann mancherlei gereizt. Einmal die charakteristische Bewegung der nackten Knabenkörper und sodann der sehr delikate Farbenkontrast des Fleisches zu den Tönen des Meeres oder des Dünensandes. Es ist so recht ein Motiv für den Impressionisten, es ist so recht ein Freilichtmotiv. Liebermann hat es um so besser studieren und immer wieder bearbeiten können, weil er alljährlich die Sommermonate in Holland am Strand des Meeres verbrachte. Wenn er zu dieser selbstgestellten Aufgabe so häufig zurückkam, so ist das schon ein Zeichen, daß er etwas anderes sieht als die photographisch getreue Abschilderung badender Knaben, daß er nicht ein Genrebild im üblichen Wortsinn malen wollte. Was in diesen Bildern eigentlich gemalt ist, das ist die Luft, die Brise des Meeresstrandes, das ungehemmt widerstrahlende Licht und der freudige Aufruhr des Elements. Es ist die Impression, der Gesamteindruck.

Ein Bild wie der „Mann mit den Papageien" wäre ein Nichts, wenn es nicht anschaulich wahr wäre. Nicht wahr im photographischen Sinn. Das ist es ja gar nicht. Sondern wahr in einer höheren Art. Man nimmt an diesem Werke und allen späten Bildern Liebermanns eigentlich eine gewisse Skizzenhaftigkeit wahr. Das ist ein Punkt, worüber sich das Publikum vor Liebermanns Bildern nun schwer hat beruhigen können. Man hat lange Zeit davon gesprochen, der Künstler könne nicht genauer malen, er könne seine Bilder nicht fertigmachen. Vor Bildern wie die „Gänserupferinnen" oder die „Bleiche" kann man aber sehen, daß Liebermann es in der Genauigkeit mit jedem Maler der alten Schule hätte aufnehmen können. Wenn er in der Reihe seiner impressionistischen Bilder als Skizzist vor uns hintritt, so entspringt das einer bewußten künstlerischen Absicht. Tatsächlich läßt sich nur so und nicht anders die Impression darstellen, eben weil sie nur das kosmisch Wesentliche geben will und nicht das gegenständliche Detail. Die skizzenhaften Bilder sind eigentlich ebenso fertig wie die der Jugendperiode, ja, sie sind innerlich sogar fertiger, weil sie reifer und mehr gekonnt sind. Im übrigen spielt die Gewohnheit in solchen Dingen eine große Rolle. Wer sich intensiv mit Liebermanns Kunst beschäftigt, der nimmt schließlich gar nicht mehr Skizzenhaftigkeit wahr. Er sieht nur noch die klare Naturwahrheit, die Essenz des Lebens.

Liebermann hat eine sehr entschiedene Vorliebe für Holland, denn er hat dort am reichsten gefunden, was er brauchte. Die hellen Dünen, die alten Seestädte mit den charakteristischen Straßen, die auf weiten, flachen Ebenen arbeitenden Menschen, die

MAX LIEBERMANN: REITER AM MEER

stillen Höfe der Stifte und Schulen und endlich vor allem die feuchte, einhüllende und einigende Atmosphäre des Küstenlandes; das alles sprach lebendig zu ihm. Der von Paris Kommende und zur Selbständigkeit Erwachende fand in diesem Lande Rembrandts und Frans Hals' am deutlichsten Gegenbilder der ihm eingeborenen Anschauung, und es wurde ihm dort verhältnismäßig leicht, diese Anschauung in Form zu verwandeln. Seine holländischen Motive sind immer seine glücklichsten gewesen, von den „Netzflickerinnen" und „Flachsscheuern" bis zu den Zeichnungen und Bildern der letzten Jahre, die entweder malerische alte Straßen aus dem Amsterdamer Judenviertel darstellen oder die das sommerliche Strandleben in herzhafter Helligkeit schildern.

Diese letzten Strandbilder vor allem sind so charakteristisch, daß jeder Betrachter zuerst wohl an die eigenen Sommerfreuden am Meeresstrand zurückdenkt. Aber eben daß jedermann glauben wird, just den Strand seines Badeortes wiederzuerkennen, liege er an der Ost- oder Nordsee, in Dänemark oder Holland: das bezeichnet auch den Wert dieser Gemälde. Denn die Allgemeingültigkeit beweist, daß Liebermann das Bleibende des Eindrucks gegeben hat. Er malte nicht recht und schlecht den Strand von Nordwijk ab, sondern gestaltete die allen bekannte Empfindung, die Meer und Ufer, wie sie im vollen Lichte daliegen, zurücklassen. Es ist die Meerluft in diesen Bildern, die keiner vergißt, der sie einmal schauend atmete; man hört das Rauschen der ewigen Brandung, ist geblendet von der grell auf dem Sand liegenden Sonne und fühlt sich überall gedrängt vom frischen, feuchten Wind. Das Meer ist da, selbst wenn es nicht mitgemalt worden ist oder wenn es in der Ferne mit weißen Brandungswellen nur eben aufblitzt; denn Liebermann versteht es, das Meer auch indirekt zu malen. Über all dem Zufälligen: den Menschen, Strandkörben und Fahnen, liegt immer ein Großes, Bleibendes. Die im Sand brütende Hitze ist gemalt, das Blinken, Rollen und Schäumen des Meeres, die luftig bläulichen, mit weicher Kraft dahingleitenden Schatten, die hohen Himmel und die fast schmerzhafte Helle des ungehemmt niederflutenden Lichtes. Die Gegenstände scheinen nur des Akzents wegen da zu sein; das Wesentliche ist das Gewoge von Bewegung und Licht. Und dieses Unbestimmte eben gibt dann das, was als die charakteristische Stimmung, als ein unverwischbarer Welteindruck im Gedächtnis bleibt.

Die Tonlage dieser neuen Strandbilder ist heller Diskant. Mit großer Kunst ist die bei solcher Helligkeit schwierige Skala der Valeurs gebildet und angewandt, und mit erstaunlicher Virtuosität ist der Natureindruck in die Konvention der Malkunst übertragen. Es ist höhere Richtigkeit in den Bildern. Was zufällig und vom Augenblick eingegeben erscheint, ist das Resultat weiser Wirkungsberechnung; die Ausschnitte sind sehr geistreich gewählt, die Komposition ist klug verdeckt, im Spiel der Flächengeometrie ist wirkungsvolle Steigerung, und die Akzente sind so verteilt, daß dem Betrachter der Raum mächtig zu leben beginnt. Malte Liebermann früher erst die Studie und später im Atelier das Bild — wobei von der Frische des ersten Eindrucks immer manches verloren ging —, so komponiert er jetzt gleich vor der Natur, und es wird ihm die flüssige Skizze selbst zum fertigen Bild. In dieser Tatsache ist eine Steigerung der Phantasiekraft zu erblicken. In der Pinselschrift dieser neuen Strandbilder ist ein so sicherer, persönlicher Zug, daß keine leere Stelle entsteht, daß das mit wahrer Malerleidenschaft geübte Spiel mit der Materie schon ästhetischen Genuß gewährt und daß man am ornamentalen Schwung die Hand des Meisters schon spürt, wenn man vom Bilde, ohne das Ganze zu kennen, eine Ecke nur erblickt.

Eine andere Skala als in den Strandbildern ist in Straßenansichten aus Amsterdam angewandt worden. Ist dort die Helligkeit des Pleinair übersteigert, so hier die Gedämpftheit, das Beschattete des nahezu geschlossenen Straßenraums. Darum ist aber nicht weniger die Stimmung der unendlichen Wahrheit gegeben, die ja aus den engsten Winkeln hervordringt. Man sieht dunkel aneinandergerückte Hauswände, und es leuchtet aus toniger Neutralität eine juwelenhaft kostbare Farbigkeit von Gemüsekarren und Verkaufs-

MAX LIEBERMANN: STUDIE ZUM BILDNIS DES
BÜRGERMEISTERS PETERSEN

standen her; Weiber drängen sich um die Markttische, eine Frau sucht über die steile Treppe die Haustür zu gewinnen, und Kinder stehen gelassen auf den Gassen umher. Also eine Art von Genremalerei. Aber das einzelne ist wiederum nie der Erzählung, des Gegenstandes wegen gegeben. Gemalt ist vielmehr, was man die Geste und die Stimmung der Straße nennen könnte. Jede Einzelheit wird zum dekorativen Klangwert der Form oder Farbe; aber nirgend gibt es doch Dekoration um ihrer selbst willen. Die Schönheitswerte sind nur Mittel, um die Illusion bewegten Lebens zu geben; und die Wirklichkeit scheint nur dargestellt, um zu zeigen, wie sehr sie im niedersten Gewand noch von der Harmonie des Schönen erfüllt ist. Ein breiter Strom von Melodien und Rhythmen ist durch eine Welt des unzweideutigsten Naturalismus geleitet. Es ist in diesen Bildern aus dem Amsterdamer Judenviertel die Vision des Wirklichen so gestaltet, daß sie nicht mehr als Vision erscheint, weil sie dem Künstler selbstverständlich, weil sie stationär und selbst zu einer neuen menschlichen Wirklichkeit geworden ist. Eine Vision, die restlos Form und Technik ist.

Liebermann ist im Laufe der Jahre auch ein vielgesuchter Bildnismaler geworden. Ziemlich unsicher hat er sich auf diesem Gebiete zuerst versucht, zuletzt aber stand er da als der klügste deutsche Bildnismaler. Wenigstens als der beste Männermaler. Junge und schöne Frauen gelingen ihm nicht recht; er versucht sich auch gar nicht daran, denn er kann das an sich Schöne nicht wiedergeben. Er muß alle Dinge gewissermaßen erst charakteristisch, ja, er muß sie in einer besonderen Weise erst häßlich machen, ehe er sie künstlerisch wiedergeben kann. Seine Männerbildnisse sind gerade darum aber bedeutend.

Vielleicht sind sie etwas zu momentan im Sinne des Frans Hals, vielleicht etwas zu absichtlich lebendig und grotesk-impressionistisch. Es ist charakteristisch, daß Liebermann mit Befriedigung Ingres' Ausspruch zitiert, wonach jedes Porträt eine Karikatur sein müsse. Machten die Nazarener, die Krügertemperamente selbst noch, jedes Gesicht ihrem Auge in gewisser Weise erst glatt und architektonisch bedeutend, ehe sie es malten, so macht Liebermanns Auge sein Modell künstlich runzelig und charakteristisch. Er liebt es vor allem, ältere Köpfe zu malen, in deren Furchen und Falten die Schatten nisten, auf deren Wölbungen und Erhohungen das Licht einen Kampf mit sich selbst kämpft. Er gelangt zur Psychologie, indem er den malerischen Aufruhr der Erscheinung gibt, indem er nicht von innen als Seelendeuter, sondern als Maler von außen ans Modell hinantritt und den menschlichen Kopf wie eine Landschaft behandelt. Er macht das Modell in gewisser Weise „zur Karikatur", um es zu „können" Darum eben malt er so selten das Bildnis der Frau und das der schönen Dame. Daß Liebermanns Porträtkunst trotzdem aristokratisch erscheint, ist sein Geheimnis, das in etwas gelüftet wird, wenn man sieht, wie edel die Gestalten den Raum füllen, wie sicher die Atmosphäre des Wesens der Dargestellten erfaßt ist und wie selbst die Übertreibungen nichts sind als eine Nutzanwendung jenes Prinzips, wonach der Maler vom „Objekt das Gesetz empfängt".

Auch sich selbst hat Liebermann verschiedene Male dargestellt. So wie man ihn auf seinen Selbstporträts sieht, wie er aus dem Rahmen auf den Betrachter blickt, ebenso scharf, forschend und kritisch blickt er auf die Natur, die er darstellt. In diesen Augen brennt der Wille, der bedeutende Werke schon geschaffen hat; und zugleich ist ein Nachdenken darin, das über den eigenen Willen zu sinnen versteht. In diesem Kopf ist das Rassige, das Aristokratische, das jedem rechten Künstler eigen ist; und es ist doch auch der Kopf eines ganz modernen Menschen, eines Bürgers unserer demokratischen Zeit.

WILHELM LEIBL

ES gibt eine Gattung außerordentlicher Menschen — in der Wissenschaft häufiger als in der Kunst —, deren Lebensarbeit in der Stille bedeutende und nachhaltige Wirkungen ausübt, die aber weder als Persönlichkeiten noch in ihren Werken

WILHELM LEIBL: DAME AUF DEM KANAPEE
(GENANNT „DIE KOKOTTE")

eigentlich populär werden. Nicht populär in dem Sinne, daß sie unmittelbar auf das Gefühl ihrer Zeitgenossen zu wirken vermochten, daß sie dem ganzen Volke zu laut anerkannten Führern würden. Es sind die beruhigten Menschen, die nicht den Ehrgeiz des Erfolges haben — auch nicht den guten, der Wille zur Macht heißt —, sondern nur den Ehrgeiz der Leistung, die still und tätig Wert auf Wert häufen und ein Erbe dann hinterlassen, dessen Größe erst den Nachgeborenen ganz klar wird. Wahrhaften Ruhm genießen diese Männer eigentlich nur im Kreise ihrer Fachgenossen. An ihrem Beispiel entzündet sich die verwandte Tüchtigkeit, und während ihr Name der Menge nur ein Klang ist, zieht ihr Wirken seine Kreise doch bis an die fernsten Ufer.

Ein ganz wesentlicher Mensch dieser Art war Wilhelm Leibl. Er ist einer der besten und tüchtigsten Deutschen, die im neunzehnten Jahrhundert gelebt haben, und ist doch seiner Nation nicht eigentlich vertraut. Ein Name, der schwer wiegt wie lauteres Gold, und dennoch selten nur mit echter Liebe und Verehrung genannt. Ein Maler, dessen Lehren mit stiller Gewalt schon durch alle Ateliers, durch alle Entwickelungen unserer Kunst gehen, von dem aber kaum ein Bild schon in Reproduktionen die Wand des deutschen Bürgerhauses ziert. Das Oberhaupt einer ganzen Malerschule, ohne irgendwie Einfluß gesucht zu haben, ein Führer zu moderner Bürgerkunst, ohne jemals aus seiner Einsamkeit hervorzutreten. Leibls Kunst gibt sich bescheiden, wenn der flüchtige Blick sie neben dem genialisch weitgreifenden Wollen eines Feuerbach und Marées erblickt, wenn man sie mit der Klassik Rembrandts, Rubens' oder Tizians vergleicht; denn in seinen Malereien ist nicht dramatische Leidenschaftlichkeit und heroische Ideenfülle. Man findet darin weder die Kompositionslinien der Monumentalität noch die unirdisch glitzernden Farben poetisch gesteigerter Lebensgleichnisse. Wir sehen vielmehr eine schlichte Wirklichkeitsmalerei im Sinne der alten holländischen Bürgerkunst des siebzehnten Jahrhunderts, ohne großen Anspruch, still zurücktretend in bescheidener Meisterschaft. Vertieft man sich aber liebevoll hinein, so beginnt auch sie zu blühen, sich poetisch zu vertiefen und symbolisch zu erweitern. Mit ehrfürchtiger Verwunderung nimmt man wahr, daß in dieser Malerei in gewisser Weise mehr enthalten ist, als in der ganzen monumentalischen Phantasiekunst des neunzehnten Jahrhunderts. Gar zu vorschnell haben Cornelius und Kaulbach es den großen Alten, die sich auf machtvolle Kunstkonventionen stützen konnten, gleichtun wollen; allzu faustisch hat Feuerbach nach dem Höchsten gegriffen, und viel zu gering hat die Poetenlust Böcklins lebendige Anschauungskraft eingeschätzt. Sie alle mußten, als sie mit Raffael, Tizian, Michelangelo und Rubens wetteifern wollten, oft entgleisen, mußten unvollkommen bleiben, weil ihnen feste Grundlagen eines lebendigen Handwerks fehlten. Diese Fundamente für jede Phantasiekunst, für alle Stilbestrebungen des nächsten Jahrhunderts hat Leibl erst wieder geschaffen. Seine Gründlichkeit als Maler und Zeichner hat erst offenbart, wie schlecht es mit dem Handwerk unserer malenden Poeten bestellt war.

Wenn man Leibls Kunst meisterliches Handwerk nennt, so darf das auch im übersetzten Sinne nicht als Verkleinerung aufgefaßt werden. Es ist ein Handwerk, wie Ruisdael, wie Frans Hals es ausübten. Obwohl Leibl auf alle Dramatik, auf das allegorisierende Sichtbarmachen des Gefühls verzichtete, war er nicht ein geringerer Maler des Seelischen als irgendein Deutscher seiner Zeit. Denn in seiner Sachlichkeit sind viele möglichen Empfindungen und Gefühle als Keim und Knospe enthalten. In seinen Wahrheiten, so schmucklos sie oft scheinen, liegen embryonisch auch schon poetische Meditationen über die Wahrheit. Sein eigener Ausspruch gibt am besten Aufschluß über die alte Streitfrage. Er sagte abwehrend: „Ich male den Menschen, wie er ist, da ist die Seele ohnehin dabei." Nach diesem Prinzip hat er unbeirrbar gehandelt: Der Erfolg ist, daß seine Werke von Jahr zu Jahr nun „seelenvoller" und poetischer erscheinen, daß uns immer deutlicher ein Stil entgegentritt, neben dem das absichtlich Stilisierte sich nicht zu behaupten vermag.

WILHELM LEIBL: BILDNIS DES HERRN DR. RAUERT

Tempera

Auch um so deutscher erscheint diese Kunst, je weniger sie darauf ausging, es zu sein. Gerade diese geniale Nüchternheit, die unendlicher Vertiefung fähig ist, diese ruhige holbeinische Temperamentskraft sind charakteristisch für deutsche Malkunst. Und eben in unserer Zeit hat der Deutsche, hat der moderne Mensch überhaupt alle Ursache, der Malerei Tugenden zu wünschen, wie man sie bei Leibl findet. Betrachtet man das Schaffen dieses Künstlers und seiner Schule, so mag man wohl an die große Familie der Bache denken, worüber Johann Sebastian der Große in seiner königlichen Genialität herrscht. Nicht als sollte Leibl mit Bach verglichen werden. Aber hier und da war es das Handwerk, das meisterlichen Kunsttaten zur Grundlage wurde. Auch Leibl war in seiner Art ein schlichter Organist, ein stiller bürgerlicher Pflichtenmensch und schuf doch Dinge, die noch Bewunderung wecken werden, wenn die Fanfaren der Theatraliker längst verstummt sind. Von dem Maler Leibl kann man auch sagen, was von Bismarck einmal gesagt worden ist: er war ein „Genie des gesunden Menschenverstandes". Wenn man die Naturabschilderung Leibls bewundernd „wahr" und „wirklich" nennt, so meint man natürlich nicht photographische Richtigkeit, sondern die Wahrhaftigkeit der Beobachtung, die Treue der Anschauung, die Wirklichkeit und Lebendigkeit der Empfindung, die Hingebungskraft des Gemüts. Man will damit sagen, Leibl hätte sich niemals blauen Dunst vorgemacht, wäre seiner eingeborenen Natur treu geblieben und hätte sich nie mit Phrasen der Eigenliebe belogen. Er sah die Dinge durch das Medium eines mehr besonnenen als feurigen Temperaments, ruhig, klar und voreingenommen; darum sprechen wir von einer objektiv erscheinenden Wahrheit der Natur in seinen Bildern. Insofern seinem Wesen höchster Aufschwung versagt blieb, war er freilich dann auch ein an das unmittelbar Sichtbare Gefesselter; er vermochte in der Tat nicht, mit freier Einbildungskraft darüber hinauszudenken. Trotzdem war er aber nicht phantasiearm, denn er verstand es um so besser, sich in die Wirklichkeit hineinzudenken und in ihr selbst die

Geheimnisse des Lebendigen zu ergründen. Er wurde tief und geheimnisvoll wie die Natur in seiner Kunstwahrheit, weil er so viel Ehrfurcht hatte vor dem, was er anschauend erlebte, und weil für ihn in allem Lebendigen die Seele „ohnehin dabei war".

Die Objektivität machte ihn wahrhaft unbefangen. Er nahm von den modernen Franzosen, vor allem von Courbet, was er für seine Zwecke brauchte, ohne daß ihm der unkünstlerische Gedanke an Ausländerei überhaupt gekommen wäre; er griff in die Vergangenheit und lernte von Holbein und van Eyck Genauigkeit und Charakteristik, ohne Eklektizist zu werden, und er entnahm den alten Holländern ohne Scheu die seiner Entwickelung nötigen Kunstelemente, ohne doch irgendwie abhängig zu sein. Er mochte tun, was er wollte: alles wurde ihm zu einem lebendig Neuen, weil er selbst ein durch und durch lebendiger Mensch war. Darum schadete ihm auch nicht das bäurische Eremitentum in den kleinen bayerischen Dörfern. Ja, die Einsamkeit förderte ihn und brachte ihm die Konzentration, die er suchte. Nicht der Bauern wegen zog Leibl nach Graßlfing, Aibling oder Kutterling. In anderer Umgebung hätte er mit anderen Modellen ebenso tiefsinnige Auslegungen der Erscheinungen gegeben. Die in Paris entstandene sogenannte „Kokotte" ist davon ein glänzendes Zeugnis. Hätte er zur Zeit Dürers gelebt, so hätte er die Bauernwirklichkeit in die Legenden jener Zeit hineingetragen; im Italien der Renaissance wären aus seinen Dachauerinnen Madonnen geworden. Immer aber wären es lebendige Menschen gewesen. Daß er die zufälligen Wirklichkeiten nun scheinbar ihrer selbst wegen gemalt hat, liegt daran, daß unsere Zeit ihm künstlerisch erprobte Stoffkonventionen nicht zu bieten hatte. Nur darum konnte ihm der Vorwurf des „Naturalismus" überhaupt gemacht werden. In Wahrheit ist in seiner Kunst nicht mehr Naturalismus als in den Werken Vermeers oder Manets, Riberas oder Holbeins. Naturalismus kann nur heißen: Ungeistigkeit; und wie tief sind Leibls Wirklichkeiten doch durchgeistigt! Auch zog Leibl nicht aufs Land, weil er als Mensch voller Bauerninstinkte war. Er war ein

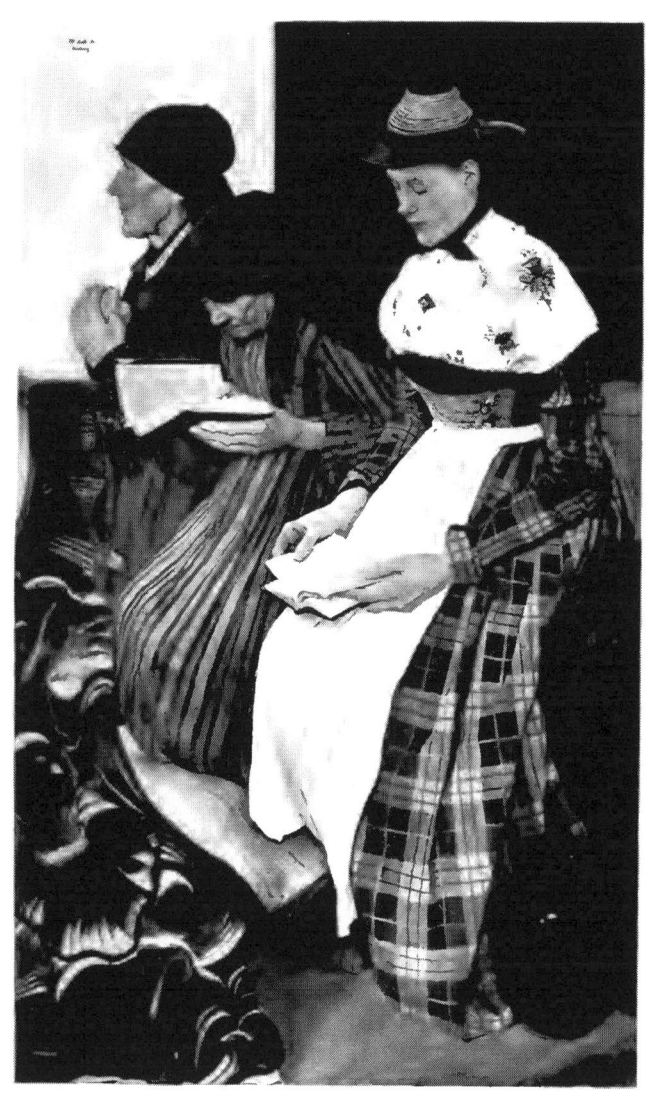

WILHELM LEIBL: DREI FRAUEN IN DER KIRCHE

Aristokrat wie jeder große Künstler. Diesen Zug zur Einsamkeit teilt er mit vielen Zeitgenossen. Wie die französischen Maler der Schule von Fontainebleau nach Barbizon hinauszogen, wie Millet sich in Einsamkeiten vergrub und Courbet saftvolle Sinnlichkeit in der Stille des Waldes suchte, so zog es Leibl zur Einsamkeit, um dort das Leben zu finden und die Idee der Kunst in ihrer Ursprünglichkeit. Es war sein Schaffensdämon, der ihn trieb, in primitiven Häuschen zu wohnen, jahrelang in einer dunklen Dorfkirche in bitterer Winterkälte an einem einzigen Bild, dem berühmten Kirchenbild, zu malen. Dunkel mag er empfunden haben, daß er sich nicht nur zu eigenem Nutzen absperrte, sondern daß das Opfer in Wahrheit für die ganze deutsche Kunst gebracht wurde. Dieser Kraftmensch mit der Athletengestalt, der sich mühsam vor der Staffelei von früh bis spät zusammenschrumpfte, war heroischer Selbstüberwindung voll.

Leibls Lebenslauf ist so einfach, daß kaum davon zu erzählen ist. Und doch ist in diesem Leben das ganze Menschenschicksal enthalten. Nur zeigt es sich nie in Katastrophen; es wurde in jeder Stunde immer gleich in Arbeit und Tat verwandelt. Jedes Bild fast bedeutete ein Erlebnis für Leibl; doch ist davon nichts geblieben als der Sieg der Kunst. Es ist unnötig, einzelne Bilder zu besprechen und das Kunst gewordene Erlebnis darin zu zeigen. Denn das Wort erweist sich auch, gerade der Malerei Leibls gegenüber, als ein nur schwaches Werkzeug der Erklärung. Ein Blick nimmt mehr wahr, als zehn abstrakte Argumente erklären können. Das Auge allein kann es verstehen, es allein muß ohne jede Spekulation verstehen lernen, was damit gemeint ist, wenn die treue Sachlichkeit Leibls gerühmt wird, die phrasenlose Hingabe an die von Licht und Luft umflossene, im Raum mächtig lebende Erscheinung.

Nur weil Leibls Malerei seelisch notwendig und persönlich wahrhaft ist, gilt sie den wahrhaftigen Seelen als wahr und organisch. Dieser Meister steht in der Geschichte unserer Malerei da als ein Instrument des Zeitwollens, weil er vollkommen das in seinen

Werken ausdrückt, was Zeit und Schicksal als Lebensgefühl in ihn gelegt hatten. Er erscheint wie einer unserer großen Musiker, die erst dadurch selbständig und persönlich wurden, daß sie vom Vorgänger lernten und an den Nachfolger die Lehre weitergaben. Wenn man alles abzieht, was zufällig ist in Leibls Kunst: den gesamten Stoff, so bleibt das Wesentliche, die Form, unberührt bestehen. Und daß diese Form in der deutschen Kunst Epoche gemacht hat, daß sie die Harmonielehre der Malerei bereichert hat: das stellt Leibl auf den Platz, den er nun für alle Zeit einnimmt.

Leibl ist fast gleich stark als Maler und als Zeichner. Ingres und Courbet vereinigen sich gleichsam in seiner Natur. Er hat das Holbeinsche Element in die neue deutsche Kunst hinübergerettet und auch das moderne französische. Dadurch ist er zur Synthese gelangt und vielen Malern ein Führer geworden. Daneben bleibt es in allen Bildern fast erkennbar, daß Leibl trotz seiner errungenen freien Meisterschaft niemals auch ganz von der Münchener Atelieratmosphäre losgekommen ist. Den Schritt von Courbet zu Manet hat er nur bedingt gemacht. Er ist sozusagen im Atelier geblieben, auch auf dem Dorf. Vom Akademischen, von der Piloty-Schule, ist er ausgegangen; und so sehr er es überwunden und vertieft hat: den Ursprung seines Weges hat er nie verwischen können. Die Natur, die sinnlich lebendige Wirklichkeit, die simple und große Wahrheit, hat er in die Akademie hineingetragen. Darum haftet seiner Meisterschaft immer auch ein wenig Atelieratmosphäre noch an. Seine Bilder sind oft dunkel, ohne freilich jemals schwarz zu sein, und erscheinen dem ersten Blick oft schulmäßig. Immer aber sind auch die wesentlichen Gefahren der Münchener Malmeisterlichkeit in der Einsamkeit ganz überwunden worden. Der kühne dekorative Pinselschlag der akademischen Münchener Atelierroutine ist in seinen Bildern zu einem ganz geistigen Spiel geworden. Der Pinsel lebt in seiner Hand. Leibl fühlt und tastet damit dem Leben sozusagen das plastische Wollen ab; er modelliert seine Bilder wie mit Licht und Duft und immaterialisiert die Materie. Mit unerklärlicher Sicherheit versteht er es, das Weiche

WILHELM LEIBL: DACHAUERINNEN

weich, das Harte hart, das Rauhe rauh und das Zarte zart darzustellen. Wie er eine Hand malt, die die Büchse spannt, eine Nelke hält oder lassig auf dunkler Seide ruht: das hat schlechthin etwas Altmeisterliches. Die Schöpferwonne, womit er Fleisch gibt, das gänzlich welke alter Manner, das straff blühende junger Mädchen oder das sinnlich vollblütige der Reife, geht unmittelbar auf den Betrachter über. Immer fühlt man, wie die Natur geliebt, bewundert und mit frommer Andacht als Meisterin angesprochen worden ist. Die Pinselschrift dieses „Naturabschreibers" ist zärtlich, weich und oft graziös, ist empfindsam bis zur Romantik; niemals aber irgendwie ungenau. Der Pinsel scheint die Erscheinungen oft zu liebkosen, die zarten Tone küssen sich sanft im Übergang; und doch ist das Ganze dann männlich bis in die letzte Faser.

Im Kleinen ist Leibl am größten. Wundervoll ist es, mit dem Blick seine Bildflächen abzuwandern. Musivisch setzt der Pinsel Ton neben Ton und modelliert mit Flächen. Mit unendlicher Zartheit und Reinheit stehen die Valeurs nebeneinander, und je genauer das Auge sich das Wie dieser Malerei ansieht, um so größeren Genuß gewinnt es. Das Ganze gelang nicht immer, weil der scharfe Beobachter sich gern allzu nahe ans Modell setzte und darum die Verhältnisse zuweilen verfehlte. Das kam ihm zum Bewußtsein, wenn er fertig war, und trieb ihn nicht selten dazu, seine großen Bilder zu zerschneiden. Einige seiner mühevollsten Bilder sind so zerstört worden. Leibl war aber zerstörend noch, mit dem Messer in der Hand, ein so ungemein geschmackvoller Künstler, daß wir diesem Verfahren eine Anzahl der feinsten kleinen Bilder verdanken, auf denen nichts zu sehen ist als ein Kopf oder gar nur eine Hand mit einem Stück Kleid oder Schürze. In diesen herausgeschnittenen Details wird sichtbar, daß der Miniaturist Monumentalität haben kann. Durch seine Fähigkeit zur Ausführlichkeit bei starkem Maltemperament steht Leibl in diesen Jahrzehnten der Skizzisten fast allein da. Keiner hat wie er diese Leidenschaft, die Erscheinung mit ameisenscharfem Auge und zitternder Sinnlichkeit zugleich immer wieder abzutasten. Keiner vermag es, einem Bilde

Jahre zu opfern, mit der Malkultur eines Franzosen ein Memling zu sein und innerhalb einer geschlossenen Synthese groß als Detaillist zu werden.

Das Anschauen war Leibl Seligkeit, das Malen Glück. Die Bestimmtheiten seiner Malerei sind weich, und die Weichheiten sind bestimmt. Was er gibt, ist immer eine große Summe, ist stärkste Vereinfachnng, die wie Vervielfältigung erscheint. Während der Betrachter die tonig dargestellten Dinge wie durch einen Schleier sieht, stellt sich ihm das eigentliche Motiv jeder Malerei mit konkreter Gewalt dar: der von Licht und Luft erfüllte Raum, der die Dinge kosmisch erscheinen läßt. Ohne daß Leibl eigentlich Atmosphäre malt, ist sie doch verklärend immer in seinen Bildern. Die Farben sind still, aber beredt. Sie lassen zuweilen, vor allem in späten Bildern, an die perlgrauen Herrlichkeiten Velasquez' denken; sie weisen aber hier und da auch ein wenig auf die Münchener Atelierpalette. Die Grade der Valeurs sind mit unfehlbarer Sicherheit gegeben. Die Psychologie des Ausdrucks wird nie absichtlich gesucht (nicht wie bei Lenbach — und auch nicht wie bei Rembrandt), ist immer aber zur Genüge vorhanden. Denn zum seelischen Ausdruck der dargestellten Menschen kommt immer das namenlose Leben der Raumlichkeit hinzu, so daß das eine durch das andere gesteigert wird.

Leibls Malerei hat viel Delikatesse. Sie ist reinlich, nie schmutzig, und hat vornehme Haltung, ohne daß absichtlich die Geschmacksnuance erstrebt ist. Sie ist vor allem durchaus Malerei. Das hat ihr auch von je und früher als in Deutschland den Respekt und Beifall der Franzosen gesichert. Die großen Maltemperamente verstanden das große Maltemperament zuerst, erkannten die Handwerkslust, die sich so viel auf ihr Primamalen zugute tat. Leibl begann seine Bilder irgendwo mit einem Auge und malte sie dann Stück für Stück fertig herunter. Untermalungen und Lasierungen waren ihm ein Greuel. Charakteristisch für ihn ist der unwillkürliche Ausruf, den ihm der stille Beifall abzwang, womit sein Kirchenbild im Ausstellungssaal von der Menge

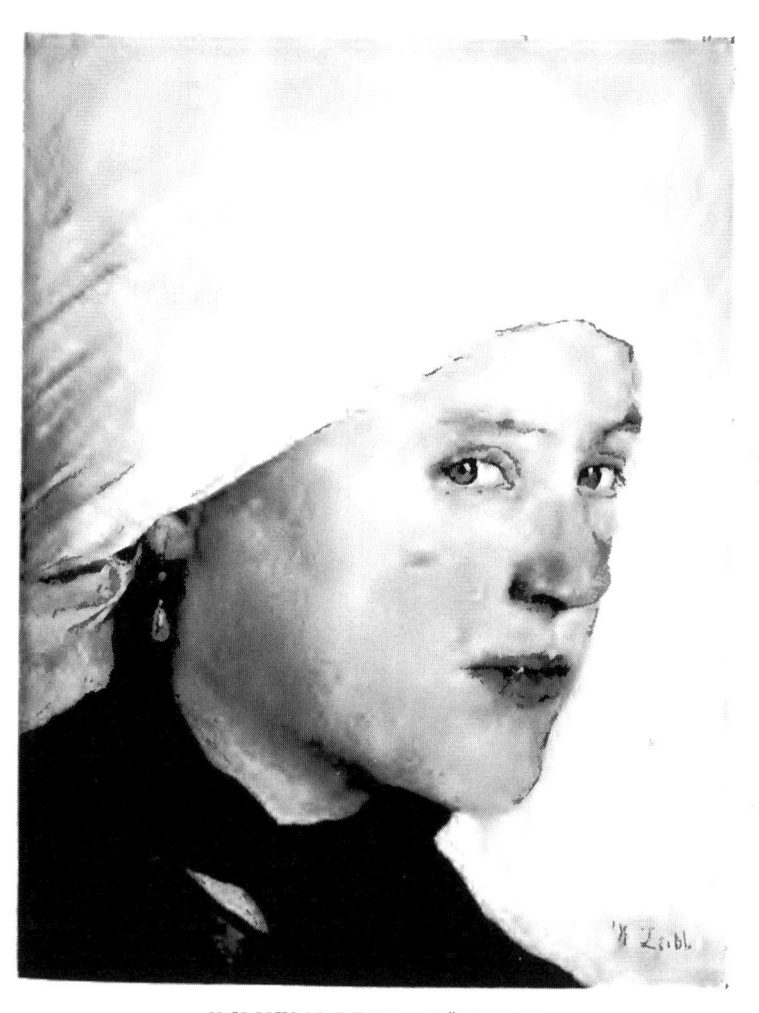

WILHELM LEIBL: BÄUERIN

begrüßt wurde· „Alles prima gemalt, alles prima!" Das ist der Ausruf eines Meisters, der sich alle schöne Gefühle in Ausdrucke des Handwerks übersetzt hat, der stolz darauf ist, so wenig mit dem Werkzeug zu flunkern wie mit dem Gefühl.

Diese Leidenschaft für ehrliche Sachlichkeit wird Leibl unsterblich machen. Sie macht ihn uns teuer und vorbildlich Fragen wir, wodurch dieser Mann wahrhaft groß erscheint, so muß die Antwort lauten. durch seinen Gehorsam. Er war ein Genie des Gehorsams. Der Natur, der inneren und äußeren, war er gehorsam, der eingeborenen Arbeitsleidenschaft und Begabung Das heißt: er war Gott gehorsam, indem er die Schöpfung aus einem inneren Müssen heraus neu gebar. In jeder Stunde fühlte er sich verantwortlich. „Wenn ich nur zu fressen hab und mei' Kunst", sagte er. „Mei' Kunst" — das sagt er wie andere: „Mein Weib, meine Kinder, mein Vermögen, meine Ehre, meiner Stellung." Sie war ihm alles, die Kunst, darum gab sie ihm viel.

WILHELM TRÜBNER

ES wurde einem schwer, sich Trübner alt vorzustellen. Wie man an Thoma stets als an die Personifikation des weißbärtigen Alters und an Feuerbach als an eine Gestalt voll achilleisch kühner Jugend denkt, so sah man Trübner als einen kräftigen Mann mittleren Alters vor sich. Man glaubte ihm sein Alter so wenig, wie man ihm seine Jugend recht glaubte. Um 1872 wirkte er als Maler schon reif und sicher; als er aber starb, wirkte er noch ebenso frisch wie in der Jugend. Sein ganzes Leben wurde von einer ruhigen Kraft regiert, von einer Kraft sanguinisch phlegmatischen Temperaments. Von keinem Maler ist es schwerer, mittels Worten eine Vorstellung zu geben; eben weil er so gleichmäßig im Temperament und so gar nichts anderes als Maler war. Liebermann ist im Vergleich zu Trübner ein vielfaltiger Intellekt, Feuerbach ein glühender Ideenerleber, Marées ein ganz faustischer Mensch. In diesen allen sieht man deutlich die Dramatik einer

Entwickelung. Sogar das Leben eines Geistesverwandten wie Leibl wirkt neben dem Trübners noch episch bewegt. Trubners Leben aber ist mehr wie ein einziger, vom Wandel der Zeiten nur variierter Zustand. Es gibt Malperioden bei Trübner, nicht aber eigentlich Entwicklung. Den Zweiundzwanzigjährigen schon sehen wir im Besitz einer Meisterschaft, die sich in der Folge wohl wandelt, zu der aber nichts wesentlich Höheres hinzukommt. Es versuche jemand, der nichts von Tübner weiß, aus dessen Lebenswerk das Schicksal einer Persönlichkeit abzulesen! Höchstens könnte man aus dieser bedeutenden Arbeit von vierzig Jahren eine Entwickelung der neueren deutschen Malerei ablesen. Das ist es auch, was die Jugendmeisterschaft Trübners um den wohlverdienten Erfolg gebracht hat und was den Kunstler heute noch nicht populär werden läßt: der Betrachter vermißt instinktiv das intellektuelle Erlebnis, das selbst bei Liebermann und Menzel, bei Slevogt und Corinth sich einstellt — ganz zu schweigen von Malern wie Thoma, Feuerbach und andern ihrer Art. Trubner gibt nichts als gute Malerei, deren Tonigkeit stillebenhaft eine absolute Zuständlichkeit ausdrückt. Nichts anderes.

Trübner ist einfach Bis zur Systematik einfach Er sieht die Welt nur von einer Seite, aber in dieser Einseitigkeit ist er freilich unwiderstehlich. Um dieser natürlichen Beschränkung willen ist er vielleicht der naivste aller lebenden deutschen Maler. Liebermann verläßt auch einen bestimmten Standpunkt nicht und ist darum auch einseitig; er aber ist es bewußt. Man spürt, wie er viele Male um die Dinge prüfend herumgegangen ist und sich absichtsvoll dann beschränkt hat. Oder man vergleiche Trübners Malweise mit der ganz verwandten von Karl Schuch. Schuchs Stillebenbilder sprühen formlich von intellektuellem Temperament; man fühlt sofort die leidenschaftliche Beziehung zum angeschauten Leben; dieser Maler ißt das Leben kunstlerisch gewissermaßen auf als ein Lebenshungriger. Courbets Natur scheint an ihrer Lebenskraft fast zu leiden; man sieht, wie die Fulle der Naturvitalität ihn orgiastisch bedrängt Und bei Cézanne vertieft

WILHELM TRÜBNER: ZIMMERPLATZ AM SEE

sich der Eindruck, den er von den einfachsten Dingen hat, bis zur Mystik, bis zu einer Unmittelbarkeit, die unheimlich wird. Trübner dagegen erscheint in aller Fülle seiner Anschauungskraft der Natur gegenüber fast indifferent. Sie reicht ihm vor allem Objekte der Tonigkeit dar, sie liefert ihm Malgegenstände. In dieser Hinsicht berührt sich seine Art leise mit der Corinths. Beide Maler denken nur an ihre Malerei; sie erleiden nicht ihre Eindrücke, sondern genießen sie als Professionisten. Beide sind nicht nervöse Ergründer, sondern ein wenig naturburschenhaft in ihrer Begabung.

Es ist bezeichnend, daß der Leiblschüler nie gezeichnet hat. Trübner: das ist der Breitpinsel! Dieser Maler vermag nur aus der Ölfarbenmaterie heraus zu denken. Der Lehrling Canons hat den Pinsel ergriffen und ihn niemals wieder aus der Hand gelegt. Leibl, der Lehrer und Freund, ist genau um so viel größer, als der Wille zur Zeichnung ihn in die Nähe Holbeins geführt hat. Diese Unlust Trübners, zu zeichnen und den farbigen Schein der Dinge auf Schwarzweiß-Begriffe zu bringen, spricht ebenfalls für die Einfachheit seines Geistes. Und dasselbe tun seine Schriften über Kunst, die er zu verschiedenen Zeiten veröffentlicht hat. Sie sind klar, verständig und mit einer gewissermaßen ungeschickten Richtigkeit und Sachlichkeit geschrieben. Man könnte den Stil populär nennen, wäre das sachlich darin Gesagte nicht eben das ewig Unpopuläre. Ebenso möchte man sagen, Trübner male volkstümlich: aufrichtig, breit und klar, derb und schön, mit einer gewissen rustikalen Klassizität; nur daß dann die reine Malerei, die allein der Anschauung wegen da ist und die in keiner Weise über den Gegenstand räsoniert, niemals volkstümlich sein kann.

* * *

Vielleicht gibt es in der Kunst des neunzehnten Jahrhunderts kein größeres Wunder als die Talentäußerungen dieses Goldschmiedsohnes aus Heidelberg zwischen seinem zweiundzwanzigsten und fünfundzwanzigsten Jahre, nichts Bewunderungswürdigeres als den blutjungen Maler des Hofmeisterporträts, der Elternbildnisse, der Wildbretstilleben, der Landschaften vom Herrenchiemsee und aus Heidelberg, des Schuchporträts, der Dame mit Hut und Pelz und ähnlicher Werke. Es gibt keinen glänzenderen Aufstieg als den dieses Canonschülers, der, kaum daß er mit Leibl bekannt war, kaum daß er die alten Meister in Deutschland, Holland und Italien zu studieren begonnen hatte und kaum daß er auf der berühmten Münchener Ausstellung von 1869 die modernen Franzosen, Courbet an der Spitze, kennen gelernt hatte, selbst wie ein alter Meister dastand, der mit unerklärlicher Sicherheit das Klassische der Alten, wie es über die Jahrhunderte lebendig auf uns wirkt, der modernen Kunst zurückgewann, vom Wuchse selbst wie ein Terborch erscheinend und mit einem an Velasquez gemahnenden Geschmack arbeitend. Trübner wirkte um 1872 nicht wie ein aus Münchener Atelierkultur Hervorgegangener, sondern eher wie ein Sprosse alter holländischer Malkultur. Und stand doch, neben wenigen Diezschülern, neben Leibl, Schuch, dem frühen Thoma und einigen anderen ganz vernachlässigt und unverstanden da. Es gingen seine Werke, worin eine höchste Möglichkeit unserer Rasse niedergelegt ist, spurlos an den neuen Reichsdeutschen vorüber.

Die Folgen dieser Verständnislosigkeit sind am Ende der siebziger Jahre in Trübners Schaffen zutage getreten. Es ist dem Künstler die naive Selbstverständlichkeit des Wollens erschüttert worden; er glaubte der Zeitströmung folgen und an Stelle reiner Zuständlichkeitsschilderung den erzählenden Stoff setzen zu müssen. Er begann, sich mit Zentaurenbildern, Giganten- und Amazonenschlachten, Kreuzigungen, Theaterszenen und Hundeanekdoten abzuquälen. Aber er hatte nun einmal nicht das natürliche Erzählerinteresse, und darum konnte er auch jetzt das Publikum nicht fesseln. Innerhalb seiner Verirrung blieb er der gute Maler; er gab sozusagen gute Malerei in schlechten Bildern. Meier-Graefe hat dazu einmal sehr hübsch bemerkt: „Es ist gar nicht so leicht, schlechte Bilder zu malen, wenn man Talent hat." Es ist

WILHELM TRÜBNER: ROSENSTILLEBEN

sogar sehr schwer, als höherer Mensch das Banale zu tun und sich nicht zu verraten. Dafur hat die Menge aber eine sehr feine Nase, ob einer ihresgleichen ist oder ob er nur so tut. Dann ist nach dieser neuen Enttäuschung in Trübners Leben ein fast leeres Jahrzehnt gefolgt. In dieser Periode, die bis gegen 1890 dauerte, wäre ein Feuerbachnaturell verzweifelt; Trübner aber wappnete sich mit jener stolz-phlegmatischen Indifferenz, die gerade bei Kerngesunden oft angetroffen wird Diese Eigenschaft, die Fähigkeit zur Trägheit bei ungeheurer Arbeitskraft, bewahrte ihn vor den Schicksalen Menzels und Thoma's.

Um 1890 ist dann die Mallust neu erwacht. Der Künstler stand nun vor der Aufgabe, die Höhe seiner Jugend wieder zu gewinnen. Indem Trübner es versuchte, gelangte er aber zu etwas Neuem. Seine Malweise seit 1890 und mehr noch seit 1900 etwa unterscheidet sich von seinem Jugendstil ähnlich, wie sich auch die Altersmalerei Manets, Monets, Liebermanns und anderer von ihrer Jugendkunst unterscheidet. Wir sehen etwas fur die letzten funf Jahrzehnte Typisches. Es sind nämlich die Jugendwerke der bedeutenden modernen Maler immer in einer gewissen altmeisterlichen Weise abgeschlossen und als Einzelwerke eigentlich vollkommener als die Alterswerke. Die „Olympia" ist mehr als irgendein Bild des späteren Manet; Monets „Dame im Pelz und grünen Kleid" ist klassischer als seine späteren licht- und lufterfüllten Landschaften; Liebermanns „Bleiche" und „Netzflickerinnen" sind gewichtiger als seine Dunenbilder von 1910; und Trübners Arbeiten zwischen 1872 und 1876 sind in ebendieser Weise mehr als seine Kürassiere und farbigen Akte im Walde, mehr als seine blaugrunen Taunuslandschaften und als seine großformatigen Pferdebilder und Reiterporträts Dafur ist in den späten Arbeiten aller dieser Maler dann aber mehr Unmittelbarkeit, mehr Bewegung, Licht, Farbe und Freiheit. Es ist mehr Neues darin In den Jugendwerken ist das ganze Talent immer in jedem einzelnen Bild konzentriert; in den Alterswerken geht es wie etwas Flussiges durch die Gesamtheit der Werke, die wie von selbst nun immer mehr skizzistisch werden. Es ist die Entwickelung des Zeitgeistes, die sich so in der Kunst abspiegelt; es ist die Entwickelung des Impressionismus überhaupt. Und Trübner ist eben entschieden vom Impressionismus berührt worden, wenn man ihn auch in keiner Weise einen Impressionisten nennen darf. Gegenüber dem velasquezartigen Geschmack und der feinen Schwärze der Jugendarbeiten kommt nach 1890 in seine Malerei farbige Helligkeit. Jeder Schatten wird nun zur Farbe. Das Fleisch beginnt rubensartig zu leuchten, der Wald glüht grün und blau in seinen Tiefen wie von verschlucktem Licht, die Pferdeleiber glänzen in mastig brauner Fülle, und die Rüstungen der Kurassiere stehen tonig im farbigen Licht. Ein ins Altdeutsche übersetzter Impressionismus. Aber es ist die Malerei nun auch lauter geworden, sie hat mehr Willen zur Wirkung; sie ist zugleich malerisch freier und doch auch technisch systematischer geworden. Und es stellt sich als Gefahr die Bravour des Vortrags, die dekorative Wirkung an sich ein. Das Format wird größer, und die starke Malfaust wird oft selbstherrlich. Der Lust am prachtvollen Farbenklang droht der Farbenrausch. Man vergleiche das Bildnis des Bürgermeisters Mönckeberg, 1905, mit der mächtig dekorativen Tapete als Hintergrund, vor der das Haupt wie eine Erdbeere glüht, mit dem Hofmeisterporträt von 1872; man halte neben den Schottenknaben von 1894 die Dame in Hut und Pelz, neben den Postillion von 1903 das große Schuchbildnis der Nationalgalerie. Man wird den Jugendwerken den Vorzug geben müssen. Vergleicht man aber das Ganze der Produktion nach 1890 dem Schaffen der siebziger Jahre, so findet man doch wieder dasselbe Niveau. Trotzdem man auf arge Entgleisungen stößt — wie z. B. auf ein Reiterbildnis Wilhelms des Zweiten, wozu der Kaiser nie gesessen hat — trotzdem der außerordentliche angeborene Geschmack nun zuweilen noch automatischer fast erscheint als in früheren Jahren. Wie immer das Gelingen auch schwankt: der Eindruck einer weichen Großzügigkeit, einer sinnlich blühenden Monumentalität bleibt, der Eindruck einer malfreudigen Männ-

WILHELM TRÜBNER: BILDNIS DES MALERS KARL SCHUCH

lichkeit, die etwas Einziges ist in der Kunst unserer Tage und die in jedem Zug den geborenen Meister verrät.

Trübners vollblutige Schwere steht der sehnigen, intellektuellen Raschheit Liebermanns gegenuber wie der deutsche Süden dem Norden. Dort hat die Münchener Atelierkultur, hier der im Freilicht der Wirklichkeiten lebende berlinische Profangeist hochste Möglichkeiten erreicht. Typisch und vorbildlich ist Trübner in seiner Art wie Liebermann in der seinen.

KARL SCHUCH

DAS Beste, was man der Malkunst Schuchs nachsagen kann, ist, daß sie kleinmeisterliches Handwerk ist. Der Kunstler wollte, in aller Bescheidenheit, als Stillebenmaler ungefähr, was die holländischen Maler einst wollten; er hat in der zweiten Hälfte des neunzehnten Jahrhunderts in Deutschland eine Kunst getrieben, wie Chardin sie im Paris des achtzehnten Jahrhunderts trieb. Neben Leibl und Trübner hat er seine Mission darin gesehen, der deutschen Malerei neue Grundlagen zu schaffen, indem er Kunstmittel der alten Meister modern, das heißt lebendig machte, wenn er sich auch als Personlichkeit in wesentlichen Zügen von beiden bedeutenden Genossen unterscheidet. Er erscheint schmächtiger als beide. Leibl wirkt neben ihm grundlegend, weise und umfassend, Trübner wirkt breiter, gesunder und vollblütiger; Schuch hat vor beiden aber eine natürliche Grazie voraus, eine Heiterkeit, die ihn junglingshaft ercheinen läßt. Er ist neben dem Niederdeutschen Leibl und dem ruhigen suddeutschen Wesen Trübners der bewegliche Wiener. Der Rhythmus des Österreichertums ist in seiner Kunst; er ist liebenswürdig Allen Dingen, die sein Pinsel darstellte, hat er einen reichen Geschmeideglanz zu geben gesucht Er hat die nature morte nicht eigentlich naiv wahr gesehen wie Manet und nicht rembrandthaft wesentlich wie Cézanne; er hat vielmehr immer mehr oder weniger von der Palette aus gedacht. Apfel, brennend rot und leuchtend grün, auf weißem Tischtuch, rote Hummer neben grauem Zinngeschirr, Gefieder von Enten und Fasanen, Kupfergefäße, Gemüse, Gläser, steinerne Töpfe und Käseglocken, unter denen man die gelblichen Töne des Camembert und einen mattsilbernen Stanniolschimmer wahrnimmt — aus solchen Erscheinungen zog er mit Sicherheit seine Tonmelodien. Zur weich fließenden Tonigkeit kam dann aber die Wahrheit der Natur. Das Wesentliche in Schuchs Bildern sind die Akkorde der Farben, ist die Komposition der Töne, der Rhythmus der Kontraste, der Klang der Komplementärwirkungen. Jeder Schatten, jedes Licht wird zum schönen Ton. Schuch hat sich zum Schüler jener Harmonielehre gemacht, deren Meister Courbet und die Maler von Fontainebleau sind. Er hat sich aber mehr an das „Schöne", an das Dekorative seiner Vorbilder gehalten, an das Altmeisterliche darin, als an das Revolutionäre. Er bringt die Farbe immer in irgendeiner Weise zum Blühen. Doch ist er bei dieser Liebe zum Anmutigen, die einem weniger geistigen Menschen hätte sehr gefährlich werden können, redlich geblieben. Fast nie ist seine reiche Tonmalerei leer kunstgewerblich geworden, weil er die Materie lebendig zu empfinden und darzustellen wußte, weil er das Glas gläsern, die Pflanze pflanzlich und das Metall metallisch zu malen und doch alles Materielle dabei zu immateralisieren verstand. Obgleich in den Stilleben zuweilen das Arrangement zu merken ist, sorgt der Sinn fürs Konkrete durchweg für eine höhere Richtigkeit. Schuch ist ein Spezialist; doch wußte er in seine Spezialität viel Leben und viel Kunst hineinzuziehen. Von Kleinlichkeit ist diese Kleinkunst weit entfernt. Er war ganz ein Stillebentemperament — denn auch seine Landschaften behandelte er wie Stilleben, weswegen ihnen allen etwas Entscheidendes fehlt; doch verstand er es, eine renaissanceartige Prachtliebe auf das Unscheinbare, auf das Nebensächliche anzuwenden, er wußte das Alltägliche so mit Malerblicken schmeichelnd abzutasten, daß eine Stimmung von Leben überhaupt entstand. Es gibt nicht viele deutsche Künstler unseres neunzehnten Jahrhunderts, die so mit allen Instinkten

KARL SCHUCH: APFELSTILLLEBEN

Maler waren. Schuch hat, wenn man von einigen Tagebuchskizzen absieht, wohl nie gezeichnet. Er dachte ganz von der Pinseltechnik, vom Ton, von der Farbe aus.

Die Entwickelung des Talentes ist stetig vor sich gegangen und immer in aufsteigender Linie, von der Zeit ab, wo der Künstler in Leibl und Trübner Gleichstrebende höheren Talentes fand, wo er in Holland die alten Meister studierte, in Venedig seine Farbe zu bereichern suchte, und in Ferch am Schwielowsee dann mit Karl Hagemeister malte, bis er sich in Paris endlich dem Studium der Franzosen ganz hingab. Nur in der letzten Etappe seiner Künstlerlaufbahn erklingt plötzlich eine neue Note, die eine besondere Erklärung fordert. Um sie zu deuten, muß man das persönliche Schicksal Schuchs betrachten.

Der Künstler erlag einer Krankheit, die mit Paralyse endigte und die den Fünfzigjährigen zu einem sieben Jahre währenden Wahnsinn verurteilt hat. Die Bilder der letzten Jahre vor der Katastrophe, die also zu einer Zeit gemalt sind, wo die Krankheit schon gefährliche Fortschritte gemacht hatte, sind nun nicht anders zu erklären, als daß im Kunstler physisch und in der Folge auch psychisch gewisse Veränderungen vor sich gegangen sind. In den Bildern bis an die Grenzen der neunziger Jahre erscheint die Natur immer wie mit einer elastischen, durchsichtigen, aber verdunkelnden Haut überzogen; in den letzten Schaffensjahren ist die Natur dagegen gesehen, als ob diese Haut mit fast schmerzhafter Gewalt abgestreift wäre. Die Malerei hat nun etwas Unmittelbares. Die Nerven Schuchs scheinen bis zur Pein lebhaft auf Eindrücke reagiert zu haben. Aus der Altmeisterlichkeit entwickelt sich eine Art von koloristischem Impressionismus. Man sieht, wie ein alle Nerven anspannender Krankheitszustand die Produktivität in einer neuen Weise steigert — ähnlich wie bei Manet —, ohne daß wir aber von pathologischer Kunst sprechen dürften. Werke, die die Bezeichnung Kunstwerke verdienen, sind stets gesund, auch wenn sie von todkranken Menschen gemacht worden sind. Die Technik wird nervoser, flattriger, aber es ist ein neuer Schrei des Lebens da. Neue Farbenkombinationen tauchen auf, etwas Geheimnisvolles lebt in den lockeren Pinseltupfen, und im Übertriebenen blitzt eine neue Art von Intuition auf. Diese geistige Erhebung vor dem Zusammenbruch macht das Unglück Schuchs zu etwas Tragischem. Aus dem Gifte der Krankheit noch sehen wir einen wesentlichen Menschen neue Kräfte, höhere Erkenntnis und lebendige Vertiefung gewinnen. Es kommt der schöne Bibelspruch zu Ehren: „Denen, die Gott lieben, müssen alle Dinge zum Besten dienen."

Aus dem in der Wiener Staatsgalerie befindlichen reich und klar modellierten Selbstbildnis Schuchs blickt ein schöner Malerkopf den Betrachter an: kühn, wenn auch etwas weich, gefällig, aber auch etwas unzufrieden; eine schön gewölbte Stirn und ein geistreich sinnenfroher Mund. Es ist ein Kopf von sprühender Intelligenz, ein vornehmer Künstlerkopf. Aber — um alles zu sagen: dieser Genosse Leibls und Trübners, dieser prachtliebende Kleinmeister, dieser Graziato der modernen deutschen Kunst — trug eine Brille. Er war eines jener Malertalente, die kurzsichtig geboren worden sind, und die darum ständig ein Augenglas brauchen. Das Talent wird durch diesen Umstand natürlich nicht geringer; da der Maler aber nun einmal ganz durch das Auge lebt, so kann diese Kurzsichtigkeit auch nicht ohne Einfluß bleiben. Es wäre interessant, diesen Einfluß einmal im allgemeinen zu untersuchen. Bei Schuch hat die starke Kurzsichtigkeit vielleicht mitgeholfen, ihn zu einem Spezialisten, zum Beherrscher eines relativ engen Gebietes zu machen. Sie hat in gewisser Weise das künstlich gekniffene Auge ersetzt und hat den Maler die Erscheinungen von vornherein weicher, verschwommener und darum toniger aufnehmen lassen. Sie hat es gemacht, daß er sich mehr mit der Malkultur als mit dem Geist der Natur beschäftigte, und hat das Talent, während sie es fein und klug machte, gehindert, die letzten Schritte zu tun.

KARL SCHUCH: STILLEBEN MIT KÄSEGLOCKE

BERLINER ZEICHNER

DANIEL CHODOWIECKI: NATURSTUDIE FÜR EINE
ILLUSTRATION

Rötelzeichnung

DANIEL CHODOWIECKI

ES war seinerzeit richtig, mit der Berliner Jahrhundertausstellung im Jahre 1906 gerade bis auf Chodowiecki zurückzugreifen. Denn er steht am Ende einer Kunstepoche und auch am Anfang der neuen Zeit. Bis zu ihm verfolgten die Modernen ihre unmittelbaren Überlieferungen Während er der Zögling einer noch aristokratischen Kultur ist, der die Kunst mehr ein Spiel als eine Lebenssymbol war, ist er auch einer der ersten deutschen Bürgerkünstler. Zudem ist er der erste Zeichner märkisch-preußischer Art und darum gewissermaßen der Ahn des Geschlechts, dem alle die Künstler von Schadow bis Menzel, ja bis Liebermann angehören Wenn man ihn und seine Eigenart betrachtet, erblickt man ein ganzes Stück Berliner Entwicklung. Man sieht dann, daß in der Preußenresidenz, die eine alte Stadtkultur nicht gehabt hat, wo eine besondere Kunst nie entstehen konnte, und die alle Kunstarbeiter aus der Fremde immer zu sich hinlocken mußte, daß in dieser Hauptstadt einer traditionsarmen kolonialen Mischbevölkerung Eigenes erst entstehen konnte, als die moderne Bürgerzeit heraufdämmerte und als damit der neue bürgerliche Naturalismus sein Recht geltend machte. Chodowieckis Schicksal, zugleich polnischer, französischer und deutscher Herkunft zu sein: das schon ist ein echt märkisches Schicksal. Märkisch ist Chodowieckis ziemlich subalterne Abhängigkeit von den Stilkonventionen der Zeit; aber märkisch ist auch die Kraft seines profanen Wirklichkeitssinnes. Dieser Künstler war beständig beides: ein Diener der Konvention, ein aus zweiter und dritter Hand lebender Schüler des Zopfstils und ein weit ins neunzehnte Jahrhundert hinüberschauender bürgerlicher Naturalist Seine künstlerische Art ist die eines Zugewanderten, der bodenständig werden will, dessen polnisch-französische Art der Bestimmung des preußischen Kolonialmilieus langsam unterliegt

In den Handzeichnungen sieht man am deutlichsten immer das eigentliche Wesen der Künstler sich offenbaren. Chodowieckis

Zeichnungen verraten eine gar nicht genial begabte, innerhalb ihrer handwerklichen Beschränkung aber prachtvolle Künstlernatur. Diese weist einerseits nach den französischen Rokokomeistern, nach Watteau, Lancret, Fragonard, Boucher; andererseits bahnt sie den bürgerlichen Wirklichkeitsstil des Zeichners Schadow, Krügers und vor allem des jungen Menzel an. Dort sehen wir einen geschickten, anmutigen Handwerker, der alles, was der Kunde will, mit gleich geistreicher Sorgfalt macht, eine Art von Musterzeichnertemperament, das sich gern mit kleinen und selbst kleinlichen Sächelchen ornamental spielend abgibt, einen Zeichner voller Einfalle, aber ohne hohere Phantasie, einen sehr geschmackvollen Illustrator von Almanachen, dem jedes große Format mißlingt, einen witzigen Spezialisten in Vignetten und Titelkupfern, einen fröhlich anspruchslosen Improvisator von Albumblättern, einen geduldigen Emailleur, Miniaturisten, Dosenmaler und Silhouettierer. Auf der andern Seite tritt dann aber unversehens auch ein Sittenschilderer hervor, der wie ein unsinnlicherer, märkisch enger Hogarth wirkt, ein Naturbeobachter von seltener Schärfe, zarter Empfindung und von phrasenlosem Vortrag, der unmittelbar an die Hollander denken läßt und der sich über seine Werkstattgesinnung zeitweise mit freier Meisterschaft erhebt. Rowlandson scheint ins Preußische übersetzt, Krügers Berlinertum, Hosemanns vormärzlicher Humor klingt an, und der junge Menzel, der Held des Kuglerwerkes, wird in den Skizzenbuchblättern der Danziger Reise schon angekündigt.

Die Aufgabe, die deutsche Kunst von einem Zeitalter in ein neues hinüberzuleiten, hat Chodowiecki freilich kaum bedrückt. Er hat sie gar nicht empfunden. Denn sonst hätte er nicht mit so freundlicher Bescheidenheit und stiller Unbefangenheit arbeiten können. Seine Doppelnatur wird ihm nicht zu etwas Problematischem; denn es verkorpert dieser Dualismus das zwiefache Wollen der Zeit und im besonderen dann noch seines Heimatlandes. Chodowiecki hat seine uns nun so wichtig scheinende Mission als populärer Kleinmeister vollbracht, als ein graziöser Philister. Ihm

DANIEL CHODOWIECKI: FRAU CHODOWIECKA SCHLAFEND
Zweifarbige Zeichnung

gelang der Übergang, weil er durch Anspruchslosigkeit unbefangen wurde und weil diese Unbefangenheit ihn naiv und empfänglich für die Poesie des unmittelbar Geschauten machte. Der Freund Nicolais war kein Mann von hohem Geschmack, kein leidenschaftlich um Erkenntnisse Ringender und nicht ein tief grabender Geist; aber er war ein Handwerker, der im wesentlichen konnte, was er wollte, und der vom Genius der Kunst nicht selten gerade dort erhoht wurde, wo er sich selbst demütig vor der Natur erniedrigte. Ein Geist, der zwar französisch dachte, sprach und in der Kolonie auch halb französisch lebte, der aber im märkisch-berlinischen Kolonistenmilieu doch ein guter Berliner wurde, lehrhaft, menzelisch scharfsichtig, satirisch bis zum Possenhaften, und der bei aller gallischen Heiterkeit ein fast ebenso harter Selbsterzieher war wie der alte Schadow oder der junge Menzel, Chodowieckis Stift spielt noch über das Papier, er zuckt noch nicht im Bann des Charakteristischen; aber dieses Spiel ist doch schon nicht mehr um seiner selbst willen da. Die Grazie Chodowieckis ist sozusagen Hugenottengrazie Als Ganzes ist sein graphisches Werk mehr noch Produkt einer Epoche als das einer Persönlichkeit; aber es kündigt doch eine Zeit schon an, die vor allem die Individualität in der Kunst wertet.

Die Handzeichnungen sind nur zum kleinen Teil ihrer selbst wegen gemacht. Die ein- oder mehrfarbigen Blätter in Tusche, Rötel, Bleistift, in schwarzer und weißer Kreide sind meistens Studien zu den Radierungen. Darum ist auch das Stoffgebiet sehr groß. Man findet Studien nach Figuren und Kostümen, Entwürfe für die Illustrierung so verschiedenartiger Bücher wie die von Lessing, Gellert und Blumauer, Gleim und Kotzebue, Goethe und Pestalozzi, Studien zu lehrhaften Zyklen wie „Das Leben des Liederlichen", „Leben des schlecht erzogenen Frauenzimmers" usw., merkwürdige Versuche eines „Totentanzes", ausgeführte Profilköpfe in Rötel und flüchtigere Bildnisstudien, Karikaturen und zärtlich feine Bleistiftzeichnungen von Familienszenen. Immer ist die bürgerliche Gesellschaft und die heimliche Enge des

Lebens dargestellt; in den Zeichnungen aber ist es so frei, sicher und um so viel weniger pendantisch als in den Radierungen geschehen, daß man Chodowiecki fast einen Gelegenheitszeichner in dem Sinne nennen kann, wie Goethe ein Gelegenheitsdichter genannt wird. Das hat ihn vor der klassizistischen Ideologie seiner Zeit bewahrt. Es hat ihn freilich dann bei anderer Gelegenheit nicht bewahrt vor kindlichen Allegorien, schlimmen akademischen Unzulänglichkeiten und routiniertem Manierismus. Um sich selbst in allen Punkten zu beherrschen, war Chodowiecki eben zu unpersönlich. Darin steht er hinter Schadow und Menzel zurück und ungefähr auf gleicher Stufe mit Franz Krüger. Dennoch ist in der Werkstatt dieses rastlos fleißigen Handwerkers und Autodidakten, dieses Malers, der bei Lampenlicht, beim Licht einer Art von Schusterkugel mit rührender Anspruchslosigkeit von Rembrandts Effekten träumte, dieses Zeichners, der nie eine Studiengelegenheit vorübergehen ließ, niemals aber auch etwas Besonderes zu tun glaubte, wenn er nach bester Einsicht seine Pflicht tat, die preußische Bürgerkunst geboren worden, jene moderne Kolonistenkunst, die inzwischen längst ein Teil des alldeutschen Kunstwillens geworden ist und die in der trägen Masse der Zeit als ein nützlicher Sauerteig wirkt.

JOH. GOTTFRIED SCHADOW

AUS seinen Zeichnungen blickt Schadow mit unmittelbarer Lebendigkeit. Der Bildhauer tritt mehr hinter seine Werke zurück, weil die Plastik eine viel strengere Objektivierung des Gefühls fordert und das Momentane ausschaltet. Zeichnungen aber sind so recht das Material, um den Menschen psychologisch zu ergründen, denn sie geben die Empfindung des Augenblicks, die Leidenschaft des ersten Eindrucks. Darum lesen wir aus Schadows graphischen Arbeiten das Wesen des Künstlers am reinsten ab; wir erkennen darin die ganze Kompliziertheit dieser Natur, ihre Ursprünglichkeit und Künstlichkeit, das Traditionsbewußtsein

und die Pionierlust, die Genialität und die Unzulänglichkeit. Was am stärksten daraus spricht, ist eine starke, nie erlahmende Lebensenergie. Die ist immer da, ob nun sanfte Schönheitslust den Zeichenstift regiert, akademisch geschulter Intellektualismus oder der Drang zum grotesk Charakteristischen. Kein Blatt, aus dem nicht diese ewig junge Vitalität siegreich hervorbräche. Sie ist es, die die scheinbar widerspruchsvollen Eigenschaften verbindet. Darum ist es vor allem der Eindruck der Kraft, den man vom graphischen Werk Schadows empfängt. Einer Kraft, die hier und da die Größe berührt, die aber auch nicht ohne Banalität ist. Sie verknüpft das Apollinische in dieser die „Musen und Grazien in der Mark" repräsentierenden Natur mit dem Bitteren und selbst Harten darin. Es blickt hinter der Fülle der im Wert und im Charakter so verschiedenartigen Zeichnungen das kalte scharfe Profil des Siebzigjährigen hervor, das fast an das spitze Willensprofil des von Schadow so verehrten „Alten Fritzen" denken läßt; wir sehen eine stahlharte, berlinisch spöttelnde Energie, deren kritische, kaustische Herbheit wie ein typischer Zug des friderizianisch-preußischen Römertums erscheint. Ein aufrechter Mann, ohne viel Zärtlichkeit und Innigkeit, in Kunst und Leben aber redlich wie Gold und ein rücksichtsloser Selbsterzieher. Ein Vorfahre von Krügers Sachlichkeit, von Menzels Gewissenhaftigkeit und von Liebermanns Intellektualismus. Ja, auch diesem modernen Berliner ist Schadow in manchem Zug verwandt. Aber er ist viel knorriger und als Abkömmling von Bauern weniger patrizierhaft fein. Unter der selbstsicheren Derbheit und Drastik eines alten Originals etwas sehr Zartes und Reines schamhaft verbergend. Wenn er seine Schüler mit du anredete und mit rüden, berlinischen Redensarten beim Unterricht nicht sparsam war, so meinte er vielleicht gerade das Heiligste der Kunst, wo er am burschikosesten war. Er ist vollblütiger und doch differenzierter als der edle Schinkel, wirkt genialisch neben dem gut bürgerlichen Krüger und sinnlich stark neben Rauchs Aristokratismus; den Einflüssen des abklingenden achtzehnten Jahrhunderts und dem eklektizistischen Klassizismus der Folgezeit gegenüber erscheint er wie ein Vertreter des Natürlichen. Aber oft ist er in all seiner Souveränität dann auch leer und akademisch. In ihm sind kalte und warme Strömungen. In den Zügen des Alten sind neben all dem Derben und bäuerlich Irdischen auch Züge vom espritreichen Wieland. Etwas jesuitisch Geistreiches, etwas Graziöses und Hämisches zugleich, freie Größe und Verbitterung. Ein bäuerlich harter, in seiner Zahnlosigkeit geizig fast dreinschauender Alterskopf, von einer Gloriole des Genialen umleuchtet.

Die Hauptmasse der Schadowschen Zeichnungen — mehr als tausend Stück — sind in der Bibliothek der Berliner Akademie der Künste dem Kunstfreund leider fast unzugänglich. Die Berliner Nationalgalerie besitzt nur relativ wenige Blatter, freilich einige der schönsten und merkwürdigsten. Aber diese wenigen allgemein zugänglichen Proben geben vom Umfang des Schadowschen Talents keinen Begriff. Denn es gibt einen Zeichner Schadow, dem man das Lehrlingsstudium nach Boucher, die Schule Tassaerts, die Suggestion des abklingenden Barock anmerkt, man entdeckt in dem graphischen Werk den Nachfolger Chodowieckis, sodann den Deutsch-Römer und hier und da sogar den Nazarener; man denkt an Ingres, an Canova, sieht sich in natürlicher Entwickelung zur Bürgerkunst des vorrevolutionären Berlin hinübergeleitet, zu Krügers Porträtistengewissenhaftigkeit und zu den anspruchslosen Humoren Hosemanns und seiner Genossen. Und es wird Schadow die Zeichnung einer Hand zugeschrieben, für deren Schöpfer man anfänglich Menzel hielt, bis dieser seufzend erklärte, er hätte sie leider nicht gemacht. Es sind Zeichnungen da, deren freier Impressionismus an Manet, deren kühne Ausdruckskraft an Daumier, deren weich-sinnliche Technik an ganz moderne Meister denken lassen. Dann wieder kommen die richtigen Bildhauerzeichnungen, zu Studienzwecken schematisch genau angefertigt und mit Maßen und Zahlen versehen oder von Reliefwirkungen, von der skulpturalen Komposition aus gedacht. Man findet Akte, die an Michelangelo gemahnen, und daneben

JOH. GOTTFRIED SCHADOW: MÄDCHENKOPF
Tuschzeichnung

Tänzerinnen, deren antikisierende Kunstgewerblichkeit Walter Crane nahesteht. Antik Statuarisches erblicken wir und wundervolle Paraphrasen der Renaissance; und dann springen uns wieder mit japanischer oder mit Lautrecs Schärfe gezogene Profillinien in die Augen, wie die nach den Köpfen Schillers und Schinkels, die mit fast hämischer Rücksichtslosigkeit im Schillerkopf das häßlich Deformierte, im Schinkelprofil die zum Wahnsinn führende Dekadenz bloßlegen. Einen Unsterblichen erblicken wir, aber zugleich auch sein Biedermeiergewand. Äußerste Genauigkeit wechselt mit souveräner Skizzistenfähigkeit. Überall ist Eklektizismus, aber niemals fast erscheint dieser epigonisch.

Das sind viele Namen und Vergleiche, um auszudrücken, daß Schadow ein Eigener war. Sie lassen sich aber kaum vermeiden. Sie allein können die Traditionen bezeichnen, die vom achtzehnten zum neunzehnten Jahrhundert durch Schadows Kunst gehen und die Schadows Graphik zu einem so wichtigen Bindeglied machen in der Entwickelung von der aristokratischen Herrenkunst des Barock zur modern belebten Bürgerkunst.

Kaum die Hälfte der Schadowschen Zeichnungen sind Bildhauerzeichnungen. Die übrigen Blätter sind so, daß auf einen Maler schließen müßte, wer von dem Bildhauer nicht wüßte. Und in diesen Blättern gerade ist alle Bewegtheit der Seele, die in der Skulptur nicht Genüge fand. Die Kunst des Zeichnens war für Schadow viel mehr als ein Hilfsmittel. Das beweist schon die Lust an der Karikatur, die dem Talent zu der immer ernsten Plastik nicht organisch entsprießt. Es beweist auch die technische Zärtlichkeit. Man spürt, wie die schwarze oder rote Kreide das Papier liebkost. In einem seiner Aufsätze seufzte der Künstler: „Selten nur bleibt mir eine Stunde, die ich meiner Laune weihen kann; und wie viele Ideen schweben einem nicht vor, die man wenigstens mit dem Griffel auf dem Papier festhalten, andere, die man ganz verkörpern möchte!" Schadow begriff mit modernem Sinn die unendliche Vielgestaltigkeit des Lebens und wußte, daß es eines „an List grenzenden Beobachtungsgeistes" bedarf, um der

Natur die Ausdrucksfülle abzugewinnen. Doch stand dann hinter dem Malersensorium des Zeichners in jedem Augenblick auch wieder der Stilwille des Bildhauers. Der nahm die malerische Naturimpression auf, verband sich untrennbar damit, und es entstand dann jene Verschmelzung von Objekt und Subjekt, die das Merkmal der Meisterschaft ist.

Nach hundert Jahren zeigt es sich nun mehr und mehr, daß der phrasenlose Berliner dem weimarischen Imperator Goethe gegenüber recht hatte, als er bei dessen Angriffen in den „Propyläen" sein Wollen und Können so charaktervoll verteidigte. Das aber will nichts anderes sagen, als daß Schadows Talent der Zeit, den wechselnden Jahrhundertmeinungen, den kämpfenden Kulturtheorien gegenüber recht behalten hat, daß die in dieser Kunst niedergelegte Summe von Natur gesiegt hat und daß in der deutschen Kunstgeschichte des neunzehnten Jahrhunderts, wie sie sich unserm Auge nun zu gliedern beginnt, der Zeichner ebenso wie der Bildhauer Schadow als eines der wegbestimmenden Talente, als ein historisches Naturereignis dasteht, trotz all seiner berlinischmärkischen Begrenztheiten.

FRANZ KRÜGER

„ANDRE Zeiten, andre Vögel! Andre Vögel, andre Lieder!" Wie anders als heute dachte man doch über die Arbeitsweise des Malers und Zeichners im Berlin Friedrich Wilhelms des Dritten und Vierten! In unsern Tagen scheint es dem freien Künstler Ehrensache, seine Eigenart zu pflegen, nur aus dem Erlebnis der Stunde heraus zu schaffen, den Auftrag als das Sekundäre zu betrachten und das Publikum zu beherrschen, nicht aber ihm zu gehorchen. Auf diesen ganz modernen Drang zur Selbstverantwortung sind die schönsten Talentäußerungen unserer Modernen —, aber auch ihre Übertreibungen und Verstiegenheiten zurückzuführen. Dieser betonten Freiheit gegenüber wirkt ein Künstler wie

JOH. GOTTFRIED SCHADOW: FRAUENKOPF
Tuschzeichnung

Franz Krüger ganz bürgerlich nüchtern, steht er da als ein Handwerker und Professionist, der streng immer am Auftrag gefesselt blieb. Blickt man freilich genauer hin, so entdeckt man, daß eben der Auftrag, die Handwerkskonvention und die Stilbeschränkung der Zeit dem biedermeierlich eingeengten Künstler eine andere Art von Freiheit und Sicherheit gegeben haben. Wir finden in Krügers Kunst nicht Eingebungen des erregten Gefühls, nicht poetische Einbildungskraft und nicht die ursprüngliche Impression, nirgends schäumt ein großes Wollen, nie stoßen wir auf faustische Gelüste; aber es sind in Krügers Kunst dann doch die meisten der Tugenden schon, die Menzel zu einem Repräsentanten neudeutscher Kunst gemacht haben, und kaum einer der Fehler, die Menzels Ruhm schmälern. Damit ist freilich nicht gesagt, daß Krüger über den Erben seiner Tradition hinausragt. Denn ist er auch, vor allem als Zeichner, naiver in der Anschauung und Ausführung, im besten Sinne sachlicher und unabhängiger vom Metier als der bis zur Künstlichkeit kluge und technisch übergeschickte Menzel, so fehlt ihm doch auch der freie Schwung, die geniale Begnadung, die dem um achtzehn Jahre Jüngeren die Illustrationen des Kugler und Bilder wie das „Théâtre Gymnase" oder das „Balkonzimmer" gelingen ließen. Auch Krüger war Künstler mit jeder Faser; aber er hat sich nie so inbrünstig und ausschließlich dem Schaffenstrieb in die Arme geworfen wie der fast geheimnisvoll wirkende Menzel mit seiner verbissenen Gnomenemsigkeit, und er hätte die Zumutung, intuitiv im Sinne unserer Modernen zu arbeiten, mit einem derben berlinischen Witzwort zurückgewiesen. Er zeichnete Porträts von Menschen und Pferden, wie die tüchtigen Maurer- und Zimmermeister seiner Zeit Häuser bauten — besser und mit sehr viel mehr natürlichem Kunstgefühl, als es der beste akademische Bauprofessor heute fertigbringt. Ein Zunftmeister war er von vielen Graden, ganz Professionskünstler und zugleich ein Charakter, wie es Autodidakten, die es sich sauer werden lassen müssen, oft sind und wie man sie vor einem halben Jahrhundert häufig gerade im frei begriffenen Handwerk fand.

Daneben war er eine typische Berliner Erscheinung, um so berlinischer wirkend, als der aus Köthen Zugewanderte sein junges Berlinertum gerne drastisch betonte. Ein Altberliner, aber noch ohne jede demokratische Allüre und mit vielen Zügen eines Landedelmanns; ein Zeitgenosse Meyerbeers und der Birch-Pfeiffer, der Henriette Sontag und der Krelinger, der Porträtist der Taglioni, des Grafen Redern und fast aller im Berlin jener Jahre weilenden Fürsten, Prinzen und vornehmen Adligen. In all seiner ehrenfesten Bürgerlichkeit stellt man ihn sich von einem deutlichen Stallparfüm umgeben vor, wie er mit den adligen Rennstallbesitzern auf gleichem Fuße verkehrt, auf dem Parkett des Königlichen Schlosses sogar Figur zu machen und dem König Friedrich Wilhelm dem Vierten die neuesten Stadtwitze mit jovialer Drastik beizubringen weiß. Ein Mann ohne Sentimentalität, mit der bekannten berlinischen Schnoddrigkeit gern kokettierend, und ohne große Bedenken, wo es sich um sein Wohlergehen handelte. Er ließ sich, wenn auch widerwillig nur, mit einer Schauspielerin, die Beziehungen zu einem Prinzen gehabt hatte, verheiraten, als ihm dafür die Hofkundschaft versprochen wurde, und lebte in unerfreulicher Ehe heute mürrisch und morgen voll jovialer Lebenslust dahin, einen Auftrag nach dem andern prompt erledigend wie ein solider Geschäftsmann. Niemals wurde er als Künstler flüchtig oder gwissenlos. Banal wurde er wohl häufig; oft aber gelang ihm auch das Außerordentliche. Über das Äußere seiner Modelle gelangte er nie hinaus; dieses aber beherrschte er mit allen Mitteln seines Talents und Handwerks. Eine unendlich leichte und gefällige Hand, ein immer sicheres Auge, kultivierter Geschmack und eine unbewegte Seele. Ein Künstler durch und durch; aber doch nicht so sehr, daß er nicht neben der Kunstpassion noch andere Passionen gehabt hätte Wenn er seinen ehemaligen Schüler Steffeck Donnerstagmorgens aus der Hollmannstraße abholte, um mit ihm nach Tempelhof hinauszupilgern, so lockte ihn gewiß ebensosehr bei Mutter Kreideweiß das Berliner Nationalgericht, Erbsen und Pökelfleisch, und das Milieu des Rennbetriebes, der

FRANZ KRÜGER · JUGENDBILDNIS BISMARCKS
Zeichnung

damals in Tempelhof ein Domizil gefunden hatte, wie die Studienarbeit. Und er widmete seinen reinrassigen Hunden gewiß ebensoviel Sorgfalt wie seinem Malgerät. Die alles andere ausschließende Kunstleidenschaft hatte er nicht. Darum bleibt er als Zeichner in weiter Distanz von Ingres, an den bei ihm, wie bei Menzel, gewisse nazarenische, aber naturalisierte Züge zuweilen denken lassen. Dieser Hofmaler war ganz und gar solide; aber er war keiner der ewig Wachsenden und sich Wandelnden. Von einer späten Reise durch die Niederlande und nach Paris, wo er Delacroix beim Malen sogar zusah, kam er unverändert zurück. Er war in sich fertig, und das seinem Wesen Fremde glitt von ihm ab wie Wasser vom Entengefieder.

Man betrachtet seine Zeichnungen, Lithographien und Aquarelle und findet kaum ein kleines Skizzenbuchblatt, das nicht Qualitäten hätte. Gleichmäßige Güte zeichnet die Arbeiten vor allem aus. Man versteht, daß dieser Künstler als Lehrer immer wieder das Zeichnen betonte, denn auf diesem Fundament ruht seine ganze Lebensleistung. Der Zeichenstift war ihm ein lebendiges Werkzeug. Mit welch köstlichem Charme weiß er junge Frauen zu zeichnen, und wie treffend sind Haltung, Bewegung und Charakteristik seiner Tiere! Mit sicherem Geschmack stellt er die Dinge in den Raum, und über allem, was er macht, liegt der Hauch einer feinen, nuancenreichen Blondheit. Die Handwerkssicherheit wird freilich nicht selten zur Routine und artet sogar zur Manier eines Zeichenmeisters aus. Man spürt zum Beispiel die Freude am koketten Pinselstrich, an der Art, wie die weißen Lichter spitzpinselig und elegant aufgesetzt sind. Aber selbst diese Manier noch ist solide. Tiefere Psychologie sucht man vergebens; es stimmt immer, und doch bleibt das Letzte ungesagt. Trotzdem diese Kunst aber nicht tief dringt, ist sie doch nie oberflächlich. Sie will wenig und gibt mehr noch, als sie will: das macht sie so sympathisch und wertvoll. Sie ist mit sich selbst vollkommen in Übereinstimmung, ob nun auf großen Repräsentationsbildern vierhundert Menschen dargestellt sind, ob ein Pferd porträtiert oder nur ein Gewehr mit sachlicher Treue studiert ist. Es machte dem auf Bestellung Schaffenden nichts aus, sich den landschaftlichen Hintergrund von Schülern oder Freunden malen zu lassen, denn er wollte nicht so sehr hohere Kunsteinheit als die Zufriedenheit gebildeter Auftraggeber. So kam es, daß er Anerkennung die Fülle fand, daß sowohl die Greisinnen und Jungfrauen mit der geschmackvollen und liebenswürdigen Genauigkeit ihrer Bildnisse zufrieden waren, wie auch den Pferdebesitzern die Porträtähnlichkeit ihrer Rosse und Hunde zusagte. Krüger hat eine lange genutzte Form für die Darstellung von Rennpferden gefunden, weil er als Sportsmann sachlich richtig und mit der Passion des Pferdekenners arbeitete und doch den Künstler nicht verleugnete. Ein Géricault freilich konnte er eben darum nicht werden, weil er das Pferd zu sehr sportsmäßig betrachtete.

Ein guter, feiner und liebenswürdiger Chronist also, ein äußerst kultivierter Registrator, in dessen Werken der Stoff ebensoviel interessiert wie die Form. Ein Meister bürgerlicher Zeichenkunst, dessen Arbeiten nun Allgemeingut der Deutschen zu werden beginnen, denen aber immer doch die lokale Determination anhaften wird. In der Berliner Nationalgalerie ist Krüger so recht am Platze, zu Menzels und Liebermanns moderner Bürgerkunst von fern hinüberweisend. Und auch in der Berliner Sezession begegnete man früher gern der nüchtern preußischen Grazie in dem fein ziselierenden Handwerk Krügers. Er stand dort wie ein ehrenfester Großvater zwischen Enkeln, die mit neuen Ideen zu neuen Zielen streben und die sich selbst ehrten, als sie in dem Alten aus der vormärzlichen Zeit einen Meister des Handwerks grüßten, einen Kleinmeister, den nach Hugo von Tschudis resümierendem Wort „nur ein Mangel an innerer Anteilnahme vielleicht verhinderte, ein ganz großer Künstler zu sein".

FRANZ KRÜGER: FRAU VON OLFERS
Farbige Zeichnung

MENZEL ALS ILLUSTRATOR

ÜBER den Wert eines Buches entscheidet die Art, wie der Autor seine Leser zu Mitarbeitern, wie er sie produktiv macht. Je besser ein Buch ist, desto selbständiger und freier wird sich die Schöpfungskraft bei der Lektüre regen. Keinen höheren Genuß gibt es, als die im Buch entwickelten Gedanken durch eigene Vorstellungen zu ergänzen, durch persönliche Erinnerungsbilder zu beleben und die Gefühlswelt des Schriftstellers unmerklich zu erweitern, indem die Einbildungskraft sie nachschafft.

Gesellt sich dem Schriftsteller der Illustrator, so kann dessen Ziel nur sein, diese befruchtende Gewalt über denkfrohe Menschen zu verstärken, nicht aber, sie zu verringern oder die geistige Lust der Leser zu geistiger Aktivität zu zersplittern. Er hat darum durchaus in der vom Autor gewollten Richtung zu wirken. So paradox es dem ersten Gedanken aber scheinen mag: das vermag er nicht, wenn er den Inhalt des Buches naturalistisch sachlich, im engen Anschluß an die Worte des Textes abschildert, wenn er dem Leser zeigt: so war das betreffende Haus, so die Physiognomie der Menschen und so die Situation. Denn mit solcher Gegenständlichkeit erregt der Illustrator nicht die Einbildungskraft, sondern er lähmt sie; mit seinen besonders gearteten Vorstellungen erschlägt er mit einem Streich dann alle anders kombinierenden Vorstellungen. Er engt mit seiner Sachlichkeit ein, arbeitet für die Vorstellungsarmen und Phantasielosen, die nicht genug Schöpfungkraft haben, um durch ihre Lebensfülle das Besondere des Buches ins Allgemeine zu erweitern. Der rechte Illustrator wird sich vielmehr von jeder chronistischen Erklärung des Textes fernhalten und dem Leser nicht Begriffskrücken anbieten durch ein: so war es! Er wird die Phantasie des Lesers beschwingen durch eine ornamentale Paraphrasierung des lustvollen Stimmungsgefühls, das alle gleichmäßig bei der Lektüre überkommt. Nicht ein die Illusionskraft zur Untätigkeit verurteilendes Bild wird er geben, sondern eine Arabeske, womit die Illusion spielen kann.

Eine Arabeske, die einerseits leise sachlich auf die Worte des Textes hinweist und andererseits ebenso zart und diskret auf die ewigen Empfindungswerte, die hinter den Textworten stehen Ihm wird die Illustration zur Bilderschrift werden, die graziös rahmend oder abschließend die allgemeine Weltstimmung andeutet, worin der besondere Fall sich begibt. Denn nur so kann er im Sinne des Autors die Schopfungskräfte des Lesers wecken helfen und sie dem Buche in einem hoheren Bezug dienstbar machen. Die höchste Wirkung wird nicht erreicht durch Verdoppelung der Sache, sondern durch mittelbare Reizungen der Phantasie

Ein guter Illustrator muß darum fähig sein, zu seinen Gegenständen Distanz zu nehmen, damit das Materielle ihn nicht beherrsche; er muß geistreich genug sein, die ihm dargebotenen literarischen Anregungen mit zufällig scheinender Leichtigkeit symbolisch behandeln zu konnen; und er bedarf künstlerischen Taktes, um mit seinen zur Hälfte allgemeingültigen Motiven in den Grenzen einer leise nuancierenden Zierkunst zu bleiben

* * *

Alle diese Tugenden schmücken den Illustrator Menzel, kränzen sein Werk hier und dort mit Vollkommenheit. Aber nicht zu jeder Zeit war er ihrer sicher. Das Problematische im Wesen der Illustration, die zugleich dient und herrscht, vermochte selbst seine autokratische Dienernatur nicht immer zu uberwinden.

Das kleine Talent wird in der Illustration oft das Zulängliche leisten, nie aber das Außerordentliche. Denn es ist jener bedeutenden Motive nicht fähig, die ornamental spielend das Tiefste berühren. Das Genie aber hält es dauernd in den engen Grenzen der Buchkunst nicht aus, es kann dem Drange nicht widerstehen, das Bedeutende, das es als Diminutivum in Vignetten und Randleisten anklingen läßt, selbständig frei und monumental auszubilden Darum ist der Illustrator entweder ein kunstgewerblicher Professionalist oder ein genialer Gelegenheitsarbeiter.

Menzels Eigenart und Entwickelung brachte es nun mit sich,

ADOLF MENZEL: ILLUSTRATION AUS KUGLERS
GESCHICHTE FRIEDRICHS DES GROSSEN
DIE TAFELRUNDE
Holzschnitt

daß er beides nebeneinander war. Als er Kuglers Geschichte Friedrichs des Großen illustrierte, arbeitete der vom Vater erzogene Berufsxylograph daran und zugleich das sich jugendlich groß entfaltende geniale Temperament. Die junge Genialität benutzte mit sicherem Blick die ihr reich zuströmenden, morgenfrischen Anschauungen; und der Holzschneider tat getreulich seine Berufspflicht, mit billiger Rücksicht auf Werkstattüberlieferungen und Publikationsgewohnheiten. Dadurch gelang einmal dem zärtlichsten Naturempfinden das schlechthin Vorbildliche; und ein anderes Mal drängte sich eine subalterne Lust am Gegenständlichen lähmend vor die Phantasie. Es sind in allen von Menzel illustrierten Büchern zwiefache Werte zu finden. Hart neben dem Musikalischen steht immer der enge, bildhaft gewordene Begriff. In seinem Hauptwerke, der Geschichte Friedrichs des Großen von Kugler, verfiel der Fünfundzwanzigjährige diesem Dualismus, und viel schlimmer noch geschah es dem Sechzigjährigen, als er die Holzschnitte zum „Zerbrochenen Krug" schuf. Gerade in diesem letzten Fall tritt durch den Umstand, daß der Illustrator inzwischen zur selbstbewußten Meisterlichkeit gelangt war, kraß der Zwiespalt hervor. Neben einer Bildnerkraft, die aus Naturanschauungen Gefühlsornamente zu machen weiß, arbeitet eine unheimlich geschickte Pedanterie mit steckbrieflich detaillierender, genrehaft gegenständlicher Genauigkeit. Nicht anders auch ist es in den Illustrationen zu den Werken Friedrichs des Großen Nur tritt dort an Stelle der Genres die erklügelte Allegorie, weil anstatt einer Dorfgeschichte die lyrisch-philosophischen Abstraktionen des Voltairezöglings zu illustrieren waren.

Der allzu dienstfertig erklärenden Ausdeutung des Textes neigt Menzel zu, wo er größere Teile der Seite bildmäßig füllt Also dort, wo der Zeichner sich am weitesten von den Zielen der Illustration entfernt. Das Vollbild ist kaum noch Illustration zu nennen, weil es zu großen Anspruch auf Selbständigkeit macht, nur mittelbaren Bezug zum fortlaufenden Text hat und geradezu verführt, viel Erzählendes zu geben. In diesem Zusammenhang kann das Beispiel genannt werden, das Hugo von Tschudi in seinem Menzelbuch anführt, wo von dem Versuch des Holzschneiders die Rede ist, in einem Vollbild den Vorgang zu schildern, wie Friedrich der Große vor der Schlacht bei Leuthen zu seinen Generalen spricht. „Eine dankbare Aufgabe war das nicht, in dem vergröbernden Holzschnitt die Feinheit psychischer Vorgänge zu schildern. In der Tat ist die Illustration verunglückt, aus dem großen historischen Moment ist etwas wie eine ‚Manöverkritik im achtzehnten Jahrhundert' geworden."

Am herrlichsten blüht Menzels Meisterschaft auf in den kleinen mehr schmückenden als erklärenden Zeichnungen, die den Text getreulich begleiten. Also dort, wo seine Illustrationskunst am meisten dient. Wie so oft ist dem Künstler auch hier die äußere Beschränkung zur inneren geworden und hat so zum Stilgesetz geführt. Dienend ist die Kunst selbständig geworden und über den Text des Schriftstellers weit hinausgewachsen.

Das Wort „dienend" ist hier nicht bildlich gemeint. Der Illustrator hat Rücksicht zu nehmen auf die Größe der Buchseite und des Satzspiegels, auf Form und Stärke der Typen und endlich auf die Stichworte des Textes. Er soll mit seinen Vignetten nicht den Blick verwirren, sondern ihn ornamental beruhigen, soll Rhythmen und Akzente schaffen und den sich beim Lesen entwickelnden Gedankenreihen mittels zarter Anmerkungen Perspektiven öffnen und Stimmungen schaffen. Sucht der Künstler in der Natur nun nach Motiven, womit er den ornamentalen Anforderungen genugtun und den Geist des Buches sinnvoll paraphrasieren kann, so wird er nur solche wählen, die bedeutend, das heißt allgemein eindrucksvoll, zeitlos und von bestimmter Gegenständlichkeit unabhängig sind. Alles dem Auge in der Natur bedeutend Erscheinende ist bedeutend aber nur vermöge gewisser formaler, ornamentalischer Impressionswerte. Was in der Natur frappiert, so daß man unwillkürlich stillehält und einen Ruck fühlt, das hat stets auch in irgendeinem Bezug ornamentalen Formreiz. Darum wird gerade das Bedeutende der Naturerscheinung dem Illustrator, der

ADOLF MENZEL: ILLUSTRATION AUS KUGLERS
GESCHICHTE FRIEDRICHS DES GROSSEN
FRIEDRICH DER GROSSE UND VOLTAIRE IM GESPRÄCH
Holzschnitt

sich den gegebenen äußeren, typographisch ornamentalen Bedingungen seiner Aufgabe anzupassen sucht, zum glucklichsten Motiv. Die Monumentalitat, der Rhythmus, die Formgewalt, die in den Natureindrücken enthalten sind, weisen auf ebendenselben Rhythmus, auf dieselbe Monumentalität und Ornamentalität, die der Illustrator zur Hilfe ruft, wenn er das dekorative Gesetz für seine künstlerische Komposition sucht. Darum kann der geniale Zeichner, der die Form an den Gedanken und den Gedanken an die Form knüpfen will, nichts Besseres tun, als solche das Raumgefuhl und die Lebensidee gleich stark beruhrenden Motive in der Natur aufzusuchen und sie für besondere Falle formal abzuwandeln.

Menzel konnte oft das schlechthin Vollkommene erreichen, weil er zeitweise an solchen ursprünglich gesehenen bedeutenden Motiven sehr reich war. Und er war besonders geeignet, diesen Schatz elementarer Anschauungen illustrativ anzuwenden, weil sein Naturell ihn immer gezwungen hat, äußere Beschränkungen mehr zu suchen als zu meiden. Denn er war ein geborener Diener großen Stils; ein Selbständiger, der nur dienend sich durchzusetzen vermochte. Das ist ein Autodidaktenschicksal. Ihm war das sich Unterordnen Wollust, er sehnte sich danach. Nicht eine Sekunde ließ ihn das selbstgeschaffene Pflichtgesetz los. Immer wählte er sich imaginär einen Herrn und diente ihm, wie selten ein Mann gedient hat. Ganz frei und sicher wurde er nur, wo er eine Pflicht sah. Dieses war die Quelle seiner Kraft und seiner Schwache. Darum konnte er gerade als Buchillustrator im Bedeutenden frei und in der typographisch gebundenen Freiheit heiterer werden, als er es jemals als Maler gewesen ist.

* * *

Nach welchem Prinzip der Pflichtmensch sich mit dem Künstler auseinandersetzte und welche Sicherheitsmaßregeln seine Gewissenhaftigkeit der freien Gestaltungslust gegenüber traf, wie andererseits seine kühne Jugendmeisterschaft aber auch auf die Alten wirkte und die bedeutendsten Kopfe zu torichter Prinzipienreiterei verführte: das wird ergötzlich illustriert durch eine Zeitungskontroverse zwischen dem „Altgesellen" Gottfried Schadow und dem jungen Menzel, anläßlich des Kuglerwerkes. Schadow veröffentlichte am 26. März 1840 in den „Berlinischen Nachrichten von Staats- und gelehrten Sachen" folgende Sätze, die trotz goethisch ruhiger Sprechweise den charakteristischen Ärger des Alters über die Jugend verraten:

„Zu Ehren Friedrichs des Großen, von einem Veteranen.

Beim Anblick des ersten Heftes des Geschichtswerkes von dem Prof. Kugler und Herrn Menzel „Glorie König Friedrichs" empfand ich eine demütigende Stimmung. Was wird man in deutschen Landen davon sagen, wo schon zierliche Werke erscheinen, die sich denen der Franzosen und Engländer an die Seite stellen können, und welchen Begriff wird es von dem Stande der Kunst in unserm Vaterland geben! Wenn so viele Geneigtheit vorhanden, ein Denkmal in Blättern zu geben, so sehe man sich um nach Geschichtschreibern und Zeichnern. Die Zeit ist gekommen und drängt; eine neue Generation soll für vergangene Ereignisse aufgeregt werden. Hinstellung jener Gestalten im Bilde, ihrer Gedanken durch ihre eigene Sprache und Rede schicken sich hierzu. Man hat erfahren, wie viel zustande kommt, wenn viele in ein Bündnis treten und mit gutem Willen nach demselben Ziele streben. Sollten in Berlin nicht genugsam Künstler und Historiographen vorhanden sein, um ein dem Ruhme unseres Königs Friedrich würdiges und angemessenes *Souvenir* oder Album zustande zu bringen? Ich sollte meinen, und auch ausführbar, wenn man sich nicht einfallen läßt, ein entreprisenartiges Pfennigmagazin zu liefern, sondern ein geschichtliches *Souvenir*. Der Ungeduld ist die Leichtfertigkeit willkommen. So freute man sich über die Lithographie; diese lieferte zuweilen nicht die hinreichende Zahl Drucke, und so kam man zurück auf den alten, beinahe vergessenen Holzschnitt. Schon haben Engländer und Franzosen in diesem Kunstzweige Gutes gegeben, bei uns Deutschen ist wenig dem an die Seite zu stellen erschienen, und schon sieht man solche Aus-

ADOLF MENZEL: ILLUSTRATION ZU DEN WERKEN FRIEDRICHS DES GROSSEN
MELDEREITER. Holzschnitt

artungen, die man Griffonagen oder Kritzeleien nennen kann, und dieses von denselben Künstlern, welche sich mit der Radiernadel gut und geistreich ausgedrückt haben. Auf diese möge man also zurückkommen! Statt hierbei der heurigen Mode zu folgen, die Gestalten in phantastisch arabesken Windungen schwebend erscheinen zu lassen, sollte hier alle Erfindung wegbleiben, und ist genugsamer Vorrat vorhanden an Bildwerk und Schrift, um den Zeitgenossen die Gestalten und Gedanken jener Zeit in solchem Verein aufzustellen, daß dem Leser und Beschauer sich jene alten Tage wie im treuen Spiegelbilde vergegenwärtigen.

Dr. G. Schadow,
Direktor der Königlichen Akademie der Künste."

Man sieht, es ist in diesem Protest das Prinzipielle berührt. Schadow steht etwa auf dem Standpunkt derer, die vom Illustrator gegenständliche Hingabe an das Textwort fordern. Sehr bezeichnend für Menzel ist es, daß auch er sich von dieser Meinung nicht freimacht und, während er de facto ein freier Erfinder war, der dem Text ein höheres Widerspiel gegenüberstellte, nur bestrebt scheint, seine sachliche Studienarbeit zu betonen. Er antwortete auf Schadows Artikel am 28. März in derselben Zeitung:

„Zur Erwiderung.

Ein Aufsatz in Nr. 73 dieser Zeitung, überschrieben „Zu Ehren Friedrichs des Großen" und von Herrn Dr. Schadow, Direktor der Königlichen Akademie der Künste, unterzeichnet, veranlaßt mich, zur Berichtigung verschiedener, in demselben angeführter Punkte folgendes zu bemerken. Die in der Geschichte Friedrichs des Großen enthaltenen bildlichen Darstellungen sind nicht, wie Herr Direktor Schadow rügt, die Produkte phantastischer Erfindung, sondern gründen sich auf ein Studium alles dessen, was in das Jahrhundert Friedrichs gehört und dasselbe charakterisiert. Hiervon ist noch ein bedeutender Nachlaß auf uns gekommen, vorzugsweise in den Königlichen Schlössern in Berlin, Charlottenburg und Potsdam, welche mir zu diesem Zwecke durch die Liberalität des Königlichen Hofmarschallamts zugänglich geworden sind. Ebenso ist aus Friedrichs Kriegen eine bedeutende Anzahl von Kleidungsstücken und Waffen jeder Art im hiesigen Montierungsdepot und Zeughause erhalten. Durch deren Studium auf dem lebenden Modell und durch die Benutzung aller übrigen erreichbaren Quellen bin ich, wie ich hoffe, imstande, in meinen Arbeiten der historischen Wahrheit möglichst nahe zu kommen und wenigstens näher, als dies in den früheren bildlichen Darstellungen zur Geschichte Friedrichs, deren Benutzung Herr Direktor Schadow zu wünschen scheint, der Fall ist (wie sich dies nach Durchsicht der auf der hiesigen Königlichen Kunstkammer befindlichen großen Sammlung solcher bildlichen Darstellungen und nach Vergleichung meiner Studien — die ich jedermann in den Abendstunden vorzulegen erbötig bin — leicht ergeben dürfte). — Herr Direktor Schadow scheint mir in seinem Aufsatz ferner den gütigen Rat zu erteilen, auf die Radiernadel ‚zurückzukommen'; ich muß bedauern, denselben nicht befolgen zu können, indem ich (abgesehen davon, daß die Radiernadel für den Zweck unseres Unternehmens durchaus unpassend wäre) nie mit einer Radiernadel gearbeitet habe. Sollte Herr Direktor Schadow vielleicht einige meine Federzeichnungen für radiert gehalten haben? Schließlich stelle ich es dem Scharfblick eines resp. Publikums anheim, ‚die nach der heurigen Mode in phantastisch arabesken Wendungen schwebenden Gestalten' in dem in Rede stehenden Hefte aufzufinden. Adolf Menzel, Maler."

* * *

Es sind deutliche Zeichen dafür vorhanden, daß Friedrichs des Großen Gestalt für Menzel ein entscheidender Anlaß zur Hingabe und zur Selbstbefreiung geworden ist. In einem Briefe ruft er aus: „Friedrich über alles! mich hat nicht bald was so ergriffen. Der Stoff ist so reich, so interessant, so großartig, ja, worüber Sie zwar wohl den Kopf schütteln werden, wenn mans genauer kennen lernt, so malerisch!" Aber trotz alledem, trotz jenes starken Hin-

ADOLF MENZEL: ILLUSTRATION ZUM „ZERBROCHENEN KRUG"
Holzschnitt

weises auch auf die fleißigen historischen Studien, liegt der Wert
des unter dem Zwange einer liebenden Bewunderung Entstandenen
nicht im Historischen, sondern im allgemein Menschlichen, nicht
im sachlich Richtigen, sondern in der freien Erfindungskraft. Die
schöpferische Liebe allein hat den Illustrator des Kugler verhindert,
subaltern zu werden, wie es später der Maler der Tafelrunde geworden ist, sie nur hat Menzel zu seinem verehrten Helden emporgehoben, so daß er mit diesem zeitweise sogar im Tone einer geistreich gemütlichen Schalkheit verkehren konnte.

Die besten Illustrationen der Friedrichwerke sind infolge dieser
inneren, wenn auch handwerklich streng begrenzten Freiheit allgemein gültige Werte geworden. Was Menzel im Kugler gibt, ist
etwa eine zum Ornament gewordene Schlachtenstimmung, nicht
besondere historische Züge der Schlacht bei Roßbach oder bei
Torgau. Ein paar Beispiele aus den drei schon angeführten Werken mögen für viele stehen.

Eine nebelige Flußlandschaft; am Ufer stehen vier Männer. Die
dunkeln steilen Silhouetten vor dem niedrigen Horizont und den
wagerechten Linien des Terrains frappieren; das Auge, die Seele
ist betroffen, ohne die Empfindung doch analysieren zu können.
Eindrücke dieser Art sind empfunden worden, seit Menschen
auf das Erlebnis des Auges zu achten verstehen; sie werden auch
in aller Zukunft ähnlich erlebt werden. Denn es ist ein ewiger
Impressionswert darin. Diesen hat Menzel für seine Zwecke benutzt. Die Zeichnung stellt Friedrich im Kreise seiner Beamten
vor, wie er die Kolonisierungsarbeiten leitet. Da nun so die Verbindung einer allgemeinen Naturimpression mit einem besonderen
Textgedanken hergestellt worden ist, kommt der malerische Gefühlswert dem Stoffe des Buches und mittelbar dem „Alten Fritzen"
zugute, und während etwas Kosmisches, Ewiges wirkt, scheint nur
der Gedanke an den tätigen König zu wirken.

Ein Blatt aus der Illustrationsfolge zum „Zerbrochenen Krug",
worauf dargestellt ist, wie der überführte Dorfrichter Adam Reißaus nimmt, verfolgt vom halben Dorf. Was liegt dem Betrachter

hier an den kleinen unkenntlichen Figürchen oder daran, welche Personen des Stückes sie darstellen! Wir sehen eine winterliche Landschaftsstimmung dem Holzstock mit erstaunlicher Kraft abgerungen, eine ewig wirkende Stimmung, die in jedermann ganz bestimmte Assoziationen auslöst, eine Wahrheit, die in erster Linie für sich selbst steht. Eben darum aber wirkt diese Wahrheit zurück auf die Geschichte, die sie illustriert; der Hauch einer lebensfrischen Realität teilt sich dem Leser mit, die meisterhaft gegebene Atmosphäre der Schneestimmung bestimmt das Milieu des Stückes, und der Leser erfährt eine unendliche Bereicherung, weil seiner Anschauungsfreude und geistigen Aktivitätslust Nahrung geboten wird.

Über manche Illustration Menzels ließe sich ein Kompendium der Kunst schreiben. Eine Menschenmenge vor festlich beleuchteten Häusern: jedes Volksfest gibt von neuem diesen Eindruck. Menzel illustriert damit die Feststimmung nach dem Krieg und zwingt so alle verwandten Erinnerungsbilder des Lesers zum Anteil an der Lektüre.

Der junge König am Schreibpult. Ein kraftvolles Raumornament, das ebenso herrlich wäre, wenn der Gedanke an Sanssouci fehlte, dessen Grazie nun aber unwillkürlich auf Friedrich übertragen wird.

Friedrich auf einer beschneiten Anhöhe vor Leuthen. Diese befehlend weisende Gestalt könnte ebensowohl Napoleon sein. Aber das Wesentliche: die heimlich grauende Schlachtstimmung, das unheimliche Verhältnis von Natur und Mensch ist gegeben; und so ergibt sich die Anwendung auf Friedrich beim Leser von selbst.

Massenbewegungen im Angriff, bei der Flucht, im Straßengedränge: immer gibt Menzel ein Allgemeines, eine optische Melodie sozusagen, der sich viele besondere Texte unterlegen lassen und die doch eines bestimmten Textes wegen allein da zu sein scheint.

* * *

Dennoch hätte der Illustrator selbst mit solchen bedeutenden

ADOLF MENZEL: ILLUSTRATION ZUM „ZERBROCHENEN KRUG"

Holzschnitt

Motiven ins Problematische geraten können, wenn er so starken
Gehalt nicht in einer Form hatte darbieten können, die ganz ornamental im typographischen Sinne ist, die wirkt, als sei es nur auf
ein Rahmen, Nuancieren, auf ein beiläufiges Schmücken abgesehen.
Eine sehr behende Intellektualität verhalf Menzel dazu, das Tiefsinnige leicht, das Bedeutende graziös zu machen. Keinem deutschen Zeichner des neunzehnten Jahrhunderts ist in dem Maße
wie Menzel — dem jungen vor allem — die Gabe des Epigrammatischen eigen, die Lust an der gedanklichen und ziermäßigen
Abrundung. Des kleinen Mannes sarkastische Härte und stachelige
Bitterkeit in den späteren Jahren kündigte sich in der Jugend an
als eine gütig heitere Ironie, die sich den ernsthaftesten Dingen
noch mit einer gewissen geistreichen Gemütlichkeit überlegen zu
zeigen wußte, als Lust an knappen, konzisen Formulierungen und
als die Fähigkeit, Gefühltes begrifflich scharf zuzuspitzen. Eigenschaften, die dem Maler gefährlich geworden sind, kamen dem
Illustrator zugute. Menzel war ein geborener Zeichner, insofern
sich ihm jede sinnliche Anschauung wie von selbst zur Abstraktion
wandelte; man kann ihn eine Schwarz-Weiß-Natur nennen. Mit
japanischem Scharfsinn hat er es oft verstanden, das geistig Beziehungsreiche der Impression dekorativ und illustrativ umzudeuten. Die Verteilung von Schwarz und Weiß, die Anordnung
der Akzente, die freie und doch zurückhaltende Technik· alles
scheint nur der Absicht des Holzschneiders und Typographen zu
dienen; und doch ergibt sich jede Form auch notwendig aus der
hoheren Wahrheit eines Natureindrucks. „Es wird gewiß allgemeines Interesse erregen," schreibt Dr. J. E Hitzig in einem
Artikel der Vossischen Zeitung vom 31. März 1840, worin er
Menzel gegen Schadows Angriffe verteidigt, „daß der Vorsteher der
Pariser Kunstanstalt, wo die Holzstöcke (für das Kuglerwerk) geschnitten werden, dem Verleger schreibt, man habe dort geglaubt,
seit Albrecht Dürers Zeiten sei die Kunst, für den Holzschnitt zu
zeichnen, in Deutschland ganz untergegangen; die Menzelschen
Zeichnungen lehrten aber das Gegenteil."

Freilich: als Menzels Spottlust, geboren im Widerstreit eines inneren Überlegenheitsgefühls mit den verbitternden Pariaempfindungen des zwerghaften Menschen, nicht mehr temperiert wurde vom jugendlich liebenden Weltgefühl, mußte der Illustrator, bedient nun von einer schonungslosen Sachlichkeit der Beobachtung und des Denkens, seiner geniehaft heiteren Freiheit und natürlichen Grazie verlustig gehen. Vor den Tugenden der späteren Jahre, der trockenen Ehrenhaftigkeit des Pflichtgefühls, der Genauigkeit und Sachlichkeit, denen ein stupend sichere Hand, ein genau messendes Auge zu Diensten waren, mußte die so ganz andere Meisterlichkeit der jungen, unbewachten Phantasie zurücktreten. Die kritischen Tugenden töteten mit der Zeit die schöpferischen. Hin und wieder nur flackerte ein Funke des Jugendfeuers auch später auf; aber dann nur, wenn ihm die Arbeit zum höheren Spiel wurde, vermochte Menzel sich noch über die Gegenstände emporzuschwingen und sich von der Erdenschwere zu befreien.

* * *

Barocke Tradition rundete der Grazie, die am hinreißendsten im Kugler lebt, die Form. Verdankt Menzel der klassischen Modernität des Zeichners Gottfried Schadow und auch der mehr subalternen Phrasenlosigkeit Krügers den Mut zum selbständigen Sehen, so ist er Chodowiecki, der die deutsche Graphik so unbefangen vom achtzehnten ins neunzehnte Jahrhundert geführt hat, die instruktive Tradition schuldig geworden. Nur diese ermöglichte ihm die knappe, reinliche Stilhaltung. Gelang dem Geniehaften in Menzel das kühn Impressionistische, so befähigte ihn ein früh und gründlich erlerntes, eben von diesen Überlieferungen einer ruhmvollen Epoche zehrendes Handwerk, das intuitiv Gefundene ohne Prätentionen anzuwenden. Menzels Jugendtemperament verstand es, die mit dem Friedrichstoff gegebene äußere Tradition zu einem inneren Gefühl umzudeuten und seine sehr moderne Art mit formalen Zügen zu bereichern, die seiner Kunst ebenso natürlich

MAX SLEVOGT: ILLUSTRATION ZUM „ALI BABA"
Federzeichnung

zu sein scheinen, wie es die barocken Formtraditionen in der laut an die Pforten der Zukunft klopfenden Kunst eines Delacroix sind. Nirgends hängt die Kunst Menzels so organisch mit der der Vergangenheit zusammen als in seinen Meisterillustrationen. Denn nirgends ist er so sehr Mensch und Temperament als dort; und nicht der Verstand verbindet die Zeiten, nicht der logische Begründung suchende Wille erhält die Traditionen, sondern eben dieses schaffende Temperament, das die Dinge und Aufgaben mittels der Empfindung ergreift. Traditionen lebendig fortsetzen und schöpferisch umgestalten kann nur das groß wollende Gefühl; und dieses ist nur bei den auserwählten Menschen, bei den Werte Schaffenden zu finden.

So steht der Illustrator Menzel als ein bescheidener Held ehrfurchtgebietend da. Und doch auch als ein guter Berliner Junge von 1840. Als ein ernster kleiner Kerl, mit hoher Halsbinde und Zylinderhut, die Zeichenmappe unter dem Arm. So sehen wir ihn nach Sanssouci hinauspilgern, um Studien zu machen: ganz Berufsmensch, ganz pflichtbeseelt, aber eilig auch vorwärts hüpfend unter dem Antriebe einer beschwingenden erwartungsvollen Arbeitsfreude, emporgehoben durch das beglückende Kraftbewußtsein der Jugend.

Geschwind durch die Einfahrtsstraße und um die Ecke beim Gärtnerhaus, damit das Auge sich sättige an der mit gelben Mauern und grünpatiniertem Dach hoch vom Hügel grüßenden Schloßarchitektur; um das Fontänenbecken herum und mühsam mit kurzen Beinchen die Treppen über die Terrassen hinauf. Und dann, nach einem durstigen Blick über das schone Havelland, hinein ins zierlich behagliche Schloß!

Und dort beginnt die stumm lebendige Unterhaltung zwischen den beiden merkwürdigen Preußen, die sich nur mit scharf forschendem blauen Blick in die Augen zu sehen brauchten, um sich zu verstehen.

MAX SLEVOGT ALS ILLUSTRATOR

ES sah sich beim Tode Menzels mancher nach der Schule dieses Meisters um und nach lebendigen Traditionskräften in seiner Kunst; und oft kam es zu harten Urteilen, weil ein bedeutend in die Zukunft weisender Einfluß nicht gleich zu erkennen war. Man fand im Gefolge dieses wunderlichen Genies nur die Fritz Werner-Begabungen und Anton von Werner-Naturen. Heute erst beginnt es sich zu zeigen, daß Menzels Eigenart zwar nicht unmittelbar schulbildend war und nicht Einfluß zu üben vermochte wie die Leibls oder Manets, daß der Künstler aber auf Umwegen bedeutend auf den Entwickelungsgedanken der modernen deutschen Kunst wirkt. Die Ursachen dieser indirekten Wirkung sind leicht einzusehen. Wer das Lebendige der Menzelschen Kunst fortsetzen will, oder besser: wer berufen ist, es fortzusetzen, der hat vorher in der Schule der besten modernen Kunst alle die Irrtümer zu überwinden, die Menzels Talent okkupierten und derentwegen die Akademiker den Überragenden so laut als Genossen reklamieren. So hat Liebermann gehandelt, der uns immer deutlicher als der rechte Nachfolger des Malers Menzel erscheint. Und so hat auch Slevogt getan, dem sich das Illustratorengenie Menzels scheinbar natürlich nun vererbt.

Als Slevogt aus München nach Berlin kam, wäre es noch Willkür gewesen, seinen Namen neben dem Menzels zu nennen. Freilich war Slevogt früh schon beeinflußt von seinem in München bestimmend auftretenden Lehrer Wilhelm Diez; und dieser hing seinerseits, vor allem als Zeichner, unmittelbar mit Menzel zusammen. Zu unmittelbar. Denn in vielen seiner Zeichnungen mutet er wie ein sehr geschickter, aber manierierter Nachahmer des preußischen Tausendkünstlers an. Er konnte seinem Schüler so wenig das eigentlich Lebendige in Menzels Graphik weisen, wie er seine historische Romantik durch Temperamentsform im höheren Sinne nicht zu legitimieren vermochte. Um Slevogt den Weg zur Nachfolge Menzels zu ebnen, dazu war Liebermann besser geeignet.

MAX SLEVOGT: EIN BLATT AUS DER „ILIAS".
Lithographie

Ihm verdankt nicht nur der Maler Slevogt viel; auch dem Zeichner hat der Berliner Führer der Modernen den Weg zu verdeckten Quellen gewiesen. Das ist keine Verkleinerung für Slevogt, sondern der Beweis dafür, daß dessen Talent ein natürliches Gewächs der Zeit ist. Als Persönlichkeit ist Slevogt von Liebermann sehr verschieden; was ein Künstler wie er vom Kunstgenossen aber lernt, ist auch nichts Persönliches, ist nicht Temperament, Gefuhlskraft, Beobachtungsgabe oder Energie, es ist vielmehr etwas Überpersönliches: der Blick für das Unausweichliche zeitlicher Zusammenhänge, die Bekräftigung eingeborener, im Zeitmilieu gewachsener Forminstinkte.

Wie Slevogt auf Umwegen mit den Traditionen Menzels verbunden worden ist, so ist er auch durch die Lehren moderner Kunst um so fester nur mit Rembrandt verknüpft worden, zu dem ihn früh ein Instinkt zog und in dessen Wunderspiegeln er so manche Seite des eigenen Wesens dann kennen gelernt hat. Zugleich hat Slevogt in seiner Selbsterziehung zum Wesentlichen die Münchener Jugendromantik so zu vertiefen gewußt, daß sie nun den Kunstbezirk zu betreten vermag, wo das unsterbliche Temperament Delacroix' herrscht. Eine seltsame Konstellation auf den ersten Blick. Und doch steht der Dualismus von Charakteristik und Phantastik, von Naturalismus und Romantik dem Wesen des Illustrators Slevogt natürlich an; ja, es ist ihm kein Dualismus, sondern eine Einheit, ist das ihm eingeborene Wesen selbst. Slevogts Zeichnertalent ist — eine Seltenheit in diesen Zeiten der Arbeitsteilung auch in der Kunst — eine Ganzheit mit zwei Polen.

So lassen denn Umschlagszeichnungen, wie die zum „Ali Baba" oder zum „Sindbad", an jenen Menzel denken, der sich auf Adressen und Diplom der Fülle seiner Einfälle freute und sich seinem Esprit und der Lust am ornamentalen Spiel im Bewußtsein seines Riesenkönnens phantastisch fast hingab. Nur weist Slevogts gestaltenreicher Stil durch Menzels übergroßen und immer etwas philisterhaften Motivenreichtum weiter hinab, bis zu dem tiefsinnigeren Spiel des genialen Griffels, der Kaiser Maximilians

Gebetbuch zu einer Wunderwelt mystischen Humors und poetischer Zierlichkeit gemacht hat. Daneben gibt es von Slevogt Lithographien zur Ilias, deren nervöses Heroentum, deren improvisatorische Schwungkraft oft an Delacroix und hier und da sogar an die magistrale Handschrift Rubens' denken lassen. Man begegnet Zeichnungen, aus denen mit rembrandtischen Lauten eine germanisch märchenselige Erzählungsfreude spricht, und dann wieder anderen, in denen der Skizzist gar zu eilig notwendige Studien übersprungen hat. Es gibt starke Konzentrationen und leere Stellen, reizend belebte Weichheiten und tote Schwärzen. Man findet geistreiche Schwarz-Weißwirkungen neben unendlich temperamentvoller Farbigkeit, sieht die „Griffonagen" Menzels neben einem malerisch breiten Zeichenstil, erfreut sich der Akzente raumbeherrschenden Geschmacks und der die lebenden Punkte betonenden impressionistischen Vereinfachung. Trotzdem ist diese Illustrationskunst immer doch ein Ganzes, das Werk einer kräftigen, in sich geschlossenen Persönlichkeit.

Als ein Schüler moderner Kunst konnte Slevogt nicht leicht den Fehlern verfallen, von denen Menzel sich nur zeitweise befreite: den Handwerkerfehlern zu großer Gegenständlichkeit, erzählender Ausführlichkeit und wissenschaftlicher Genauigkeit. Slevogt gibt sich rückhaltlos dem hin, was der alte Menzel für eine Sünde wider die Kunst hielt und was doch den großen Illustrator macht: der Lust an der poetischen Improvisation, dem lebendigen Impuls des Augenblicks, der in bedeutenden Notizen den Extrakt einer Situation, eines Eindrucks wie gelegentlich darbietet. Im Gegensatz zu Menzel sucht Slevogt in richtiger Erkenntnis immer nur einen fernen ewigen Reflex zeitlicher Geschehnisse zu geben. Freilich geht er in seiner Unabhängigkeit zuweilen dann ebenso zu weit, wie Menzel es als Dienender tat. Er wird oft zu skizzenhaft, wo Menzel zu genau war; er ist zu wenig typographisch denkender Handwerker, wo jener es zu viel war. So kommt es, daß der Moderne die übertriebene Menzelsche Gewissenhaftigkeit und Gelehrtenhaftigkeit vollständig besiegt, daß seine Gelegenheitskunst jener

MAX SLEVOGT: ILLUSTRATION ZUM „RÜBEZAHL“
Federzeichnung

Jugendgenialität aber, die sich in den Zeichnungen zu Kuglers Geschichte Friedrichs des Großen so frei und leicht entfaltet hat, nur selten schon gewachsen ist. Menzel hatte zu viel Geduld, Slevogt hat zu wenig, jener verdarb sich oft die Unmittelbarkeit durch ein zu eingehendes Detailstudium, Slevogt aber verzichtet zu sehr auf diese Krücken der Inspiration. Bei dem Modernen findet man im ganzen mehr Ausdruck, Temperament und Unmittelbarkeit; aber auch mehr Willkur. Slevogts Genre ist größer und bedeutender als das Menzels; aber innerhalb seines kleineren Genres ist Menzel in seinen besten Arbeiten größer und meisterhafter.

Aus Slevogts Arbeitsweise erklart es sich, daß er den Text zu sehr als Quantité négligeable behandelt. Es kommt hinzu, daß sich die Verleger in lobenswertem Eifer bemühen, dem seltenen Talent um jeden Preis Arbeitsgelegenheiten zu schaffen. Der Text wird in doppelter Weise zum Vorwand in diesen Bilderbüchern fur große Leute mit erzogenem Kunsturteil. Und das ist der Grund, daß den kostbaren Ausgaben die letzte typographische Einheit fehlt. Diese kann nicht erzielt werden, weil Slevogt seine Zeichnungen im Atelier wie lauter kleine Selbständigkeiten behandelt und nicht jede einzeln im Verhältnis zum vorhandenen Raum und zum ganzen Seitenbild entwirft. Aber wer weiß, ob die Frische und Ursprunglichkeit den Slevogtschen Illustrationen erhalten würden, wenn der Künstler zu strengerer typographischer Handwerklichkeit angehalten wurde. Was seine Arbeiten jetzt genußvoll macht, ist gerade, daß sie allem Kunstgewerblichen fernstehen. Heute riecht ja alle Illustration mehr oder weniger in fataler Weise nach altem oder neuem Kunstgewerbe. Bei Slevogt ist aber jeder Strich unkonventionell, ist erlebt und vom anschauenden Gefühl unmittelbar aus Leben und Natur gewonnen. Sein Ornament ist ebenso frei von den kunstlichen Biedermeiermotiven wie von allen Simplizissimusmanieren. Nie begegnet man historischen Dekorationsformen, und doch ist alles schmückend und arabeskenhaft gegeben. Seit den großen Meistern der deutschen Renaissance hat niemand künstlerischer und lebendiger die menschliche Figur mit der

Schrift zu verbinden verstanden, wie es zum Beispiel auf dem Umschlag des „Ali Baba" geschehen ist. Vor dieser romantisch grenzenlosen Kunst, die in keiner Linie französisch oder englisch ist, wäre es am Platze, mit Recht das Wort von deutscher Kunst auszusprechen.

Eine Fülle von Gestalt tritt uns aus den Büchern entgegen. Klingers intellektuell erstarrte Illustrationsphantasie erscheint lebendig erwacht und in Fluß geraten zu sein. Es herrscht kein Schema, keine Form strenger Symmetrie, und darum fehlt dann freilich auch die sichtbare Architektonik; doch gehorchen die Massen im Raum darum nicht weniger einem unsichtbaren Architekturgesetz. Mit eigenwilliger Originalität und in malerischer Ungebundenheit fließen die Einfälle aufs Papier, wenn Slevogt sich des Abends wie zur Erholung seiner Illustrationslust hingibt. Er poetisiert mit sich selbst über Welt und Leben, tut es mit geistreicher Launigkeit, trotziger Energie und einer frischen Unversiegbarkeit; mit einer männlich herben Grazie gestaltet er seine sich drängenden Vorstellungen, mit einem das Groteske liebenden Humor und mit Empfindungen, worin vulkanische Heftigkeit gewittert. Seine Kunst liebt barocke Fülle und reiche Bewegtheit, und in seiner Überkraft ist viel Nervöses. Slevogts Griffel umschreibt gerne das Elementarische, doch ist im Willen zum Gigantischen immer auch Burschikoses. Die Männer gibt dieser Künstler gern ein wenig lümmelhaft, die Frauen bekommen leicht etwas hysterisch Megärisches. Ein Element ungebändigter Wildheit lebt in diesem Mann, etwas Bitteres und selbst Finsteres ist in ihm, und er hat dem Leben gegenüber das tiefe Mißtrauen des Modernen. Aber in seiner Kunst wird ihm Befreiung, und der Verschlossene steht dann doch als ein Humorist vor uns und als ein Kind; der Lebensdeuter wird zum Tänzer, die trübe Laune wird zum Quell fröhlichen Reichtums. Slevogt hat lebhafte, kräftige Gedanken und ist „inwendig voller Gestalt". Voll schöner Gestalt. Unter den skurrilen Gebärden seiner Menschen regt sich oft ein antikisch harmonisches Körperspiel, und was moderne Realistik scheint, ist nur das Gewand eines strengen Stilbewußtseins. Im einzelnen ist die Absicht nicht immer erreicht. Slevogt ist kein Meister der Konstruktion und läßt es im Auswendigzeichnen hie und da beim Ungefähr bewenden. Aber das zur Produktivität gereizte Auge übersieht das Unzulängliche, weil das Ganze „richtig" ist, weil eine Atmosphäre geschaffen ist, worin die Dinge wie mit Notwendigkeit leben.

Am liebsten sucht Slevogt seiner modern naturalisierten Phantastik im Orient, im alten Märchen- und Sagengebiet, die Motive. Es gibt von ihm Illustrationen zum „Ali Baba", zum „Sindbad", zum „Rübezahl", zur „Ilias", zu einer Reihe wohlfeiler Volksbücher, zu Lederstrumpfs Erzählungen, zum Benvenuto Cellini, zur Geschichte des Ferdinand Cortez und zu deutschen Volksliedern. Der Stil ist in allen diesen Büchern im wesentlichen derselbe. Griechen, Orientalen und Indianer sehen einander recht ähnlich, denn sie alle sind Menschen einer Phantasie. „Was er (in den Lithographien zur Ilias) macht," schrieb Julius Elias einmal, „ist eigentlich unhomerisch, ungriechisch. Ist ungelehrt, also antimenzelisch. Small latin and less greak. Goethe sagte von Shakespeares ‚Julius Caesar': ‚Das sind nicht Römer, sondern verkappte Engländer; aber weil es Menschen sind, so können es auch wohl Römer sein.' Preller hat Griechen geschaffen — mit akademischem Frommsinn, mit der schönen Linie, die allen Erdenstoff vergeistigt und jede Häßlichkeit und jede Grausamkeit des Gefühls veredelt. Slevogts Rebellentalent kennt nur den wahren Geist des Lebens. Er ist sich bewußt, daß jede Zeit ihre eigene Art hat, die Natur vergangener Kunstvisionen zu sehen und zu reproduzieren. Auf seine Art hat also auch Slevogt das Land der Griechen gesucht und gefunden; ists kein Griechenland, so ists doch ein Menschenland, in dem sich ein ‚kurzes, rühmliches' Heldenleben im aufregenden Wirbel entrollt und vollendet."

Wer sagte doch immer wieder, daß die moderne Kunst, als deren radikalster Jünger einer Slevogt gilt, der poetischen Erfindung, der gestaltenden Phantasie unfähig sei! Slevogts Talent beweist mit überzeugender Klarheit, wie die neuen Anschauungslehren unentbehrlich waren, um wieder zu den Quellen der Tradition zu gelangen und einen Stil der Illustrationskunst möglich zu machen, der sich dem der besten deutschen Leistungen auf diesem Kunstgebiet würdig an die Seite stellt, soweit man in der Geschichte auch zurückblickt. Slevogt wäre der Mann, den Deutschen einen Totentanz zu zeichnen, der alles in den Schatten stellt, was Rethel oder Klinger diesem Menschheitsmotiv abzuringen versucht haben. Denn in Slevogt ist wieder etwas von der Dämonie eines ursprünglichen Willensmenschen und eine Kraft poetischer Vorstellung, die aus dem Zentrum der Seele, nicht aus dem Gehirn stammt.

BILDER = VERZEICHNIS

(Die Zahlen bezeichnen die Seiten, hinter denen sich die Bilder befinden.)

BÖCKLIN: Ruggiero befreit Angelika 58
— Triton und Nereide 54
    (Photographische Union in München)
— Venus Anadyomene 52
— Selbstbildnis mit dem fiedelnden Tod 50
    (Photographische Union in München)
CHODOWIECKI: Frau Chodowiecka schlafend 176
— Drei Damen in Unterhaltung 178
— Naturstudie 174
CORNELIUS: Wiedererkennung Josephs durch seine Bruder 12
FEUERBACH: In den Bergen von Castel Toblino 94
— Medea 84
— Selbstbildnis 78
— Bildnis der Stiefmutter des Künstlers 80
— Virginia (Nanna) 90
FOHR: Romantische Landschaft 26
FRIEDRICH: Seestück 40
— Sonnenaufgang bei Neubrandenburg 42
FÜHRICH: Gang Mariens über das Gebirge 24
HILDEBRAND: Bismarckdenkmal in Bremen 116
— Bildnisbüste Frau Fiedlers 120
— Wasserträger 124
KLINGER: Evokation 66
    (Amsler & Ruthardt in Berlin)
— Bildnisbüste Nietzsches 62
    (E. A. Seemann in Leipzig)
— An die Schönheit 68
    (Amsler & Ruthardt in Berlin)
KOCH: Landschaft mit Regenbogen 22
KRÜGER: Jugendbildnis Bismarcks 184
— Mädchenbildnis 182
— Frau von Olfers 186

BILDER-VERZEICHNIS

LEIBL: Bäuerin 162
— Dachauerinnen 160
    (Photographische Gesellschaft in Berlin)
— Dame auf dem Kanapee 154
    (Photographische Gesellschaft in Berlin)
— Drei Frauen in der Kirche 158
— Bildnis des Herrn Dr. Rauert 156
LIEBERMANN: Dünenlandschaft 144
— Judengasse in Amsterdam 148
— Kanal in Leyden 140
— Die Netzflickerinnen 138
— Studie zum Bildnis des Burgermeisters Petersen 152
— Reiter am Meer 150
MARÉES: Sankt Hubertus 104
    (Mit Erlaubnis des Herrn G. von Marées)
— Doppelbildnis von Lenbach und Marées 100
    (Mit Erlaubnis des Herrn G. von Marées)
— Studie zu den Ruderern der Neapeler Fresken 108
— Abendliche Waldszene 110
MENZEL: Das Balkonzimmer 132
— Innenraum mit der Schwester des Künstlers 130
— Das Théâtre Gymnase 134
— Illustration aus Kuglers Geschichte Friedrichs des Großen
    Friedrich der Große und Voltaire im Gespräch . . . 190
— Illustration aus Kuglers Geschichte Friedrichs des Großen:
    Tafelrunde 188
— Illustration aus den Werken Friedrichs des Großen . . . 192
— Illustration zum Zerbrochenen Krug 194
— Illustration zum Zerbrochenen Krug 196
OLDACH: Damenbildnis 32
OLIVIER: Kapuzinerkloster bei Salzburg 28
OVERBECK Die sieben mageren Jahre 10
RETHEL: Karton zur Auferstehung Christi 44
— Moses erschlägt den Ägypter 46

BILDER-VERZEICHNIS

RETHEL: Ausschnitt aus der Schlacht bei Cordova 48
RUNGE: Detail aus der zweiten Fassung des „Morgen" . . . 38
— Selbstbildnis 36
SCHADOW: Frauenkopf 182
— Mädchenkopf 180
SCHUCH: Stilleben mit Käseglocke 172
    (Karl Haberstock in Berlin)
— Apfelstilleben 170
SCHWIND: Ein Einsiedler führt Rosse zur Tränke . . . 18
    (Photographische Gesellschaft in Berlin)
— Morgenstunde 20
SLEVOGT: Illustration zum „Ali Baba" 198
— Ein Blatt aus der „Ilias" 200
— Illustration zum „Rubezahl" 202
THOMA: Hahn und Hühner 74
— Rheinfall bei Schaffhausen 72
— Taunuslandschaft 70
— Blumenstrauß 76
TRÜBNER: Rosenstilleben 166
— Bildnis des Malers Karl Schuch 168
— Zimmerplatz am See 164
VEIT: Bildnis der Freifrau von Bernus 16
WASMANN: Bildnis einer jungen Frau 30
— Spitalkirche in Meran 34

INHALT

Vorwort zur ersten Auflage VI
Vorwort zur zweiten Auflage VII

GEDANKENMALER / DEUTSCH-RÖMER

Deutsche Gedankenmalerei 3
Die Nazarener 9
Philipp Otto Runge 37
Kaspar David Friedrich 41
Alfred Rethel 45
Arnold Böcklin 50
Max Klinger 61
Hans Thoma 71
Anselm Feuerbach 77
Hans von Marées 101
Adolf Hildebrand 114

WIRKLICHKEITSMALER

Adolf Menzel 129
Max Liebermann 134
Wilhelm Leibl 154
Wilhelm Trübner 163
Karl Schuch 169

BERLINER ZEICHNER

Daniel Chodowiecki 175
Joh. Gottfried Schadow 178
Franz Krüger 182
Menzel als Illustrator 187
Max Slevogt als Illustrator 200

Bilder-Verzeichnis 207

BIBLIOLIFE

Old Books Deserve a New Life
www.bibliolife.com

Did you know that you can get most of our titles in our trademark **EasyScript**™ print format? **EasyScript**™ provides readers with a larger than average typeface, for a reading experience that's easier on the eyes.

Did you know that we have an ever-growing collection of books in many languages?

Order online:
www.bibliolife.com/store

Or to exclusively browse our **EasyScript**™ collection:
www.bibliogrande.com

At BiblioLife, we aim to make knowledge more accessible by making thousands of titles available to you – quickly and affordably.

Contact us:
BiblioLife
PO Box 21206
Charleston, SC 29413

Printed in Great Britain
by Amazon